新記号論

ゲンロン叢書｜002

石田英敬
HIDETAKA ISHIDA
東浩紀
HIROKI AZUMA

脳とメディアが出会うとき

genron

新記号論　目次

カバーデザイン｜水戸部功 図版作成｜LABORATORIES

P300
P313
P315
P337

はじめに

東　浩紀

本書は、二〇一七年の二月から一一月にかけて、ぼく、東浩紀が聞き手となって行われた石田英敬氏の三回の講義を、石田氏が書き下ろした補足的な論文とともにまとめたものである。

本書に収録された講義は、ぼくが運営する東京都内のイベントスペース「ゲンロンカフェ」で公開で行われ、同時にネットでも中継された。講義時間は合計で一三時間以上におよび、会場には二〇〇人近くが集まり、ネットでも二〇〇〇人近い人々が耳を傾けた。初出情報は巻末にまとめてある。

本書は「新記号論」と題されている。タイトルのとおり、本書に収録された講義は、まずは「記号論」なる学問のアップデートを狙いとしている。

けれども、以下の講義録を読んでいただければわかるとおり、その狙いはさらに大きな文脈のなかに位置づけられている。石田氏の目標は、個別「記号論」のアップデートにとどまるものではなく、二〇世紀後半に華開いたものの、いまではすっかり影響力を失ってしまった大陸系哲学の伝統――日本ではおおざっぱに「現代思想」などと呼ばれているもの——を、二一世紀のサイエンスとテクノロジーを参照して新しいものに蘇らせ、ふたたび影響力のあるものにすること、つまりは、この金融資本主義とソーシャルネットワークと人工知能の時代にふさわしい、新しい人文学をもういちど打ち立てることにある。それはじつに壮大で、野心的な試みである。ぼくはその野心に共鳴して、石田氏に講義を依頼した。

本書の内容は、いっけん専門的である。目次を一瞥し、怖れをなして本を閉じる読者もいるかもしれない。

たしかに本書には、スピノザやフロイト、フッサールやパースといった哲学者の名前がつぎからつぎへと出てくる。けれども講義そのものの道すじは、格別の専門知識がなくても、学部生ていどの論理能力と好奇心さえあれば十分に追えるはずである。ぼくは、講義の聞き手として、また講義録の共著者として、石田氏の構想をできるだけ噛み砕き、広い読者に届けることに留意した。

哲学は難解なことで悪名高い。また難解さに魅力を覚える好事家もいる。けれども、人文知の再興を本気で志すのであれば、多くの読者に開かれることは必要条件である。それゆえ、この講義は、まずは一般市民を対象とした公開講義として設定された。

その狙いはかなりのていど成功した。本文内でも記しているように、この講義はほんとうは一回で完結するはずだった。しかし実際には、講義が進むなかで、聴衆が引き込まれるのが壇上から手に取るようにわかり、その熱気に呼応して石田氏の話も拡がり深まっていった。結果として講義は大幅に延長され、四時間を過ぎてもスライドの半分も終わらず、連続講義になることが決定したのである。聴衆の大半が学生でも研究者でもないことを考えれば、それは奇跡のようなできごとだった。あの晩の熱気だけは、紙面では再現できない。

人文学、いわゆる「文系」は、現在は旗色が悪い。SNSを覗くと、文系はバカだ、文系の学問など要らないと、敵意をばらまく経営者やエンジニアが溢れている。それに追随する若い世代も日に日に増えている。けれどもぼくは、文系の学問とは本来はじつに「頭がいい」ものであり、彼らはそれを知らないだけだと考えている。そもそも、そうでなければ、哲学や文学の伝統がこれほど長く続くわけがない。

文系がバカに見えるのは、文系の学者がプレゼンを軽視しているからである。本書を手に取ったひとりでも多くの読者が、そうか、人文学はこんなに「頭がいい」のかと驚いてくれるようであれば、本書の共著者として、そして編集者兼出版者として、それ以上の喜びはない。

石田氏とぼくの関係については、石田氏が「おわりに」で、ぼくにはもったいない紹介を書いてくれた。正直、あまりに褒められすぎていて、これを自分が経営に関わる出版社で活字にするのはは したない気もしたのだが、ぼくはあまり絶賛された経験がないので、ありがたく掲載させていただくことにする。石田先生、ありがとうございました。

二〇一六年の杭州の学会での再会と本書の関係については、そこで書かれた経緯につけ加えることはない。かわりにここでは、石田氏の人柄を示すエピソードをひとつだけ記しておこう。

講義でも雑談として話題になったが、ぼくはじつはその学会でパスポートを紛失している。学会の最終日、登壇がないのをいいことに市内観光に出かけたぼくは、パスポートを路上に落とすという失敗を犯してしまった。ぼくがそれに気づいたのは、観光地から数キロ離れた大学でタクシーを降りるときで、すでに夜も更けていた。あわてて領事館に連絡を試みたところ、パスポートの再発行には一週間近くかかるうえに、まずは杭州ではなく上海の領事館で手続きが必要となるが、そもそも上海への高速鉄道に乗車するにはパスポートが必要で、上海でホテルに泊まるためにもパスポートが必要という、じつに不条理な現実を突きつけられた。とりあえずは翌日、英語を解するスタッフとともに入出境管理局に出向くことにしたが、いったいどうやって再発行までの日々を過ごせばよいのかわからない。帰国直後には、ゲンロンカフェでのトークショー出演も決まっていた。帰国が遅れるならば、チケットの返金もしなければならない。ぼくは途方にくれてしまった。

石田氏はそんなぼくに、「ケセラセラ（なんとかなる）だ」と声をかけてくれた。どういうことですかと尋ねると、ぼくもむかしリスボンでパスポートを失くしたんだけど、これがすぐ出てきてね、意外となんとかなるもんだよ、と話してくれる。見ると石田氏の頬は紹興酒ですっかり紅潮し、満面の笑みを浮かべていた。慰めの言葉をかけてくれるのはありがたいが、参考になりそうもない。ぼくは肩を落として自室に向かった。

ところが結果的には、そんな石田氏の「予言」は見事に当たることになったのだ。翌日管理局に出向いたぼくは、複数の窓口をたらい回しにされた挙句、まずは警察に紛失届を出すようにと指示された。しかたがないので最寄りの警察署に出向き、通訳を介して説明を始めると、担当者の背後の机のうえに赤い表紙の小冊子が無造作に置かれているのが見える。日本のパスポートのように見えるが、その警察署は紛失したと思われる場所から数百メートルは離れている。まさか、と思いつつ、ぼくが通訳の話を遮り肩越しに小冊子を指差すと、警官はぼくの顔を怪訝そうに眺める。机に戻って小冊子を手に取り、ページを開き、覗きこみ、ぼくの顔を見、もういちどページを覗きこむと、警官がぼくを指差して中国語で大声をあげた。通訳が歓声をあげて抱きついてくる。そう、それはほんとうにぼくのパスポートだったのである！

これは奇跡だった。繰り返すが、警察署と紛失場所はかなり離れていた。東京でたとえるなら、上野公園で落としたパスポートが秋葉原の交番に届けられ、たまたまこちらも同じ交番に入って出会った、そのような巡り合わせだった。タイミングもよかった。聞くところによれば、パスポートは前日深夜に届けられ、数時間後には所轄の役所に回送される予定だったらしい。そうなってしまえば、ぼくは結局は上海領事館で取り戻すしかなかったので、帰国は大幅に遅れたはずだ。ほんとうに、紙一重の差で、ぼくはさまざまなトラブルを避けることができた。それはまさに「ケセラセラ」の経験だった。

その晩、石田氏より祝福のメールが届いた。そこには「世の中の人々は僕たちがペシミスティックに想像しているほど人心荒廃していないのだね。それこそが、この世界の希望だね」と記されていた。

ぼくは、路上に落としたパスポートなど、だれも届けてくれるはずがないと思いこんでいた。おおかたの日本人はぼくと同じように考えるだろう。けれども石田氏は、根拠なく楽観的で、そして結果的にはそれが正しかった。

本書はそんな二人によってつくられた本である。この書物が、ぼくの紛失したパスポートのように、どこかのだれかに奇跡のように届き、人文学復興のあらたな「希望」となることを夢見ている。

講義

石田英敬＋東浩紀

第1講義

記号論と脳科学

2017年2月17日

東　今日は、東京大学の石田英敬さんをお呼びして、「一般文字学は可能か」と題して話していただきます。副題は「記号論と脳科学の新しい展開をめぐって」となっており、このゲンロンカフェでもかなりハードコアなタイトルです。けれど、会場にはなんと七〇人も来ていただきました。主催者としてうれしいかぎりです。

じつは石田さんは、ぼくの学部と院時代の先生でした。そして昨年（二〇一六年）の秋、杭州で開かれたシンポジウム［★1］でおよそ二〇年ぶりに再会することになった。その打ち上げの席で一般文字学の構想についてお話していただいたのですが、これが非常におもしろかった。そこでゲンロンカフェでの登壇をお願いし、今日のイベントが実現する運びとなりました。今日はぼくは、二〇年ぶりに生徒役を務めます。

先生、今日はよろしくお願いいたします。

石田　みなさんこんにちは、石田英敬です。東さんは先生と言っていたけど、ぼくが

以下、とくに記名のない注は編集部による。著者による注は（石田）（東）と記した。

★1　中国美術学院網絡社会研究所が主催し、二〇一六年一一月一四日から一六日にかけて杭州市の同学院象山キャンパスで行われた会議「ネット化の力（Forces of Reticulation 网络化的力量）」のこと。石田英敬は一日目に「未来のウェブの未

東さんに最初に出会ったのは、たぶん一九九三年か九四年くらいだと思います。ぼくはそのころミシェル・フーコーの研究をしていて、『知の考古学』という本についての講義を持っていた。その講義に東さんも出ていましたよね。

講義では最後にレポート提出の課題があるのですが、東浩紀のフーコーのレポートを読んだときの感動はいまでも覚えています。「définir l'énoncé（言表を定義する）」というタイトルで、たぶんぼくの研究室を探すとまだあるんじゃないかな。

東　学部生のレポートなので、かなり誇張していらっしゃるというか、とてもそんなものではないと思うんですけれども（笑）。

石田　いやいや、ほんとうにすばらしいレポートでした。まだデビューするまえだったと思うんだけど、すごいものに出会ったという感動をいまでも覚えていますね。

東　ありがとうございます。二〇年前のぼくが聞いたらたいへん喜ぶことでしょう。

メディア論の問い

石田　では、本題に入りましょう。最初に、今日の話とも関連しますので、ぼくのバックグラウンドについてすこし紹介しておきます。

ぼくは一九九二年から、駒場にある東大の教養学部で仕事をすることになりまし

来」と題した講演を行い、東浩紀は二日目に「政治的ではなく、データベース的な動物：半透明な政治的インターフェイスに向けて」と題した講演を行った。同会議のオーガナイザーには許煜《ホイユク》がおり、同会議での東との出会いが『ゲンロン』誌上での許の著書『中国における技術への問い』の部分訳出につながった。（東）

た。東さんが勉強していたのも、九〇年代前半ですね。その後、二〇〇〇年代に入ると、新しく立ち上がった情報学環という大学院の設立に参画し、メディア研究と人文科学のパラダイムをどう出会わせるかという仕事をしてきました。

メディア論といってもさまざまですが、ぼくのように人文科学のバックグラウンドを持った人間が、メディア研究に対してどういう貢献ができるのかという問題意識がありました。率直に言うと、メディア研究はまだ学問として基礎づけられていないんじゃないかと考えていました。だからぼくとしては、メディア研究やメディア論を人文科学のほうから基礎づける、哲学的あるいは認識論的な基礎を与えるということに取り組んできたつもりです。

つまり、メディアをインターネットやテレビ、新聞というような切り取り方ではなく、もっと長いスパン、要するに文明とどういう関係にあるのかという問いとして考えるべきだというのが、ぼくの研究のモチーフです。

具体的な例を挙げましょう。一九九四年に、ラスコー洞窟よりもさらに古いショーヴェ洞窟［★2］が発見されました。およそ三万二〇〇〇年前の洞窟です。その洞窟の壁画を見ると、牛やライオンがいまにも動き出しそうに描かれている。疾走する動物の輪郭を、映画の一コマ一コマのように動きを分けて描いたうえで重ねることで、連続的な動きを表現している。まるでアニメのセルのように描いているわけです。

★2　ショーヴェ洞窟は、一九九四年にジャン＝マリー・ショーヴェら三人の洞穴学者によって発見された、フランス南部アルデシュ県にある洞窟。そこに残された壁画はおよそ三万二〇〇〇年前のものとされ、すでに発見されていた同じくフランスのラスコー洞窟壁画（およそ一万五〇〇〇年前）などよりもはるかに古いものであると考えられている。二〇一四年にユネスコの世界遺産に登録された。

しかも、その絵は、暗い洞窟のなかでゆらめく松明の炎に照らし出され、動物たちのイメージは、映画のスクリーンのように壁面に浮かび上がって、じっさいにゆらゆら動いて見えたはず［図1］。絵はじっと正対して黙って鑑賞するものだなどというのは、現代人の特殊な前提です。クロマニョン人たちが、じっと黙って座って絵を鑑賞していたはずはない。洞窟は声も音も響くし、楽器や手拍子のリズムに合わせて、体を揺すって踊ったり歌ったりしながら視聴覚的な経験をするための空間だった。つまりクロマニョン人たちのディスコみたいなものだったんだと思います。

この洞窟を調査した洞窟先史学者マルク・アゼマは、クロマニョン人たちは「ホモ・シネマトグラフィクス（運動を描くヒト）」だったと言っています［★3］。ヒトはまず動画を描いた。洞窟は、かれらの「原－映画館」だった。三万二〇〇〇年前に、クロマニョン人たちはすでにシネマを発明していたのです［★4］。

他方、ショーヴェ洞窟から三万年以上を経た一八九五年に、リュミエール兄弟が文字通りのシネマトグラフを発明しました。リュミエール一族が経営する写真乾板工場から女工や従業員たちがぞろぞろと出てくる動きを撮影した『工場の出口』という

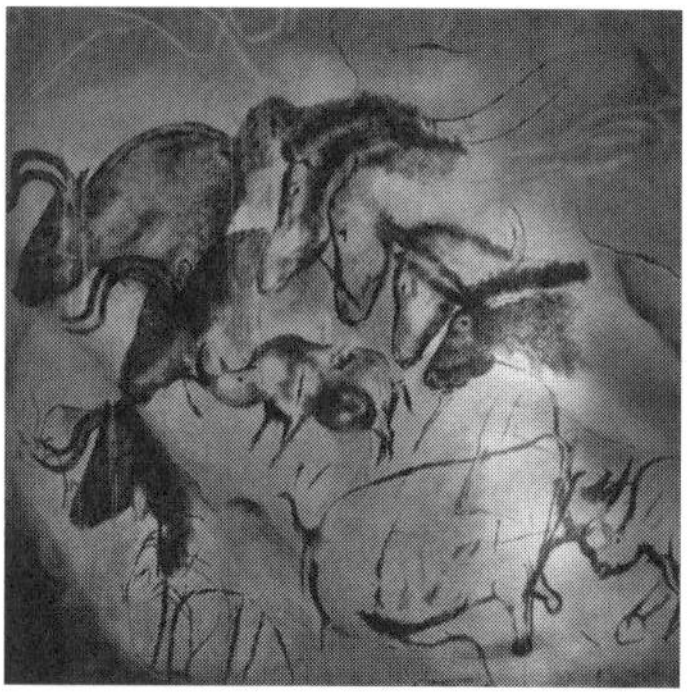

図1　ウマが疾走し、野牛やサイが角を突く様子がアニメのセルのように描かれている
https://commons.wikimedia.org/wiki/File:Chauvet%C2%B4s_cave_horses.jpg
Public Domain

★3　Azéma, Marc. *La Préhistoire du cinéma: Origines paléolithiques de la narration graphique et du cinématographe*. Paris, Éditions Errance, 2015, p. 23.

★4　ごく最近（二〇一八年二月）になって、ネアンデルタール人の洞窟からも絵画

フィルムです。これをもって一八九五年一二月『工場の出口』が人類史上初の映画上映として記憶されることになった。

この三万年でなにが変わったか。クロマニョン人たちは手で動画を描いていたのに対し、リュミエール兄弟のシネマでは、機械が動きを書き取っています。あたりまえだと思うかもしれませんが、この逆転はメディア史的に見てすごくおもしろいテーマです。『工場の出口』は、動きを書き取るという身振りがヒトの手を離れる瞬間の映像なのです。

映画を表すフランス語（英語も同じ）「シネマトグラフ」とは運動の書き取りという意味ですね。テクノロジーが動きを書き取る——。その瞬間から、われわれがふつうメディアと呼んでいる、写真や映画、フォノグラフ、電話、ラジオといったものが問題になってくる。つまり、クロマニョン人とリュミエール兄弟のギャップは、メディア研究が文明的な射程から捉えるべき問題なのです。

東　おもしろい。記号論やメディア論という言葉の射程が、ぐっと拡がるお話ですね。

「ファルマコン」という問い

石田　そうです。人文科学は、このような問いに応えられる問題系を蓄積してきてい

が発見されたという研究が発表された。Hoffmann et al. "U-Th dating of carbonate crusts reveals Neandertal origin of Iberian cave art." *Science*, vol. 359, 2018, pp. 912-915.

こちらはまだ詳しいことはわからないが、洞窟壁画は六万年以上前のネアンデルタール人の文化にまで起源が遡る可能性もある。ネアンデルタール人は音楽と言葉の未分化な、ある種の歌でコミュニケーションしていたという先史学者のミズンの有名な研究もあるから、ますます「洞窟＝ディスコ」説は奥深い。スティーヴン・ミズン『歌うネアンデルタール——音楽と言語から見るヒトの進化』、熊谷淳子訳、早川書房、二〇〇六年。（石田）

るはずです。ところが、哲学、思想、歴史、文学といった一九世紀的なパラダイムでは、メディア研究が探求しようとしている問題が抜け落ちてしまいます。そうすると、せっかく蓄えた人文科学の知を活かすことができない。

しかし、フロイトにせよ、ソシュールにせよ、ベルクソン、ハイデガー、フッサールにせよ、一九世紀から二〇世紀の境目のところで生まれたかれらの思想は、メディアという問題と切り離して理解することはできません。メディア研究を仕事とするようになって、そのことがひしひしと感じられるようになってきました。

もちろん同じようなことを言ったひとは何人かいます。フリードリヒ・キットラー［★5］や、ぼくの友だちのベルナール・スティグレール［★6］がそうです。ぼくもかれらも、二〇世紀以降は一九世紀的な人文学、つまり文字とか書物ベースの人文学から、メディアベースの人文科学に移行したと考えています。そして、フロイトやフッサール、ソシュールなど、古典的な分類のなかのどこにも収まらない思想家が現れたことの理由も、そういうメディアの移行にあるのだ、と。

こういう観点からすると、デリダの「ファルマコン」の問題もメディア論の射程に入ってきます。デリダは、「プラトンのパルマケイアー」という有名な論文のなかで、プラトンの対話篇『パイドロス』に登場する文字の発明に関する神話を批判的に読解していますね［★7］。

★5　フリードリヒ・キットラー（一九四三－二〇一一）は現代ドイツの文学理論家、メディア哲学者。「書き込みシステム」と彼が呼んだ、活版印刷からフォノグラフ、電話、映画、タイプライター、デジタル技術にいたるメディア技術の変化に照準することで文明の変化を論じ、フロイト、ニーチェ、ハイデガー以後の現代思想を読み直すメディア存在論を唱えた。*Aufschreibesysteme 1800/1900*, Fink, Munich, 1985（『書き込みシステム1800/1900』未邦訳）、『グラモフォン・フィルム・タイプライター』（石光泰夫、石光輝子訳、ちくま学芸文庫、二〇〇六年）、『ドラキュラの遺言』（原克訳、産業図書、一九九八年）などで知られる。（石田）

★6　ベルナール・スティグレール（一九五二－）は現代フランスの哲学者。フッ問題の個所は、ソクラテスが、昔から伝わるエピソードとして、エジプトのテウト神とファラオ（タムゥス王）との文字の発明をめぐるやりとりを紹介する一節（第五九節）です［★8］。

テウト神というのは、「算術と計算、幾何学と天文学、さらに将棋《しょうぎ》と双六《すごろく》などを発明した神」で「とくに注目すべきは文字の発明」とソクラテスは導入している。ギリシャ神話ではヘルメスにあたる、現代風に言えば、コンピュータや図形・空間、ゲームなどの数理的な技術を手がける発明の神というわけです。発明をするたびにファラオのもとに行って新技術をプレゼンして、こういう技術をこれからはエジプト人たちに広めなければならないと技術振興を勧めるわけです。

文字を発明したテウト神はさっそくタムゥス王のもとに行って、「王様、この文字というものを学べば、エジプト人たちの知恵はたかまり、もの覚えはよくなるでしょう。私の発見したのは、記憶と知恵の秘訣なのですから」と推奨している。

ところが、タムゥス王のほうは懐疑的で、「人々がこの文字というものを学ぶと、記憶力の訓練がなおざりにされるため、その人たちの魂の中には、忘れっぽい性質が植えつけられることだろう」、「彼らは、書いたものを信頼して、ものを思い出すのに、自分以外のものに彫りつけられたしるしによって外から思い出すようになり、自分で自分の力によって内から思い出すことをしないようになる」、「あなたが発明したの

サールの現象学、ハイデガーの存在論、フロイトの精神分析をベースに、デリダ、シモンドンの哲学、ルロワ＝グーランの人類学を発展させて、技術の存在論を打ち立てる大著『技術と時間』シリーズ（『技術と時間1——エピメテウスの過失』、『技術と時間2——方向喪失』、『技術と時間3——映画の時間と〈難－存在〉の問題』、それぞれ石田英敬監修、西兼志訳、法政大学出版局、二〇〇九年、一〇年、一三年）など、メディアテクノロジーと人間存在との関係を広範に論じる著作を多数発表してきた。仏国立図書館（BNF）のデジタル化計画に参画したのち、仏国立視聴覚研究所（INA）、音響音楽調整研究所（IRCAM）、ポンピドゥーセンター等の要職を務めるなどテクノロジーの社会への実装も手がけて、ハイパー産業社会への提言を掲げる運

は、記憶の秘訣ではなくて、想起の秘訣なのだ」と否定的な判断を述べます。

この対話で「秘訣」と訳されているギリシャ語が「ファルマコンpharmakon」です。英語のファルマシー(pharmacy)の語源、ドラッグを意味する言葉です。文字というのは、ドラッグである。薬であると同時に毒である。そういう両義的な意味を持つ言葉として「ファルマコン(秘訣)」という言葉を使っている。

「記憶の秘訣」か「想起の秘訣」か、という対比が述べられているわけですが、「記憶」はムネーメー(mnēmē)、「想起」と訳されているのはヒュポムネーシスhypomnēsisで、こちらは強く訳せば、「記憶補助」、英語訳ではremindingと訳されていますから、思い出すようにリマインドすることですね。ほんとうに思い出すこと(ムネーメー)と、記憶の手掛かりによってリマインドすること(ヒュポムネーシス)とはちがう、心の内部から自分で思い出すことと、文字というしるしによって外部から技術的にリマインドされることとはちがうんだよ、というのがタムゥス王の見解なのですね。

文字は、記憶のしるしにすぎず、文字によって記憶するようになると、自分のうちから思い出すという記憶力本来のあり方が弱められてしまう、文字を使うと自分で思考するのでなく思考するフリをすることに通じるという。ここには、記憶や思考と技術との関係というメディア論の核心的な問題が現れているわけです。

これはすごく抽象的な話に見えるけれど、ぼくたちが使っているデジカメにして

動体Ars Industrialisを組織するなど、実践活動も精力的に展開している。日本語で読めるものとして文化産業の発達による象徴的貧困の問題を論じた『象徴の貧困1——ハイパーインダストリアル時代』(ガブリエル・メランベルジェ、メランベルジェ眞紀訳、新評論、二〇〇六年)、自身の哲学への導入をはかる対論『偶有からの哲学——技術と記憶と意識の話』(浅井幸夫訳、新評論、二〇〇九年)などがある。(石田)

★7 Derrida, Jacques. "La pharmacie de Platon," *La dissémination*. Paris, Seuil, 1972, pp.69-198. 邦訳はジャック・デリダ「プラトンのパルマケイアー」、『散種』、藤本一勇ほか訳、法政大学出版局、二〇一三年、九一−二七五頁。

★8 以下のプラトンの引

も、iPadやスマホといったメディア端末にしても、『パイドロス』のなかで議論されている「文字」と同じポジションにあります。デジカメで撮った写真は、ほんとうに自分の記憶なのだろうか。ライフログのように日常の生活のすべてを録音したり録画したりして、いろいろな情報を蓄積して、検索すればそれを思い出すことができると言えるのだろうか、とか。

そうすると、人間が思い出すことと、iPadやiPhoneが思い出すことは同じなのか、人間の記憶とコンピュータのメモリは同じか、というような現在ぼくたちがまえにしている一連の問いは、二四〇〇年前の『パイドロス』で展開されていた、文字で記憶して思い出すことと、自分のうちから思い出すことが同じかどうかという問いを反復しているわけです。

予告的に言うと、次回の講義で詳しく扱うフロイトが、iPadのさきがけとも言える「不思議メモ帳Wunderblock」を「心の装置」モデルとして考察したテクストにも、記憶と技術という問題が深く関わっています。人間のうちではなく、外に置かれている手段・技術によって思い出す。あるいはメディアによって記憶し、思い出す。メディアと記憶という問題は、数千年にわたって繰り返し問われているのです。

東　写真が生まれ、映画が生まれ、さらにiPadやスマホが出てきて旧来の文学中心の人文学など古びてしまったように見える。しかし、そもそも人文学の問いの中心は

用は、「パイドロス」、『プラトン全集　5　饗宴　パイドロス』、鈴木照雄、藤沢令夫訳、岩波書店、一九七四年、二五四－二五六頁。

「記憶と技術の関係」にあったのであり、それはまた最新のメディアで問われている問題でもある。その点でいまこそ記号論の更新が大事だという話ですね。わくわくします。

「原 - 記号学者」と「原 - メディア学者」

石田　メディア論を文明論的な射程から捉える例をもうひとつご紹介しましょう。それはまた、記号論の始まりでもありました。

アンドレ・ルロワ゠グーランの名著『身ぶりと言葉』によれば、「人間」は直立二足歩行によって発明されたといいます。直立により、「手の解放」と「脳の解放」というふたつの進化上の大事件が起きたわけです。

前肢から変化した手によって、身振りや道具の使用が可能になりました。これが「手の解放」です。直立はまた脳の容積を局大化し、大脳皮質の展開を促進します。発達した大脳皮質は言葉や思考の活動の中枢となりました。これが「脳の解放」です。さらに直立することで、鼻面だった動物の表情は「顔 face」に変化します。そうすると「顔」と「言葉」が連動し、「顔」を単位としたヒトの「対面」関係が生み出され「社会」が成立するようになる。

★9　アンドレ・ルロワ゠グーラン『身ぶりと言葉』、荒木亨訳、ちくま学芸文庫、二〇一二年、一三六頁。

★10　Penfield, Wilder and Theodore Rasmussen. *The Cerebral Cortex of Man: A Clinical Study of Localization of Function*. Oxford, Macmillan, 1950.

ルロワ＝グーランの理論はとても優雅なもので、直立二足歩行に伴う頭蓋の進化によって「大脳皮質扇 eventail cortical / cortical fan」[★9]が大きく開いたことにより、左脳に、カナダの脳神経外科医ワイルダー・ペンフィールドの言う「脳の中の小人《ホムンクルス》」[★10]が逆立ちして寝そべるようになったと、かれは言います[図2]。

つまり、脳の解放によって大脳の展開が可能になった皮質部分（これを「大脳皮質扇」とかれは呼んでいる）に、顔や口や舌などの言葉や表情を操る中枢と五本の指、手、手首、腕などの手を操る中枢が拡がることになった。それを表しているのがペンフィールドが描いた「脳の中の小人」の図だというのです[図3]。

これらふたつの進化の系列——「手の解放」にもとづく系列と、「脳の解放」にもとづく系列——が、あるところで出会う。すなわち、脳の活動を手がカく（書く・描く・画く・掻く）ということが起こったときに、こ

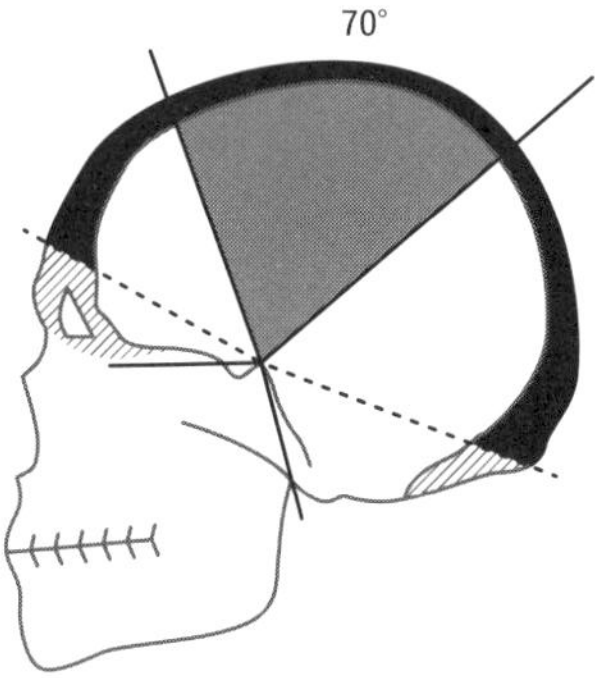

図2 ヒトの脳における大脳皮質扇（灰色部分）。ルロワ＝グーランの著作では、進化に伴い扇の角度が広がっていく様子が図示されている
アンドレ・ルロワ＝グーラン『身ぶりと言葉』、p.79、図42をもとに制作

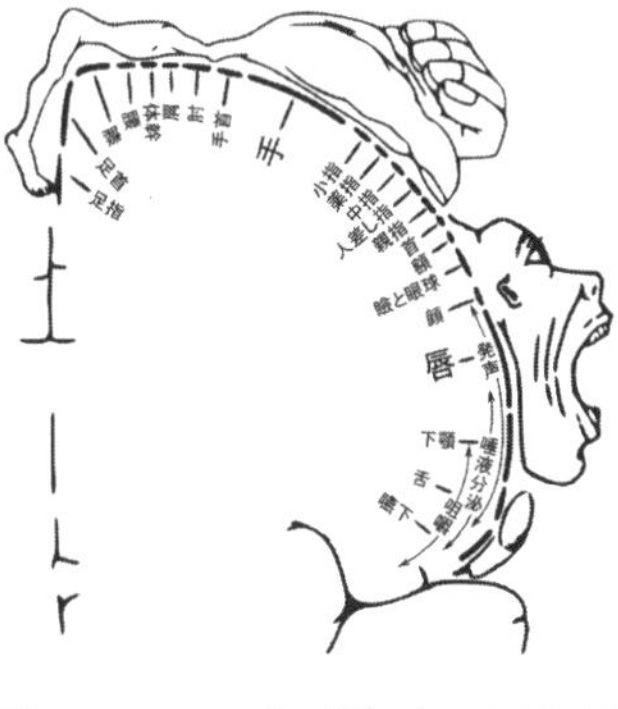

図3 ペンフィールドの「脳の中の小人」。大脳皮質の多くの部分が顔、手、足を司る細胞で占められている
https://commons.wikimedia.org/wiki/File:Motor_homunculus-ja.png?uselang=ja
Public Domain

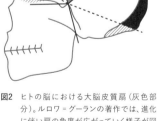

のふたつの系列がクロスする。たとえばラスコーやショーヴェ洞窟の壁画のように、「絵」や「図」を描いたり、シュメール人がしたように粘土板に「文字」を書いたりする。これは手の解放・脳の解放以来の大きな出来事です。絵や文字が発明されたことによってヒトは、精神の活動を表現する時代に入ったわけです。

脳が思い浮かべたイメージを手が描くためには、表象を記すための「道具」が必要になる。それが「メディア（媒体）」です。同時に、「言葉やイメージ」を絵や字に書く／描くようになったとき、「言葉やイメージ」の活動が対象化されます。そのとき、「記号の知」が目に見え、伝承可能なものとして生み出された。「原－記号学者」がこのとき生まれたと言えます。また、言葉やイメージを書く／描くための支持体としての「メディア」についての知も当然生み出されましたから、「原－メディア学者」もこのとき生まれた。クロマニョン人の時代から、ヒトは、「記号論」も「メディア論」もすでに始めていたのです。

なぜ記号論は廃れたのか？

石田　ここからしばらく、記号論についてお話しします。

東大の教養学部で教えていた九〇年代に、ぼくはカリキュラム改革を手がけて、はじめて記号論が教科に入りました［★11］。それ以来、ずっと記号論を担当してきましたが、だんだん流行らなくなってきたんですね。現代思想の流行からいうと記号論はすでに終わった学問、死んだ学問とされてしまった。若い学生のなかには、聞いたことすらないというひともいるかもしれません。

幸いにも、科目化してしまうとすぐやめようとかいう話にはならず、現在も記号論はカリキュラムのなかに入っています。それがアカデミックな制度化というものの利点です。制度の枠に入ると、流行り廃りに関係なく、いやでも長く付き合わなければならなくなる。そうすると、この学問をどうしたらアップデートできるだろうかとか、自分でこの学問を新しくつくり替えようという発想が生まれてくるわけです。

かつては記号論が学問の華のように考えられていた時代がありました。とりわけ、日本がバブル経済に浮かれていた一九八〇年代から九〇年代、記号論はさまざまな消費現象を説明する理論としてもてはやされました。それがいったいなぜ、記号論は廃れてしまったのか。ほんとうに記号論は用済みになってしまったのか。

ところが、どうやらそうではありません。むしろ世界の現実を見ると、ぼくたちの生活は隅々まで「記号論化」しています。というのも、コンピュータ、テレビ、電話、ケータイ、iPhoneといったメディアは、記号学者から見るとすべて「記号論マシン」だからです。

★11　東京大学教養学部では一九九三年に大幅にカリキュラムを改訂して教養教育を現代化し、記号論は精神分析や表象文化論とともに教養科目として制度的に位置づけられた。当時の蓮實重彥教養学部長（のち東大総長）の発案による「閉ざされた塔から開かれた濃密さへ」をスローガンにした大改革だった。二〇世紀の新しい知の地平へと大学を開こうという企てで、東京大学出版会刊「知の三部作」がベストセラーになるなど社会的にも大きな反響を呼んだ。フーコーやバルトやドゥルーズやデリダをふつうに読んで論じ合うことができるような知の場所に大学を変えたいと、当時ぼくたちは考えていたのだ。（石田）

いまや電話やテレビ、家電、本、新聞などがすべてコンピュータ化しています。グーグルグラスや自動運転、モノのインターネット（IoT）［★12］、AIスピーカーなど、現実世界のほぼ全体が、コンピュータの原理で動くようになっている。つまりぼくたちの世界は、普遍的にコンピュータ化した世界になりつつあります。

そしてコンピュータには、思想的発明者がいます。一七世紀末の哲学者、ゴットフリート・ヴィルヘルム・ライプニッツです。

ライプニッツは、バロック期を代表する大思想家ですね。かれは思考を合理的に記す人工言語をつくるという計画を立て、それを計算機で扱うという構想を打ち出した。そこから、いまのコンピュータにいたる壮大な哲学プロジェクトが立ち上がったといっていいでしょう。

じつはバロック期には、計算可能な思考を人工言語でモデル化する試みが、「哲学言語」や「完全言語」の探求としてさかんに行われていました。じっさい、ライプニッツだけでなく、デカルトやパスカルといった哲学者・思想家も人工言語について考察したり、計算機を考案したりしています。つまり、バロック期の哲学界で今日のコンピュータにつながる思想的研究が行われていた。そこが出発点になって、三世紀をかけて、二〇世紀の計算機科学にまで発達していくわけです。「思考とは計算である」と最初に言ったのはホッブズですが［★13］、論理の形式化や代数化が可能となり、哲学的

★12 Internet of Things の略。生活空間のあらゆるモノや機器がネットワークに接続し、相互に情報通信を行うことで利便性が拡大することを指す。

★13 トマス・ホッブズは『物体論』（本田裕志訳、京都大学学術出版会、二〇一五年）第一部「計算もしくは論理」の冒頭で「推論によって、わたしは計算を意味する By ratiocination, I mean computation.」と述べている。（石田）

なプロジェクトから工学的なプロジェクトへと徐々に書き換えられていく。これがコンピュータを生み出していく近世以来の「記号論」の学問的系譜なのです。

ライプニッツはこうしたプロジェクトを「普遍記号論 Characteristica universalis」と呼んでいました。そこから出発して学問全体を普遍的に統合する「普遍数学 Mathesis universalis」を打ち立てようと計画した。これこそ一七から一八世紀のバロック記号論が今日のコンピュータの原理を構想していく出発点になるものです。ちなみに、ギリシャ語 sēmeîon から「semeiotike（セメイオティケー、記号論の意）」という言葉を造語し、記号論の必要性を提唱したのはライプニッツと同時代のライバル、イギリス経験論のジョン・ロックです［★14］。

したがってコンピュータの思想的発明というところに戻れば、記号論はその出発点にある学問であり、世界自体がコンピュータ化するということは、世界が「記号論マシン」によって覆われた、つまり普遍記号論化したということになります。

ところが、ここに大きな逆説があります。すなわち、技術的な基盤としてはメディアが総じて「記号論マシン」になっていくのと並行して、記号論という学問が奇しくも流行らなくなったという逆説です。

世界そのものが「記号論」化しているのに、学問としての記号論は影を薄くしている。いったい、それはなぜなのか。これは大きな謎です。ぼくは、この逆説を解くた

★14 ジョン・ロック「人間知性論」（大槻春彦訳、『世界の名著 32 ロック ヒューム』、中公バックス、一九八〇年）、最終章「学の区分について」を参照。

めに、記号論を根本的に考え直し、それを新しくつくり直す仕事を続けてきたわけです。

東　いまのお話、たいへん重要なので繰り返させてください。世界は記号論化している。にもかかわらずいま「記号論」と呼ばれている学問は古びて見える。人文学者はその逆説の理由を探らなければならない、ということですね。

人文学にはしばしばそのような逆説が生じるように思います。たとえば、かつてポストモダニズムという言葉が流行しましたが、二一世紀の世界は確実にポストモダン化している。にもかかわらずポストモダニズムは古びて見える。時代からすこし先んじていた思想こそが、その思想が現実化すると古びて見えることがある。けれども、そのとき、古びた思想をたんにうち捨てるのではなく、どこが未来を予見していて、どこがまちがっていたのかを細かく精査することではじめて思想は鍛えられる。いまごろなぜ記号論なのかといぶかしんだ聴衆も少なくないと思いますが、そういう意味で、石田さんの試みは、まさに哲学そのものというか、人文学の本流を行くたいへんチャレンジングなものだと思います。

現代記号論の限界

石田　ありがとうございます。いささか照れくさいですが、先に進みましょう（笑）。

ただ、ここでつぎのような疑問を持つひともいるでしょう。では、二〇世紀後半に流行したソシュールやバルトの記号論はなんだったのか、と。シニフィエとシニフィアンだとか、バルトのコノテーションだとかを、当時の学生は記号論という科目で必死に勉強した。あれはいったいなんだったのか。

結論的に言うと、二〇世紀後半に流行した記号論は、アナログメディアの記号論だったとぼくは整理しています。以後、このような二〇世紀の記号論を、バロック期の記号論に対して「現代記号論」と呼ぶことにします。

ソシュールが現代記号論を始めたときに、記号論は二〇世紀を通したプロジェクトになるだろうと宣言しました。

言語は観念を表現する記号のシステムであり、その点で、文字法とか、手話法とか、象徴儀式だとか、作法だとか、軍用信号だとかと比較されうるものである。ただし、それは、これらのシステムのうち、最も重要なものなのである。そこで、社会における記号の生活を研究するようなひとつの学を考えてみることができる。それは社会的な心理学の、したがって一般心理学の一部門をなすであろう。われわれは、これを記号学（sémiologie、ギリシャ語の sēmeîon ──「記号」──から）と呼ぼうと思う。それは記号がなにから成り立ち、どんな法則がそれらを支配するかを教えるであろう。それはまだ存在しないのであるからどんなものになるかはわからない。しかしそれは存在すべき権利を有し、その位置はあらかじめ決定されている。言語学はこの一般学の一部門にほかならず、記号学が発見する法則は言語学にも適用されるにちがいなく、後者はかくして人間的事象の総体のなかで、はっきりと定義された領域に結びつけられることになる。［★15］

ここには重要なことが述べられています。まず「記号学」の提唱ですが、記号学という学問はこれから打ち立てられるべき学問として予告されています。「それはまだ存在していない」が、しかし、二〇世紀の知にとっては「それ（記号学）は存在すべき権利を有する」のであって、これから起こる知の配置において「あらかじめ決定されている」場所を持つものであるという強い主張が述べられています。

ソシュール自身が打ち立てようとしていた新しい言語学というものが、ほんとうの意味で成立するためには、さらに一般的な学として「記号学」というものがなくてはならない。これから生まれるべき一般学としての記号学が成立した暁には、言語学はそ

★15　石田による訳。弟子たちの編纂によるソシュールの『一般言語学講義』における「記号学」の提唱は「社会生活のただ中における記号の生活を研究するような学 une science qui étudie la vie des signes au sein de la vie sociale」という表現で知られているが、「社会における記号の生活を研究するような学 une science qui étudie la vie des signes dans la société」というソシュール自身による表現を採用する。『一般言語学講義』校訂版（Saussure, Ferdinand de. *Cours de linguistique générale*. Édition critique par Rudolf Engler, 2 tomes, Wiesbaden, Harrassowitz, 1989）四八頁を参照。フェルディナン・ド・ソシュール『一般言語学講義』、小林英夫訳、岩波書店、一九七二年、二九頁に対応。（石田）

の一部になるだろう、と。

二〇世紀には、社会や文化を研究する学問がソシュールによる記号学の提唱を受け継ぎ、新しい知の潮流がつぎつぎと起こっていきました。クロード・レヴィ＝ストロースの構造人類学や神話分析、ロラン・バルトによる現代の記号生活の研究のように、のちに「構造主義」と呼ばれるようになった社会・文化研究の流れは、直接的にソシュールの一般記号学の提唱を受けて成立した知の系譜です。レヴィ＝ストロースは、ソシュールが一般記号学を提唱したときに、自分の社会人類学の構想は始まったのだとも述べています。ソシュールの記号学は、言語にとどまらない意味の問題圏の大きな拡がりへと誘うものであったのです。

ソシュールの記号学は、さらに、ジャック・ラカンの仕事に代表されるような精神分析の理論の革新の手掛かりとなりましたし、ルイ・アルチュセールによるマルクス主義のイデオロギー論の新しい理解や、ジャン・ボードリヤールによる消費社会の分析、ミシェル・フーコーによる科学認識論の仕事にも影響を与えました。

あるいはソシュールの言語学の認識論的前提について鋭い考察を加えた「ポスト構造主義」の哲学者ジャック・デリダは、自分が提唱する「文字学（グラマトロジー）」こそ、ソシュールが提唱していた一般記号学に基礎を与えるものであると述べています。このように、ソシュールによる記号学のプロジェクトは、二〇世紀の思想の源泉のひとつとして、さまざまなかたちで思想的に受け継がれ発展していったんですね。

東　いまとなっては懐かしい名前ばかりですね。まさにぼくが学生時代に勉強した「フランス現代思想」の世界［★16］ですが、もう全員亡くなっているんじゃないでしょうか。

石田　昨年（二〇一六年）の二月、ウンベルト・エーコも鬼籍に入りましたから、ひとつの時代が終わったんでしょう。ぼくの感覚では、かれらは二〇世紀的な意味での人文学者だと思うんです。ソシュールが基礎づけた記号学を受け継いで、記号の言葉を読み解いたり分析したりした。これは二〇世紀の思想というか認識の運動として、非常に重要なものでした。

東　いずれにせよ、まずはバロック記号論があり、つぎに現代記号論がある。そして今日の石田さんのお話は、さらにその現代記号論が「終わった」時代から振り返ってつくられているということですね。聴衆のみなさんには、まずこの順番を頭にたたき込んでほしいと思います。つまり、これからのお話は、現代記号論をアップデートしてスマホやネットについて語りましょうというものでは「ない」んです。ここが大事です。

　すこし先走ってしまうかもしれませんが、石田さんの整理では、まず一九世紀から二〇世紀にかけて、アナログメディアが人間の脳のなかで起きていることを大量に記

★16　ドゥルーズ、フーコー、デリダ、バルト、アルチュセール、リオタール、ボードリヤールなど、一九六〇年代から七〇年代にかけて活躍した一群のフランス人哲学者／著作家たちの思想を総称する、日本における言葉。上記七人はいずれも二〇年代前後の生まれでほぼ同世代だが（最年長のバルトが一五年生でもっとも若いデリダが三〇年生）、一世代うえのラカンやレヴィナスも含まれることがある。また最近は、バディウやナンシー、スティグレールなど、より若い世代も含めることがある（スティグレールは五二年生）。共通する主張としては、ニーチェ、マルクス、フロイト、ハイデガーらの影響のもと、近代哲学を限界づけてきたヨーロッパ中心主義や人間中心主義の乗り越えが核にあると言われ、「ポストモダニズム」「ポスト構造主義」

録に残しはじめた。それがすなわち写真や映画の発明ですが、この発明とともに出てきたのが現代記号学だということになっています。現代記号学は画期的だったけれど、いま振り返れば、アナログメディアの勃興がつくり上げた学問でしかなかった。けれども、二〇世紀のなかばには、アナログメディアとは異なった原理で脳内現象を記録するデジタルメディアが出てきた。それによって、記号学の問題系自体も大きな変容を迫られ、いまはもう現代記号学では対応できない。そこで現れた「新たな記号論」こそが情報科学なのだという構図になっています。

　記号論とコンピュータをつなげる議論は多数ありますが、アナログメディアとデジタルメディアの関係を現代記号学と情報科学に並行的に対応させ、記号論が「古くなった」からこそ新しい記号論の可能性が開けたのだという図式での話はあまり聞いたことがない。非常にユニークな議論だと思います。

石田　そこはこれから話すところだから……（笑）。

東　そうでした。すみません！

石田　気を取り直して続けると（笑）、いま東さんが言ったように、アナログメディアがいたるところにいろんな記号を生み出しはじめた時代というのがあった。とくに二〇世紀の後半では、多くの国で高度成長が起こり消費社会が到来する。その結果、メディア文化が加速して、大量に記号が産出されて、つぎつぎと流行現象が生み出され

などと同一視されることも多い。けれども実際には、上記の七人やその周辺がひとつの学派を結成したわけでもなく、思想運動として明確な輪郭を描き出すのはむずかしい。「フランス現代思想」の名は、むしろ、当時のフランスの状況を外部から（日本から）眺めて作られた、いわば傍観者の視点からの命名だと考えるべきであり、実際フランス語には相当する表現は存在しない（ただし英語のFrench Theoryは似たニュアンスをもっている）。「フランス現代思想」のテクストは、一九九〇年代までは、哲学のみならず美術や映画、建築やファッションなど多岐にわたる分野の表現に大きな影響力を及ぼしていたが、その力は二一世紀に入って急速に衰えた。本書の対談は、その影響力の低下の意味（なぜ低下したのか、そしてその趨勢を逆転するた

るようになる。

そういうアナログメディアの批評や分析というのは、かなり能力がないとできない。たとえばビデオがない時代の映画やテレビを考えればわかるように、アナログメディアは視聴経験が閉じているから、見返すことさえできないわけです。そんな時代に、かなり高度な読み解き能力を持ったひとたちが、人文学的な教養というものに支えられながら、相当むずかしい言葉でいちはやくそれらを読み解くことを開始した。それがロラン・バルトやフーコー、デリダといった世代です。

こうしたひとたちはすごい教養があって、ギリシャ語もラテン語も完全にマスターしている。フランスのエリートたちがまだ輝いていた時代ですね。かれらは錚々たる人文学者たちだった。それらのひとたちが文化的なコンピテンス（専門的能力）を使っていちはやくアナログメディアの記号現象を読み解くということをやってみせたから、大きなインパクトを持ったわけです。

でも、デジタルメディアの時代はそもそも環境がちがう。アナログメディアの場合、メッセージはそれぞれ自己完結していて、視聴者や別のメディアが働きかけることができない。それがデジタルになるとインタラクティブでメディアが閉じていないわけだから、ユーチューブやニコニコ動画みたいにメディアを通して別のメディアを視聴したりとか、メディアミックスとか言うようにメディア間がお互いにコミュニ

めにはどうしたらよいのか）について、あらためて問いなおすものになっている。（東）

ケートしたりとか、二次創作のように変形されたりとか、アナログメディアの環境における記号現象とはぜんぜんちがったものを経験している。メディアをめぐるメタな活動もまた別のタイプに移行している。二一世紀のいまの世代は、メディアの経験を別のメディアで書き取ったり解釈したりつくり直したりするようになった。そういうのがわりと手軽な批評的な活動になってきているわけですね。

二〇世紀の現代記号論の世代はそうじゃなかった。ロラン・バルトのようなひとを思い浮かべてください。まず最も能力の高い人文学者たちがメディアを分析して批評する活動を開始した。それを記号論という方法で行おうとしたわけです。つまり、文学テクストだけではなくて、映画もテレビも広告写真もジャーナリズムやさまざまなモード現象も、あらゆる文化現象を、テクストとして読もうというような方法的態度を取ったわけです。人文学者とはもともと書物とテクストの専門家たちで、マクルーハン的に言えば「グーテンベルクの銀河系」［★17］の住人たちです。そのなかの例外的に鋭い批評眼を持った先鋭的な思想家たちが、古典的な意味での文字と書物の文明を超えて記号やテクストを読みはじめたわけです。

逆に言えば、それがかれらの限界でもあった。さきほどのシニフィアンとシニフィエ、コノテーションというような話と関係することですが、ソシュールの言語学を記号学のパラダイムとして考えることがもたらした限界というものがあって、それがソ

★17　マーシャル・マクルーハンが『グーテンベルクの銀河系』（森常治訳、みすず書房、一九八六年。原著刊行一九六二年）で論じた、グーテンベルクによる印刷技術の発明以降の世界を指す概念。同書では印刷技術が人々をどのようにつくり替えたかを詳細に分析するとともに、それが電気的な技術によって取って代わられつつあることを示している。

シュール派記号学の言語中心主義というものです。ソシュールの発見は「言語は記号のシステムである」というものだったのですが、記号学が扱うすべての記号活動が「言語記号」と同じような性質のものとは限らない。ところが、ソシュールの仕事が水先案内を果たしたために、すべての記号を「言語のようなもの」として、言語モデルを基本に考える傾向が生まれてしまった。それは言語に関わる領域から記号論に加わった二〇世紀の第一世代の理論家たちの人文学的な素地と無関係ではないと思います。

これに関連して――これは一般のソシュール研究書には書かれていないぼく自身の独自の理解ですが――、そもそもソシュールの言語学や記号学は、「ポスト・グーテンベルク状況」と深く結びついて成立した知であると考えています。現代の知が成立するときに、活字と書物を中心とした知のあり方から、それ以後の別のメディア技術に影響を受けた知のあり方へと転換するということが一九世紀末から二〇世紀初頭にかけて起こりました。その知の転換点の位置を「ソシュール革命」は占めているというのがぼくの考えです。言語は文字と書物にもとづいて研究するものだという認識論的な前提を崩したのがソシュール革命なのです。

じっさい、ソシュールの言語学は、文字と書物にもとづくような一九世紀に行われていた言語の歴史的研究から、一八七七年にトーマス・エジソンによって発明された

「フォノグラフ（蝋管蓄音機）」のような音声記録の技術を使った研究へと言語の研究法が転換し、「音韻論」のような言語研究の基礎的な分野が刷新されるに伴って、まったく新しい言語観を提示したという側面が強いのです。

たとえば音声学者のジャン＝ピエール・ルスロが「キモグラフ」という発声器官の運動を記録する装置を使って発声を分析して、フォノグラフが書き取る音声の波形と対応させるというような実験音声学の研究が、一九世紀末には立ち上がる。この時期以後、人間言語の発音体系を研究する言語学は、音韻をアルファベットではなくて、「発音記号」で記すようになったのです。

このように、ソシュールを祖とする二〇世紀の言語学は、音声記録技術の革新と並行して展開していきました。すなわち、音、声、かたち、運動などを「メディア」が書き取るようになったときに、ソシュールによって「記号」が発見されたわけです。

しかし、いちばん早く記号学が見えた領域が言語学だったために、後続のひとたちが記号学をひとしく言語学モデルで考える傾向が生まれてしまった。そこに二〇世紀の記号論の「言語中心主義」という限界があったわけです。

これでようやく、東さんの要約の前提に追いつきましたね（笑）。

東　あらためてすみません。おもしろいので、気がはやってしまって……。

アナログメディア革命とデジタルメディア革命

石田　ここで、石田の年表というものを披露しましょう［図4］。ぼくは学生に「石田の授業に出るためにはこの年表を頭に入れてね」という義務を課しています。話をわかりやすくするための教育ツールです。

年表を見るとわかるように、まず一九世紀と二〇世紀の境目である「一九〇〇年」という切れ目が非常に大きな意味を持っている。すなわち、活字だけの世界が基本的に終わる、そういう日付です。以降、メディアが活字だけではなく、映画とか、ラジオとか電話とかといったものになっていくわけです。

つぎに一九五〇年で、「メディアの世紀」は真っぷたつに分かれます。一九五〇年には、いまのインターネットを準備するコンピュータのテクノロジーが生まれた。具体的には、情報理論を生み出したクロード・シャノンの「シャノン・モデル」［★18］と情報量の計算式が一九四八年に提唱されました。

シャノンは、二進法の計算（演算）ができる電気回路を使えば、論理を表現できることに気がついて、「デジタル回路」というものを考案しました。YESを1、NOを0で表せば、それを組み合わせてやることで、どんな論理も表すことができる。じつはこの原理は、第3講義で扱う、ソシュールとともに現代記号論の祖であるアメリカの

★18　クロード・シャノン（一九一六‐二〇〇一）はアメリカの数学者、電気工学者。「シャノン・モデル」はかれが論文「通信の数学的理論」（一九四八年）で考案した情報伝達モデルのこと。ビットという単位を導入し、初めて「情報」を定量的に扱うことを可能にするなど、現代の情報理論の礎となっている。

★19　チャールズ・サンダース・パース（一八三九‐一九一四）はプラグマティズムの創始者として知られる哲学者。記号を、指示対象と結びついた「指標（インデックス）」、指示対象と類似した「類像（アイコン）」、指示対象と直接の関係を持

論理学者チャールズ・サンダース・パース［★19］が最初に考案したものなんですね。その点でもコンピュータの原理はなぜ記号論と同根かということがわかります。

コンピュータの容量を表すのに、ビットとかバイトという単位を使うように、シャノン・モデルによって情報を量で表せるようになった。これが現在のコンピュータの原理の発明にあたるもので、それ以後に起こったメディアの大変化は「デジタル革命」と整理されます。それは、メディアがすべてデジタルメディア、すなわちコンピュータになってゆく過程なのです。

手短に年表を説明しておくと、下の列には、メディアテクノロジーの進化がプロットされていて、バロック時代にはライプニッツが考案した計算機と記号結合法、一九世紀からはニエプスの写真、ベルの電話、リュミエール兄弟の映画、高柳健次郎のテレビ実験［★20］、テレビ放送、二〇世紀の後半以降は、フォン・ノイマン型コンピュータ［★21］からWorld Wide Webや第三次人工知能ブームへと進化していくことを示しています。

年表のまんなかの列が、記号論の歴史を示していて、一七世紀から一八世紀がライプニッツとロックのバロック記号論です。続いて、二〇世紀とともに始まったソシュールとパースの現代記号論、およびそれに関連した構造主義やポスト構造主義といった知の動き、二〇世紀後半以降の情報理論、認知科学やナノテクといった関連す

たない「象徴（シンボル）」に三分類したその記号学は、ソシュールの記号論と並び、後世に大きな影響を与えた。本書第3講義に登場する「記号のピラミッド」はこの三分法をもとにしたもの。

★20　一九二六年、のちに「日本のテレビの父」と呼ばれる高柳健次郎は、ブラウン管による「イ」の文字の電送・受像の実験に成功した。

★21　ハンガリー出身の数学者ジョン・フォン・ノイマン（一九〇三‐五七）によって提唱された、コンピュータの基本構成（アーキテクチャ）。フォン・ノイマン型コンピュータは、情報と制御命令を別々に記録し、順に演算装置に送ることで処理が行われる。今日の一般的なコンピュータシステムのほとんどが、このフォン・ノイマン型である。

Sanders_Peirce.jpg　Public Domain
高柳健次郎 テレビ実験　https://hamamatsu-daisuki.net/industry/spot/takayanagi-memorial-hall.htmlをもとに制作
米ラジオ民間放送開始　https://commons.wikimedia.org/wiki/File:BroxSistersRadioTeddyBear.jpg　Public Domain
ENIAC開発　https://commons.wikimedia.org/wiki/File:Eniac.jpg　Public Domain
米テレビ放送開始　https://commons.wikimedia.org/wiki/File:OTVbelweder-front.jpg　Public Domain
Macintosh 128K　https://commons.wikimedia.org/wiki/File:Macintosh_128k_transparency.png　Creative Commons BY・SA（権利者=All About Apple Museum）
WorldWideWeb　https://en.wikipedia.org/wiki/WorldWideWeb　Public Domain
第三次人工知能ブーム　https://commons.wikimedia.org/wiki/File:ArtificialFictionBrain.png　Creative Commons BY・SA（権利者=Gengiskanhg）

図4 石田の年表「記号論と2つのメディア革命」 年表作成＝阿部卓也

年表内の画像の出典は以下のとおり

ライプニッツ https://commons.wikimedia.org/wiki/File:Gottfried_Wilhelm_Leibniz,_Bernhard_Christoph_Francke.jpg Public Domain
ロック https://commons.wikimedia.org/wiki/File:John_Locke.jpg Public Domain
ライプニッツ「計算機」 https://commons.wikimedia.org/wiki/File:Leibniz_Stepped_Reckoner_mechanism.png Public Domain
ライプニッツ「結合法」 https://commons.wikimedia.org/wiki/File:Fotothek_df_tg_0005486_Mathematik_%5E_Kombinatorik.jpg Public Domain
ニエプス 写真 https://commons.wikimedia.org/wiki/File:View_from_the_Window_at_Le_Gras,_Joseph_Nicéphore_Niépce.jpg Public Domain
リュミエール 映画 https://commons.wikimedia.org/wiki/File:Sortieusinelumiere.jpg Public Domain
ベル 電話 https://commons.wikimedia.org/wiki/File:Actor_portraying_Alexander_Graham_Bell_in_an_AT%26T_promotional_film_(1926).jpg Public Domain
ソシュール https://commons.wikimedia.org/wiki/File:Ferdinand_de_Saussure.jpg Public Domain
パース https://commons.wikimedia.org/wiki/File:Charles_

る知のデジタル転回のインターフェイスも書き込んでいます。

年表の上部には、メディア革命と対応した産業化と社会の変遷、そして文化の変容を書き込んでいるつもりです。一九世紀末になるとグーテンベルクの銀河系が終焉を迎え、アナログ革命がつくり出した大衆社会、マスメディアの社会というものが出てきて、それが第二次世界大戦後にはだんだん文化産業や消費社会、ポピュラーカルチャーというのを加速させていく。いまでは、デジタル革命がもたらした情報産業をベースにした知識社会とか情報産業社会と言われる社会になった。こういうメディアをベースにした、文明の区切り方をまず押さえてください。

ここまでの話と重ね合わせてみましょう。先述したバロック記号論のライプニッツとロック、そして現代記号論の代表者であるソシュールや第3講義で扱うパースが活躍した時代を年表に置いてみると、一九五〇年以降のデジタル革命の時代には、それにふさわしい情報記号論がまだつくられていないことがわかります。むしろ二〇世紀後半でも、現代記号論がもてはやされていたわけですね。

しかし東さんも言ってくれたように、現代記号論ではデジタル時代と組み合えない。だから、デジタル時代の記号論をつくらなければならないということです。

そのためには、現代記号論に戻るだけでは不十分です。バロック記号論までさかのぼって、記号論をつくり替える必要があるだろうというのが、この年表が示唆するストラテジーなんです。

東　この年表の見所はいろいろあると思います。ひとつ質問させていただくと、ぼくとしては「マスメディア」「文化産業」「情報産業」の三つの産業区分が、アナログ革命とデジタル革命それぞれの進展とどういう対応関係にあるのかが気にかかります。年表だけを見ると、アナログ革命が、旧型マスメディアとその基盤となる大衆社会（テレビ社会）をつくり出したものと位置づけられているのに対し、文化産業・消費社会（ポストモダン社会）と情報産業・知識社会（ネット社会）は連続的に捉えられていて、デジタル革命が生み出した消費社会が二一世紀に入って徐々に知識社会に変質していったように見えます。つまり、革命はふたつなのに、社会のほうは三つの段階に区切られていてきれいに対応していないように見えるのですが、石田さんは、大衆社会と消費社会の関係はどう捉えていらっしゃいますか。

石田　そこはおもしろい質問だね。大衆社会と消費社会の関係については、大衆社会がメタ化して消費社会になるかんじだと思います。記号が自律してせり出してくるポストモダンの時代ですね。

東　だとすると、こういうふうに整理できますか。まずはアナログ革命が大衆社会と現代記号論を生み出したとして、そのアナログ革命が再帰的になった状態というか、再帰的アナログ革命・再帰的アナログ記号文化みたいなものが一九五〇年代以降台頭することになった。それがいわゆる消費社会であると。

他方で、それとはべつに、五〇年代にはすでにENIAC［★22］が動き、そのまえにシャノンが情報理論をつくりウィーナー［★23］がサイバネティクスをつくっていたわけで、デジタル革命も始まっていたのだけど、それが広く実装され社会に影響を与えるためにはさらに半世紀ぐらい時間がかかる。その遅れてきたデジタル革命が、再帰的アナログ革命と二一世紀になって融合したところで知識社会が生まれる……。

石田　はい。詳しく考えを詰めてはいないけれど、だいたい同じように見ています。

東　お話をうかがっていて、あらためて二〇世紀後半の厄介さが見えてきたように思います。二〇世紀後半は、新しいパラダイムが出てきたのだけど、その新しいパラダイムについて語るのは古い言葉しかなかったという時代なのではないか。

さきほど「ポストモダン」「ポストモダニズム」に触れましたが、こちらも、大きな物語が終わったんだと言いながら、それ自体がひとつの大きな物語として消費されるという矛盾を抱えた概念でした。けれど、その矛盾は、ポストモダンという言葉だけの問題じゃなくて、二〇世紀後半全体の問題だったのかもしれない。資本主義自体が限界を迎えているとか、成長自体が限界を迎えているとか、さまざまな終わりを語る言葉が現れたけれど、その言説自体が新しい資本主義や成長のモデルとして受け取られるような時代だった。二一世紀の哲学は、まずはその矛盾を解消しないとまえに進

★22　一九四六年にアメリカ合衆国で開発された最初期のコンピュータ。Electronic Numerical Integrator and Computer の略。一九五五年までアメリカのアバディーン性能試験場で、弾道計算、天気予報、原子核の計算などに使用された。著名なため「世界最初のコンピュータ」として挙げられることも多い。

★23　ノーバート・ウィーナー（一八九四－一九六四）はアメリカの数学者。第二次世界大戦中に射撃制御装置の研究に携わった経験をもとに、人間社会におけるあらゆる行動を、通信と制御によって捉えるサイバネティクス理論を考案。フィードバックにもとづいた自動制御システムを体系付け、情報工学の発展に多大な影響を与えた。

めない。

石田　まったくそのとおりだと思います。

テクノロジーの文字

石田　記号論に話を戻しましょう。さきほど言ったように、現代記号論には記号を言語モデルで捉えてしまったという限界がありました。したがって、ぼくたちが記号を捉え返すときには、言語モデルから離れなければなりません。では、記号が言語の問題ではないとすれば、なんの問題か。それは文字です。

記号が文字の問題であることは、つぎのような言葉からもわかります。

写真（フォトグラフ photograph）は「光 photo- を書く文字」、レコード（フォノグラフ phonograph）は「音声 phono- を書く文字」、映画（シネマトグラフ cinématographe）は「運動 cinémato- を書く文字」です。

フォトグラフ、フォノグラフ、シネマトグラフというように、これらはみな、語尾に「グラフ graph」という言葉がついています。グラフというのは「書き取り」という意味で、語源になっている graphein はギリシャ語でカく（書く・描く・画く・掻く）という意味です。つまりこれらの呼称が示しているのは、これらはみな一種の文字であるということです。

さきほどの年表を思い出してください。アナログメディアの革命は、すでに一九世紀を通して技術的には準備されていました。一八二五年にニエプスが写真を発明する。一八七六年にベルが電話を、一八七七年にエジソンがフォノグラフ（蝋管蓄音機）を発明した。一八九五年にリュミエール兄弟が工場から女工たちが出てくる映像を撮影した。一九世紀を通して、こうした一連のアナログメディア技術が発明されていきました。

二〇世紀になって、写真、映画、電話、レコード、ラジオの普及のように、これらのアナログメディア技術が産業的にも使われるようになって、じっさいに人間の文明を大幅に書き換えていく「アナログメディア革命」が起こっていくわけです。

現代記号論の隆盛と並行して起きたこれらのメディアの特徴は、機械が文字を「書く」ことにあります。ここでいう「書く」とは、具体的には、アナログメディア技術によって音や光の痕跡が記録されることを意味します。書物の時代までは、人間が文字を読み書きすることによって、文明の生活が成り立っていた。しかしアナログメディアの時代になると、機械が文字を書くようになる。それに伴って現代記号論が勃興したわけですから、記号論とはまずもって文字の問題であり、メディアとは「文字テクノロジー」の問題なのだと考えることが決定的に重要なのです。

二〇世紀以降、こうしたメディア技術が、人々の生活を囲い込んでいきます。機械によって書かれた文字が信号としてやりとりされる。そのコミュニケーションを可能にするのが、「遠隔テクノロジー tele-technology」と呼ばれるものです。「テレ tele-」とは遠隔という意味です。テレグラフ（télégraphe）から始まって電話（telephone）、ラジオ（radio）、テレビ（television）と発展し、いまではインターネットになっている。

現在では人間の行動に、ケータイやスマホがついてまわっている。そのネットワークのなかで人々はさまざまなコミュニケートをしている。つまりテクノロジーの書く文字は、遠隔テクノロジーとセットになって、メディア・コミュニケーションの圏域のなかに人々の意識生活を囲い込むようになっているわけです。

技術的無意識の時代

石田　これらテクノロジーの書く文字は、活字とは異なる大きな特徴があります。それは、人間が読めなくなったということです。

たとえば、一六コマあるいは二四コマの静止画像が一秒間に流れると動いて見える。認知的にはそうですが、一コマ一コマを見ることはできない。いやじっさいには、ぼくたちは一コマ一コマを知覚することができないから、動きを見る意識（運動視）と時間意識が生み出される。静止画像が見えないから、動画が見えるのです。

これはべつに錯覚ということではありません。人間の認知の能力と機械の働きのあいだにはギャップがあります。メディアはそのギャップを利用して成立していて、その働きによってぼくたちは動画を見ているのです。

こうした認知能力と機械の働きとのギャップは、動画に限ったものではありません。写真もそうです。写真機が発明されるまでは、人間が手を動かして描いたり、かたちをつくったりしなければ、ひとやものや風景が勝手にイメージになることはなかった。でも、写真機が登場して、人間が知らないあいだにひとやものや風景が書き取られるようになった。

カメラのシャッタースピードは、三五ミリ焦点距離レンズで五〇分の一秒が手ぶれしない限界と言われています。それより長いと手ぶれしてしまう。しかしぼくたちの認知能力では、五〇分の一秒を知覚することはできません。だからじっさいにどんな写真が撮られているかは、撮ったあとでないとわからない。ぼくたちはファインダーを覗いたり、液晶を見たりしているけれども、カメラが写真を撮るほんとうの瞬間を見ることはできていないのです。

音声や音響についても同じようなことが言えます。エジソンのフォノグラフやベルによる電話の発明以来、音は音波として物理的に機械処理されるようになった。音の現象から音波のみを書き取って、分解したり合成したりすることで、音声や音響を「伝え」たり、「再生」したりできるようになる。レコードの発明よりまえには、同じ演奏を二度聴くことはできなかったし、同じ発話を聞き直すことも、遠くに離れているひとや死んだひとの声を聞くこともできなかった。地と図の関係で言うと、ヒトが聞く意識の作用が図として成立する手前の物理的な質料が書き取られ、分解されたり合成されたりして送られるようになったわけです。

そうなると、音現象の経験は、人間の意識が音や声を聞くという経験から、技術的回路を通して人間の意識に音や声が聞こえてしまう経験へと変化します。ソシュール言語学の成立について見た音声学・音韻論の問題というのはまさにそれで、言葉としての音声がどう聞こえてしまうか、物理的な音響と言葉との境界を決定する研究だったのです。第3講義で詳しく扱いますが、フォノグラフの技術が成立してはじめて、物理的に連続した音響を聞く人間の時間意識とはなにかというようなフッサール現象学の問いも生まれるわけです。これらは物理的な音響という無意識が、言葉や時間の意識を浮かび上がらせる事態を示しています。

ぼくたちはそういう「見えない」テクノロジーの文字によって書かれている写真や映画やテレビを「見て」、思い出をつくったり、ストーリーを楽しんだり、事実を知ったりしている。聴覚を縁取っている無意識のテクノロジーを基盤にして、いまここにいないひとの声を聞き、死んだひとの音楽をふつうに聴いている。その意味で「見えない」テクノロジーの文字は、いまでは人間の「見えた」という意識が成立するための条件になっていますが、その文字のひとつひとつは、人間の認識できない無意識の領域にとどまりつづけているということになる。こういうのを、メディアの「技術的無意識」と言います。アナログメディア革命以降、人間の意識は技術的無意識によってつくり出されるということが起こっているわけです。

じつは、一八五六年に生まれた精神分析家のフロイト、一八五九年に生まれ、現象学を考えたフッサール、それから一八五七年生まれで、記号学の祖と呼ばれる言語学者のソシュールはみな、二〇世紀はじめ、ちょうど一九〇〇年ごろから、人間の意識と無意識の境のところについて考えていました。かれらの登場は、人間の無意識に働きかけ、意識の現象をつくり出すことができるようになったメディア技術の発達ときを同じくしています。それは、現代の人間を考えるうえで、人間の意識や無意識とメディアの関係というのが必要不可欠な問いになったということを意味しています。このような技術的無意識は、デリダ的なテーマで言うと「亡霊」という問題[★24]に通じるものでしょう。アナログメディア革命以降、おびただしい亡霊が溢れる時代にぼくらは生きるようになったのです。

★24 デリダは『マルクスの亡霊たち』において、「亡霊 spectres」を主題にしながら独自の「憑在論 hantologie」(「取り憑き、強迫観念 hantise」と「存在論 ontologie」を合成した造語)を展開する。デリダにおいて「亡霊」は再来するものとしてフロイトの反復強迫に結びつけられるほか、同書ではそれが「メディアという媒体」に接続され、テレテクノロジーが「亡霊化作用を持つもの」として論じられる。ジャック・デリダ『マルクスの亡霊たち』、増田一夫訳、藤原書店、二〇〇七年、一二二‐一二三頁を参照。

フッサールは速記で考えた

東　デリダの名前が出てきたのでコメントを挟みますが、テクノロジーこそ体験をつくり出すのではないかという逆説は、フッサールではメロディーの問題として議論されたものですね。『内的時間意識の現象学』の問題です。メロディーとはいったいなにか。瞬間瞬間には、ばらばらの音がある。それらを連続して聴くとメロディーになると言うんだけど、ではどこでどう音がつながるとメロディーになるのか。メロディーはいつ知覚されるのか。デリダのエクリチュールの哲学は、まさにこの問いを引き継ぐかたちで展開されます。

石田　ぼくはその問題を近年ずっと考えているんですよ。それはまさに技術的無意識の問題圏だから。

東さんが言うように、フッサールは『内的時間意識の現象学』では、メロディーを例に挙げながら、人間の意識と時間というものについて考察しています。『内的時間意識の現象学』は一九〇五年のフッサールの講義を中心に編纂したものに、ハイデガーが序文をつけて一九二八年に出版されたものです。でも、フッサールは生涯にわたって時間の問題を考えつづけていた。たとえば一九一七、一八年に書いていた『ベルナウ草稿』、あるいは一九三〇年ごろの『C草稿』でも時間論を書いている［★25］。

★25　フッサールの時間論として生前に刊行されたものは、一九二八年にハイデガーの短い序文付きで刊行された『内的時間意識の現象学 Vorlesungen zur Phänomenologie des inneren Zeitbewußtseins』で、現在ではRudolf Boehmによる校訂版、Husserl, Edmund. *Zur Phänomenologie des inneren Zeitbewußtseins (1893-1917)*. Husserliana, Band X, Den Haag, Martinus Nijhoff, 1966のパート「A」が定本とされている。その日本語訳としては、エドムント・フッサール『内的時間意識の現象学』（立松弘孝訳、みすず書房、一九六七年）があり、また二〇一六年にちくま学芸文庫から谷徹による新訳が刊行された。Husserliana Xにはパート「B」として、一九二八年の版をフッサールの助手だったエディット・シュタインが編集するために使わフッサールが考えていたのは、こういう問題です。意識の経験の最も基本にあるのは時間ですね。その時間はどんなふうに生まれるのか。そのもとにあるのが音を聴くという経験です。たとえば、ドミソというメロディーを聴いているときに、意識がいま現在のことしか知覚できない、あるいは現在がすぐに過去になってしまったとしたら、ドミソというメロディーを聴くことはできない。ドミソとつながって聞こえるためには、「ド」を意識において記憶（把持）した状態で、つぎに「ミ」と「ソ」と聴くと、「ドミソ」というメロディーに聴こえるわけです。こういうかたちで、フッサールは、音やメロディーを考察しながら、時間がどんなふうに生まれるのかということを突き詰めていきました。

ではなぜ、時間を考えるにあたって音に注目したのか。それは音と意識はどちらも時間の関数だからですね。音を頭のなかでなんども聴き直すという経験から、意識について現象学的に還元して問い詰めていく。そうやってフッサールは、自分の現象学の基礎をつくっていったわけです。

ところがおもしろいのは、フッサールには、シネマトグラフや機械ピアノは出てくるにもかかわらず、フォノグラフが問題として現れてこないんです。一九〇五年当時にはもちろんフォノグラフはありますから、じっさいにはフォノグラフというものをベースにして思考実験をせざるをえない。しかし、フォノグラフというメディアを捨

れた講義ノート、フッサールの草稿類が、補遺テクストとして推定年代別に整理されて収録されているが、それらを含めた英語訳として、Husserl, Edmund. *On the Phenomenology of the Consciousness of Internal Time* (1893-1917). Collected Works, vol.IV, Dordrecht; Boston, Kluwer Academic Publishers, 1991 がある。

時間論に関わるフッサールの草稿は生涯にわたって書き継がれており、一九一七年から一八年に書かれた『ベルナウ草稿』（*Die Bernauer Manuskripte über das Zeitbewusstsein* (1917/18). Husserliana, Band XXXIII, Dordrecht, Springer, 2001）、一九三〇年前後執筆の『C草稿』（*Späte Texte über Zeitkonstitution* (1929-1934): *Die C-Manuskripte*. Husserliana-Materialien, Band VIII, Dordrecht, Springer, 2006）

象して、意識の明証性というものを考えるというパラドクシカルなところにフッサールの現象学の問題はある。ぼくはそれを問い直すべきだろうと思い、あらゆるフッサールのテクストを読んでいるんです。

そこで重要なのは、フッサールは速記で文章を書いているということです。つまり、意識というものを記述しようと考えると、現在のように録音機器はないから、自分の口述を速記していくんですね。

東　え、それは知りませんでした。フッサール自身が速記で書いていたのですか？

石田　そうそう。ガベルスベルガー式速記というものを習得して書いていた。ただ、フッサール独自に変形された速記法なので読み解けるひとが少なくて、オイゲン・フィンク［★26］のような弟子筋たちがそれをやっているんです。

東　なんと……。フィンクが現象学の継承者なのは、フッサールの速記が読めたからだったんですね。衝撃です。たしかにフィンクといえば、フッサール研究の第一人者という印象がありました。

石田　ベルギーのルーヴェン・カトリック大学にある「フッサール・アルヒーフ（フッサール文庫）」では、フッサールの遺稿やさまざまな関連資料が保存されています。このグループに登録すると、定期的にジャーナルが送られてきて、そのなかにフィンクと速記についても書いてあったんです。フィンクによれば、その時点で三人しか読める

が現在までに刊行されている。（石田）

★26　オイゲン・フィンク（一九〇五 - 七五）はドイツの哲学者。フッサール最晩年の助手を務めた。フッサールの現象学、「世界 - 内 - 存在」をはじめとするハイデガーの存在論を批判的に継承し、人間の遊びや労働を宇宙的な運動に参与する現象として捉える独自の「コスモロジー」を展開した。

ひとがいないって［★27］。

東　三人！　それはすごい小さなサークルだ。

石田　そうそう、フッサール・マフィアはすごくて……。ぼく自身はマフィアではありませんが。

東　マフィアに加入しジャーナルを送ってもらうためには、どうすればいいんでしょうか（笑）。

石田　メールアドレスを登録すれば送られてきます。最近読んだもののなかに、フィンクが、フッサールの速記のマニュスクリプトを読めるのは、自分とあと限られた数人だといったことを手紙で書いている、という記事がありました。

　ガベルスベルガー式速記で書いていたというのは、じつは当時のドイツ知識人にとってきわめて稀ということではなくて、論理学者のゲーデルも、物理学者のシュレーディンガーも、そしてハイデガーも速記ができたんですよ。当時のドイツのギムナジウム教育の一環だったという研究書の記述もあります。時間も節約できたし、紙も節約できた。ただし、忘れないうちに起こさなければわからなくなってしまうという難点があるようです。

　すこし脱線しましたが、フッサールが速記で書いていたことは、かれの哲学と切り離せないというのがぼくの仮説です。つまり、かれは、速記のスピードで意識につい

★27　ルーヴァン・フッサール・アルヒーフの連携研究員Thomas Vongehrによる二〇一五年一二月四日のつぎのブログを参照。Husserl's handwriting in shorthand:the "Gabelsberger Stenographie" URL=http://hua.ophen.org/2015/12/04/husserls-handwriting-in-shorthand-the-gabelsberger-stenographie/（二〇一八年八月一〇日アクセス）（石田）

て考えていたはずなんですね。

おそらくデカルトの「我は考える、ゆえに我あり」は、文字を書くひとというポジションで、意識の明証性を確保しようとしています。「我は考える」と書くことで、「我が存在する」という外在化の確信が持てるわけです。

それに対してフッサールの場合、アナログメディア革命の勃興期ですから、テクノロジーが書く文字の速さを考えないといけない。そうするとデカルトのように、人間が文字を書くことをモデルにしたのでは遅すぎる。おそらくフッサールは、テクノロジーの書く速さに追いつくために速記で書き、意識の明証性にたどり着こうとしたのでしょう。ですから、意識の明証性というデカルト的な枠組みは共通していても、明証性の内実はぜんぜんちがうわけです。

東　たいへんおもしろいですね。いまの話で、フリードリヒ・キットラーが『グラモフォン・フィルム・タイプライター』［★28］のなかで注目したニーチェとタイプライターの関係を思い出しました。哲学者とテクノロジーの関係についてはもっと考えるべきですね。現代の哲学者は、おそらくグーグルやスマホなしには「思考」できなくなっている。

他方で、フッサールの速記をフィンクと少数の仲間だけが解読できるという話は、ヨーロッパの知の性格をわかりやすく示しているようにも感じました。そこで思い出

★28　『グラモフォン・フィルム・タイプライター』は、フリードリヒ・キットラーが一九八六年に出版した著作。題名のとおり、グラモフォン＝蓄音機／フィルム＝映画／タイプライターという近代のメディアテクノロジーの展開をたどりながら、文字文化の解体から技術がもたらす新たな認識の枠組み、そして「人間が技術によって操作される事態」までを論じた。

したのはジャック・ラカンです。かれの精神分析も、残された講義録がたいへん難解だったこともあって、まさにマフィア的かつ秘教的に継承されている。ラカンの場合は、ジャック゠アラン・ミレール〔★29〕がマフィアの親分になっていくわけですが、ヨーロッパの人文知は、そういう共同体を無意識につくるところがあるように思います。ラカンの場合は、マフィアへの加入条件として、「パス passe」と呼ばれる一種の精神分析が課される。精神分析を対面で受けたものしか、ラカンの教えは授けられない。精神分析の神髄は「声」として伝わっていく。

デリダがフッサールの速記についてなにか言っていたかどうか、思い出せません。ただかれは、ラカン派精神分析における声の役割とか、それが持つ家父長的な権力などについてはいろいろ言っています。ついでに言えば、かれの有名なエクリチュール（書字）の概念というのは、そのような「主人」から離れていろいろなところに伝播していく存在を指すものであり、それは家父長的な人文知への抵抗ともつながるものでした。

石田　そうですね。さきほども言ったように、一九三九年のフィンクのメモには、『内的時間意識の現象学』の編者でフッサールの助手だったエディット・シュタインともうひとりの助手ルートヴィヒ・ラントグレーベと自分の三人だけが読めると書いてある。ただし速記だけ読めてもダメで、フッサールの哲学を熟知していないと「超越的

★29　ジャック゠アラン・ミレール（一九四四－）は、フランスの精神分析家。ラカンの随一の弟子であるとともに娘婿でもあり、ラカン学派の中心人物として活躍。ラカンの講義録『セミネール』の編者を務めている。後述の「パス passe」は、一九六七年に創設されたラカン派独自の分析家資格制度。教育分析（精神分析家になるための訓練として受ける精神分析）を形式的に期間で区切るのではなく、分析を終えた被分析者の証言が学派で共有され、分析家への移行（passage）を果たしたと認められることで、学派分析者として認定される。

と超越論的」とか「実体と存在」とかの略の区別ができないとも書いている。つまり、フッサール先生の声の現前を、弟子たちは秘教的に共有あるいは独占していたわけだね。

東　うーむ。

石田　ずいぶん脱線してしまったので、技術的無意識の問題に戻りましょう。

人間は機械の文字を読み書きすることができないが、その認知のギャップこそが人間の知覚を総合し、人間の意識をつくり出すという話をしました。ぼくたちはこの「技術的無意識の時代」において見えないものを見て、意識の成立以前に聞こえるものを聞いて生活しているわけです。テレビであれ、インターネットの動画であれ、iPodの音楽であれ、ぼくたちは音・イメージや言葉など「記号」だけを取り出し、あたかもそれが現前しているように見なして生活しています。

現代は音・イメージを伝搬する電波に満ちた時代ですが、フランス語の「スペクトル spectre」（英語の spectrum）には光や音の波長分布像という意味のほかに、「亡霊」という意味もあります。それは、「スペクタクル spectacle（見世物）」という言葉とも結びつく。われわれは音・イメージがつくり出す見世物（亡霊）を存在と見なし、日々暮らしています。これこそヴァルター・ベンヤミンが言うところの、「複製技術の時代」にほかなりません。いまここに存在しないひとが話し、存在しない事物の像や光景が見え、いまここに存在しないひととコミュニケーションして生活している。亡霊がいたるところ徘徊してぼくたちを日常的に取り巻いている、かなりふしぎな「スペクタクルの社会」にぼくたちは生きているのです。
　このことを象徴的に表現しているのが、宮沢賢治の『春と修羅』「序」にあるつぎの一節です。

わたくしといふ現象は
仮定された有機交流電燈の
ひとつの青い照明です
（あらゆる透明な幽霊の複合体）
風景やみんなといつしよに
せはしくせはしく明滅しながら
いかにもたしかにともりつづける
因果交流電燈の
ひとつの青い照明です
（ひかりはたもち　その電燈は失はれ）［★30］

★30　宮沢賢治「心象スケッチ　春と修羅　序」、『宮沢賢治全集1』、ちくま文庫、一九八六年、一五頁。

ぼくはこれは「テレビの原理」で書かれた詩だと思っています。この詩が書かれたのは一九二四年です。テレビ技術は一九世紀末からの複数の技術的発明が組み合わさって実現したものですが、ベアードによるテレビ像の実験[★31]は一九二四年、日本では高柳健次郎がブラウン管による「イ」の文字の電送・受像の実験に成功したのが一九二六年です。『銀河鉄道の夜』が相対性理論をベースに書かれたとも読めるように、賢治は科学の動向に詳しいひとだったから、テレビ技術もおそらく知っていたにちがいなく、テレビの原理そのものをメタファーに使っているのではないか。

テレビでは、走査線上を明滅する光のフレームによって、「わたくしといふ現象」（意識）が生まれる。「せはしくせはしく明滅しながら／いかにもたしかにともりつづける」テレビの映像のような「わたくしといふ現象」「あらゆる透明な幽霊の複合体」が、人々の意識生活をつくっていく。テクノロジーが文字を書く時代を予言しているようです。

東 まさに予言的ですね。「わたくしという現象」が「明滅する」「幽霊」であるという表現は、たいへんデリダ的な表現です。

石田 メディアがテクノロジーの文字で書くようになると亡霊化する。だから、事物および事実が、まさに現象学が言うような「現象」になるわけですね。

★31 スコットランド出身の電気技術者ジョン・ロジー・ベアード（一八八八－一九四六）は、一九二四年、半機械式のテレビ装置ではじめて物体の輪郭を画面に映し出すことに成功した。ベアードは翌年、機械式テレビ装置で人間の顔のグレースケール画像を送信することに成功し、のちの一九二八年にはカラーテレビの公開実験を行うことになる。

『グラマトロジーについて』

石田　これまでの話をまとめると、最初に、「メディア論を人文科学から基礎づける」というぼく自身の研究モチーフを話しました。それから、記号論をバロックにまでさかのぼって、全面的に更新する必要性があること、さらにメディア論や記号論はテクノロジーの文字の問題であることを説明しました。

東　ここまでのお話を、人文学の再定義の試みだと思って聞いてきました。人文学は英語でヒューマニティーズと言いますが、それはもともと人間についての総合的な学問を表す言葉だったわけです。ところが最近では文学部廃止論なども現れるようになり、人間について考えるのであれば、もう人文学など必要なくて、それこそ認知科学や脳科学のような理系的な知だけでいいという主張が主流になっている。そんななか石田さんは、たんに文学部が必要だと訴えるだけではなく、記号や文字といった概念を鍵にして、現代のメディア環境のなかでアクチュアルなものにすべく人文学を再定義しようとしている。

石田　おっしゃるとおりですね。そこで、文字とはなんなのかということが、本章のテーマ「一般文字学」の問いになってくるわけです。

先述したように、ぼくたちはテクノロジーの書く文字に囲い込まれています。だとしたら、ぼくたちは「文字」についての考察をもっと深めなければなりません。それをぼくは「一般文字学」というテーマで追求したいと思っているわけです。

現代思想に詳しいひとであれば、「文字学」という言葉を聞いて、これまでもなんどか名前が出てきたデリダを思い出すかもしれません。デリダは『グラマトロジーについて』(一九六七年)という本のなかで、ソシュールの一節を使いながらつぎのように述べています。

それゆえ、けっしてたんなる言葉の上だけではない置き換えによって、『一般言語学講義』のプログラムにおける記号学を文字学(グラマトロジー)に置き換えるべきであろう。

「私たちはそれを[文字学(グラマトロジー)]と名づけることにしよう。……それはまだ存在しないのであるから、それがどのようなものになるかは分からない。しかし、それは存在する権利をもつのであり、その位置はあらかじめ決定されている。言語学はこの一般学の一部門でしかなく、その[文字学(グラマトロジー)]が発見するであろう諸法則は言語学にも適用することができよう」[★32]

さきほどソシュールの文章を引用しましたね。ソシュールは一般記号学を提唱した

★32 Derrida, Jacques. *De la Grammatologie*. Paris, Minuit, 1967, pp.74. 石田による訳。邦訳書、ジャック・デリダ『根源の彼方に——グラマトロジーについて』上、足立和浩訳、現代思潮社、一九七二年、一〇五頁に対応。

ときに、記号学は「まだ存在しないのであるからどんなものになるかはわからない。しかしそれは存在すべき権利を有し、その位置はあらかじめ決定されている」と言いました。デリダは、ソシュールの「記号学」を「文字学」に置き換えて、このように書いている。デリダらしい簒奪の身振りです。

あらかじめ言っておくと、ぼくはデリダ・カルトではありません。昔はデリダファンが大勢いて、それなりのカルトでしたが、ぼくはどちらかというとフーコーを読んでいた人間だったので、デリダについては距離をもって接していました。でもいまになって考えると、デリダの仕事は「文字学」というふうに読めるわけです。

東 ぼくも研究を離れてひさしく、デリダについて語る資格はまったくありませんが、それでもあえて言えば、初期すなわち一九六〇年代のデリダは、記号学と現象学のアップデートをけっこう本気で考えていたと思うんです。デリダというと、へんな文体でなにを書いているんだかわからないひとという印象が強いですが、六〇年代末に相次いで刊行された『エクリチュールと差異』『グラマトロジーについて』『声と現象』あたりは、記号論や文字学の観点でけっこう論理的に読める。サイバネティクスなどへの言及もあり、デリダ自身もメディアの変革や情報科学を視野に入れていたふしがある。ところが七〇年代に入ると、どんどん文芸評論っぽくなってしまい、修辞に満ちた読みにくい文章になる。さらにあとになると政治的なテクストが中心になってしまい、むしろいま読まれているデリダはその時代のものばかりですが、今日の講演の文脈で読み直すのであれば『グラマトロジーについて』の時期は有望だと思います。だから、石田さんの読み替えにはたいへん期待しています。

石田　ただ、あらかじめ言っておくと、これからデリダ論を展開するわけではありません。考えたいのは「文字学」です。デリダとは関係なく、文字についてどういう認識をわれわれは持つことができるかという角度から考えてみましょう。

まず、図5をご覧ください。これは、中国で漢字を発明したと言われる蒼頡《そうけつ》という神話上の人物です。絵を見るとわかるように、蒼頡は四つ目の人物として描かれています。中国の伝説では、蒼頡は非常に目がよくて、さまざまな動物の足跡などを見分けてそれをもとに漢字を発明したことになっています。

けれどもぼくは、勝手にちがう仮説を立てています。それは二組の目のうち、一対の目は自然を読み、もう一対の目は文字を読む目である、という仮説です。蒼頡は文字を発明したことにより、文字を読む目をあらたに一対持っ

図5　蒼頡　中国伝説上の漢字の発明者
https://commons.wikimedia.org/wiki/File:Cangjie2.jpg
Public Domain

た。中国の神話ではどう解釈されているかわかりませんが、おそらくこれが最も脳神経科学的な解釈だと思うからです。

東　ついに脳科学の話ですね。

ヒトはみな同じ文字を書いている

石田　このことを納得していただくために、近年の認知神経科学の読字研究をいくつか紹介しましょう。近ごろはなんでも脳で説明するという風潮がありますが、そういう能天気な研究ではないことを前提のうえでお聞きください。

認知神経科学の分野では、文字を読む、あるいは本を読むことに関する研究は非常にさかんになっています。一般書としてもフランスの脳神経学者であるスタニスラス・ドゥアンヌの*Reading in the Brain*［★33］、アメリカの脳科学者メアリアン・ウルフの『プルーストとイカ』［★34］などがあります。また、これらの研究には必ず引用される、視覚認知科学者のマーク・チャンギージーや日本の認知科学者・下條信輔の基礎的な研究［★35］もあり、チャンギージー自身も『ひとの目、驚異の進化』［★36］という本を出しています。

では、こうした研究は文字についてどんな知見をもたらしているのでしょうか。

★33　Dehaene, Stanislas. *Reading in the Brain: The New Science of How We Read*. New York, Viking, 2009. 仏語版は二〇〇七年初版。未邦訳だが、目下翻訳が進んでいる。（石田）

★34　メアリアン・ウルフ『プルーストとイカ――読書は脳をどのように変えるのか？』、小松淳子訳、インターシフト、二〇〇八年。

★35　Changizi, M.A., Q. Zhang, H. Ye, and S. Shimojo. "The structures of letters and symbols throughout human history are selected to match those found in objects in natural scenes." *The American Naturalist*, vol.167, No.5, 2006, pp.117-139.

★36　マーク・チャンギージー『ひとの目、驚異の進化――4つの凄い視覚能力まず、世界中には漢字、ひらがな、ハングル、アルファベット、キリル文字など、さまざまな文字種が存在します。これらはいっけん、まったく異なるかたちをしているように見える。だから、それぞれの文字種はランダムに存在しているように思えます。

ところがそうではないのです。神経科学や認知科学の研究の最新知見では、すべての人間は、同じ文字を読み書きしているということが有力な仮説となっています。このことは一般のひとどころか、大学の人文系の研究者でもあまり知られていません。でも、この分野を研究しているひとにとっては「ヒトはみな同じ文字を書いている」ということは、なかば常識になっています。だから、みなさんも常識をアップデートしたほうがいい。これからの話を聞けば、明日からは会ったひとに「ヒトはみな同じ文字を書いている」と言えるようになりますから。

東　フッサールやデリダの哲学から古代中国神話、そして神経科学とかなりアクロバティックなつながりになってきました。さきほどまでの記号論からの突然の飛躍で驚いている聴衆の方も多いと思いますが、今日のイベントのタイトルが「記号論と脳科学の新しい展開をめぐって」となっていることからもわかるとおり［★37］、ここからが今日の本題です。

じつはぼくは、杭州でここまでの頭出しはすでに聞いているのですよね。でもここ

があるわけ』、柴田裕之訳、インターシフト、二〇一二年。

★37　イベントのタイトルは「一般文字学は可能か——記号論と脳科学の新しい展開をめぐって」であった。巻末の初出一覧参照。

からさきはまだ知りません。「ヒトはみな同じ文字を書いている」ってどういうことなのか。それがあきらかにされるというので、いますごく構えてます（笑）。

石田　ご期待ください（笑）。この知見のいちばんのベースになっている、チャンギージーと下條の研究から紹介します。

まず、文字を文字素に分解します。そうすると、一画二画というときの「画」をストロークと言いますが、どんな文字の要素でもすべて三ストローク内で書けるということがわかります。たとえば漢字であっても、偏や旁を構成する要素は、すべて三ストローク内で書けるのです。

そうやって分解した文字素のかたちは、自然界の事物にも見出せるものです。

東　というと？

石田　ぼくたちの視覚のなかに現れる世界のモノたちは、一個一個が静物画のオブジェみたいに目のまえに完全な輪郭を持って現れているわけではなくて、あらゆる物たちがお互いに折り重なって、視界に拡がって見えていますよね。ぼくたちは、それらの物たちをざっと見ながら、すなわちブラウズしながら、自分の見ようとする対象に注意を向けている。意識の周縁ではいろんな物が見えているんだけど、それらの物たちはお互いに近くにあったり遠くにあったり、相互が接したりまえの物と後ろの物とが重なって部分だけが見えていたりという具合に、相互の位置関係によって見え方が刻々と変化する。それらの物たちの相互の位置関係を、わざわざ近づいていってたしかめてみなくても、おおざっぱに読み取って理解している。ひとの視覚がなにを手掛かりに自然界の事物空間内の相互位置関係を見分けているかというと、物の辺や縁《へり》や角《かど》にあたる輪郭の部分要素だとか、物と物がお互いに接しているときの重なり合いの位相的なパターンなんですね。

たとえば立方体が地面の上や壁のまえに置かれているとき、見るひとの位置によって立方体の稜がLやYのかたちに見えたり、壁の縁と重なってTのかたちに見えたりする。あるいは複数の立方体が並置されたり重なったりしていれば、図6に示すようにKのかたちに見えたり、ᛉとかᛯとか⚹のようにもっとレアなかたちのパターンが見えたりするけれど、しかしいずれにせよそれらのパターンの数は有限です。

それを分類したのが図7です。

チャンギージーたちの整理にしたがうと、たとえば図7－aは、L形やT形、X形の変形を示したものです。L形、T形、X形それぞれのかたちは、見方を変えれば同じに見えます。しかしL形のものを、どんなに引き伸ばしたり、回転させても、T形やX形にはなりません。したがってLやT、Xを基本的なかたちの単位として考えていい。そういうかたちの要素

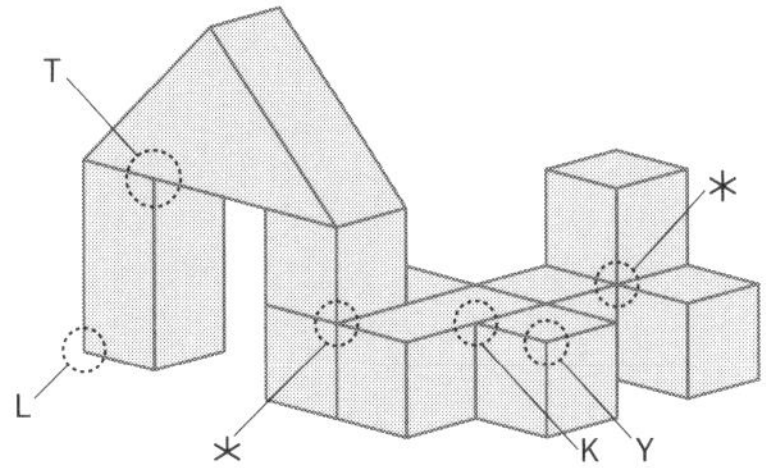

図6 積み木のブロックの輪郭線とその結合部がつくるかたちのパターン。LやYやTのかたちは容易に見つかるが、Kやᛯや⚹は珍しいことがわかる

を周期表のように分類したのが図7－bです。

東　なるほど。この三六の図形が、あらゆる文字をつくり出す、文字の基本要素だということですね。

石田　そうです。そしてこれらをもとに、かれらはいくつかの統計処理をしていきます。

図8は、さまざまな文字システムのなかで、L形、T形といった要素が現れる頻度分布を示したものです。「Non-logographic」（非－表語文字）とは、単純に言うと漢字（表語文字）ではないカナやアルファベットのような文字システムです。「Symbols」は文字ではない、矢印とかピクトグラムのようなさまざまな記号のことです。グラフを見るとわかるように、どの文字・記号システムでも、同じようにかたちの要素が分布することがわかった。

東　うわ！　これはすごい。表音文字と漢字はいっけんまったくちがうかたちをしているのに、かたちの要素の出現頻度を取ると分布が一致するのだと。これはすごいですね。かたちの類似性を考えるのではなく、要素の出現頻度

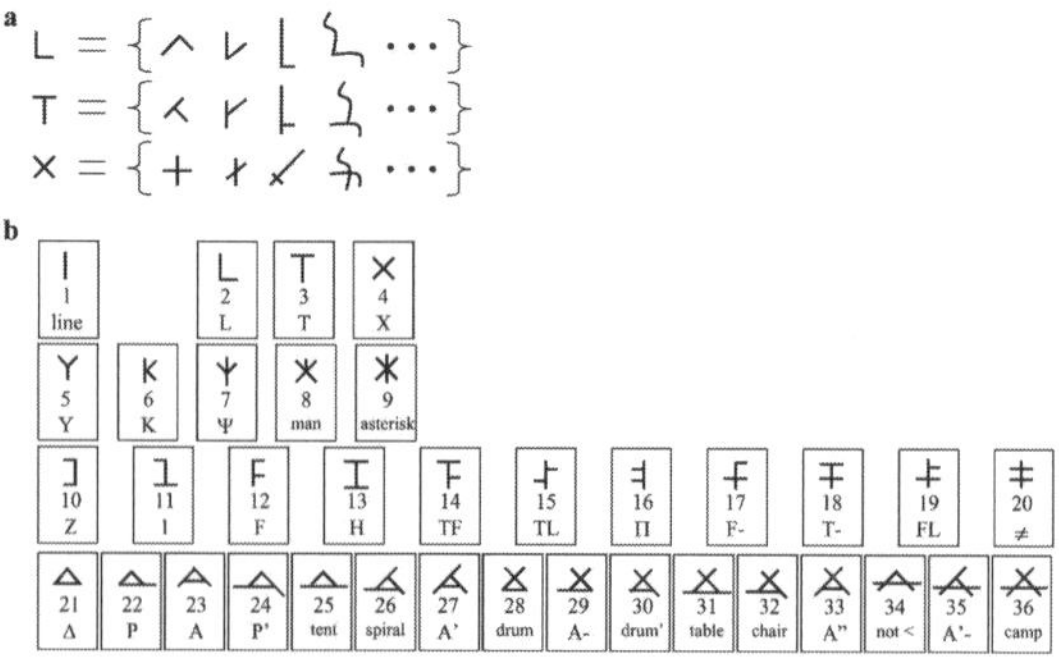

図7−a　L・T・Xを変形して得られる形状の例

図7−b　1−3本の輪郭線の結合部の分類表

Mark A. Changizi, et al. "The Structures of Letters and Symbols throughout Human History Are Selected to Match Those Found in Objects in Natural Scenes." *The American Naturalist*, vol. 167, no.5 2006, p.118より転載　権利者許諾済み

から考えるという、その発想もすごい。視覚的な類似性ではなくて、そのさらに奥にある数学的な類似性に注目しているわけですね。

石田　そう。でもまだ続きがあります。チャンギージーの「ユニバーサル・ディストリビューション（普遍分布）」、つまり視覚記号分布のユニバーサルセオリーというものです。チョムスキーの「ユニバーサル・グラマー（普遍文法）」［★38］を彷彿させる理論ですが、それはこういう仮説です。

自然界のなかでぼくたちが見ている光景では、こうした事物の位置の識別特徴のパターンはどんなふうに分布しているのか。かれらは、(1)人類の祖先たちが見ていた自然界の光景に近いと思われる部族写真の大量の画像データ、(2)現代でも自然のなかのアウトドア生活の雑多なシーンを集めた『ナショナルジオグラフィック』誌の大量画像データ、(3)コンピュータに描かせた現代都市空間の建物や街並の大量画像データを使って、さまざまな画像データのなかにさきほどのかたちの要素が出てくる頻度を調べたんです

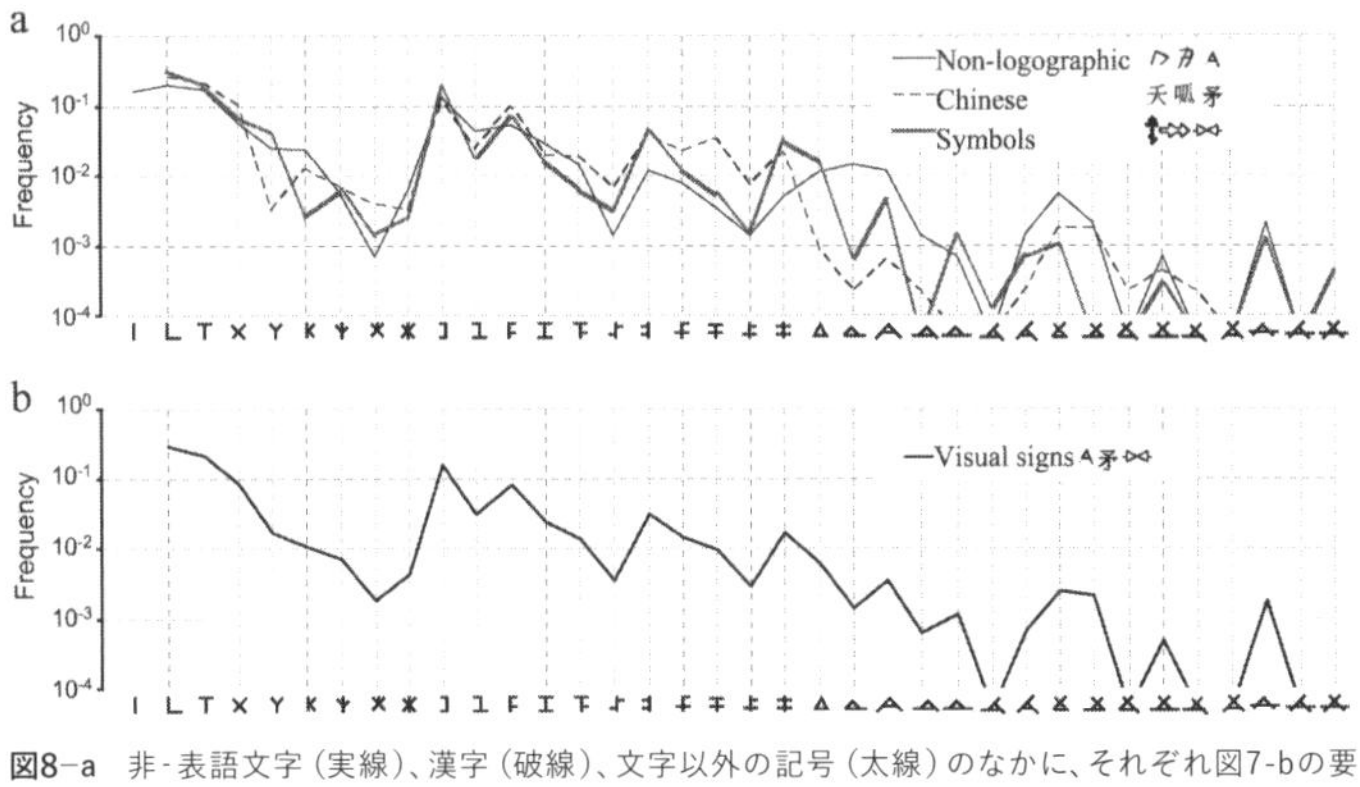

図8-a　非-表語文字（実線）、漢字（破線）、文字以外の記号（太線）のなかに、それぞれ図7-bの要素が現れる頻度を示した3つのグラフ

図8-b　上の3つのグラフを平均したもの
同論文p.120より転載　権利者許諾済み

ね。

その詳細は『ひとの目、驚異の進化』でも説明されていますが、結論だけを述べると、三種類の画像のなかに現れるかたちの要素の分布は、先述した文字・記号のなかに現れるかたちの要素の分布ときれいに相関していることがわかった［図9］。

東　ええええ！

石田　驚いたでしょう（笑）。

東　心底驚きました。だってそれが意味しているのは……。

石田　そうです。ほんとうに驚くべき研究で、ぼくははじめて知ったとき、感動しました。つまり、人間は、自然のなかの事物を見分けているパターンと同じ頻度で識別要素を組み合わせ、文字をつくってきたということです。

こうした研究から、人間の文字は、動物としての人間が自然界の見分けシステムのなかで使っている識別要素とほぼ同じしるしから構成されていると考えられる。つまり、世界中のどの文字も、同じ空間識別のしるしから派生した同じ特徴を要素として成り立っている。それらは三ストローク以内で書けるしるしであって、世界の文字はそれらの要素を組み合わせてできている。それらの要素は自然界のなかに見つかる要素と同じものだという仮説をかれらは立てたわけです。

東　これはほんとうに感動的な研究ですね。まず第一に、人間がつくったすべての文

★38　普遍文法（Universal Grammar）は、言語学者のノーム・チョムスキーが提唱した生成文法における中心的な概念。すべての人間は（とくに障害がないかぎり）普遍的な言語能力を生得的に備えており、日本語であれ、中国語であれ、西欧語であれ、世界のすべての言語はこの普遍的な文法能力から説明できるとする理論。チョムスキーが『統辞構造論』（福井直樹、辻子美保子訳、岩波文庫、二〇一四年。原著刊行一九五七年）で提唱した。（石田）

字は、構成要素の出現頻度の点で見るとみな同じ分布でつくられている。そして第二に、その出現頻度は自然界における構成要素の出現頻度と同じ分布になっている。つまり人間は、自然のなかのかたちの出現頻度をまねるようにして、文字をつくっている。文字と自然は対立していない。それはじつは同じかたちの分布でできている！

突飛に見えた「ヒトはみな同じ文字を書いている」の主張ですが、納得しました。もしこの研究が正しいのだとすると、たしかに火星人から見たら（火星人がいたとして）、地球人はみな同じタイプの文字を使っているように見えるかもしれない。そしてそれはどこか地球の風景と同じかたちの分布のように見えるのかもしれない。逆に火星人は、火星の風景をまねるように、かれらの文字をつくっているのかもしれませんね。

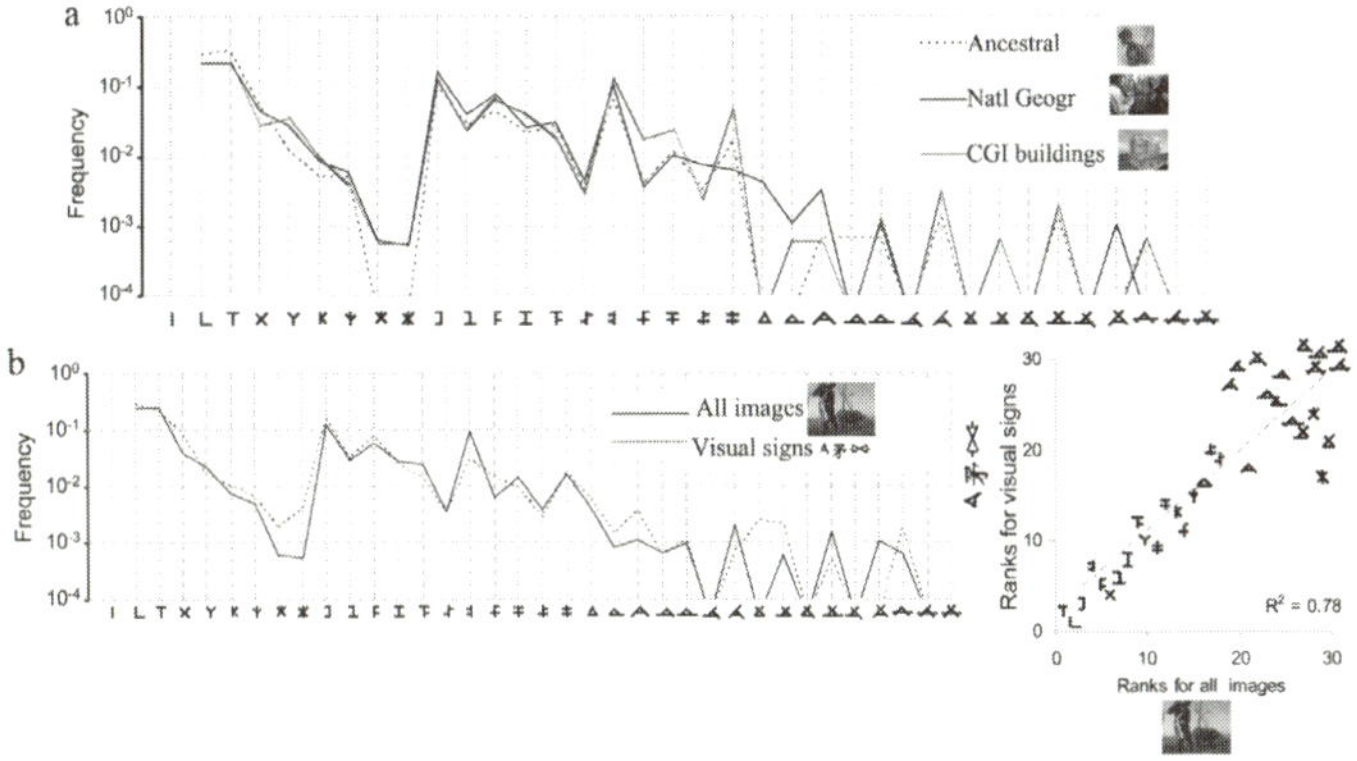

図9−a　部族社会の写真（破線）、『ナショナルジオグラフィック』の写真（実線）、コンピュータが描画したビルの写真（網掛け線）のなかに、それぞれ図7-bの要素が現れる頻度を示した3つのグラフ

図9−b　上の3つのグラフの平均に、文字における頻度分布の平均（図8−b）を重ねたもの（左）と、図7−bの各要素が記号と風景のそれぞれに現れる頻度の順位を示した分布図（右）

同論文p.126より転載　権利者許諾済み

ニューロンリサイクル仮説

石田　そこからこんどは脳科学の出番です。

東　まだ驚きが続くんですか。

石田　続きます（笑）。人間の脳は、そんな文字情報をどう処理しているか。

まず物の見分けについて考えましょう。図10のように、物の見分けは、事物のすべてをベタに情報処理しているわけではありません。脳の情報処理のプロセスでは、境界や輪郭のところだけに情報を縮減して、対象がなにかを認知できればいちばん効率がいい。そうやって自然界の特徴を見分けるシステムが脳のなかに配置されているわけです。

では、文字はどうか。ドゥアンヌの研究によれば、文字を読むひとの脳を脳内イメージング技術で観察すると、自然界の特徴を見分けるシステムと同じ脳の領域を使って文字を見分けていることがわかりました。つまりチャンギージーが統計的に実証したことが、脳科学の側からも裏づけられているわけです。

東　なるほど！　ところで、この研究は人工知能研究とは関係していないんでしょうか。

石田　たぶんしてないと思いますね。

東　お話をうかがっていて、最近の人工知能研究を思い起こしました。映像から特定の特徴量を抽出して、フィードバックをかませて認知の精度を高めていくというのは、機械学習の話そのものですね。

石田　このドゥアンヌが提起している仮説があります。「ニューロンリサイクル neuronal recycling」仮説といって、もう英語版のウィキペディアにも項目が立てられて載っています。ニューロンリサイクルとは、ニューロン、つまり神経細胞を転用するということです。

具体的にどういう仮説かというと、つぎのようなものです。ここまで見てきたような自然界における事物の輪郭や空間的配置を見分ける活動ですが、これはサルも人間も生得的なプログラムとして持って生まれてくる能力です。自然界にある事物の相互位置関係がどのように見えるのか。サルも人間も、それをいちいち見に行ってたしかめて経験的に学習するわけではありません。もしそういうことをしていれば、その動物はとっくの昔に敵に捕食され進化の歴

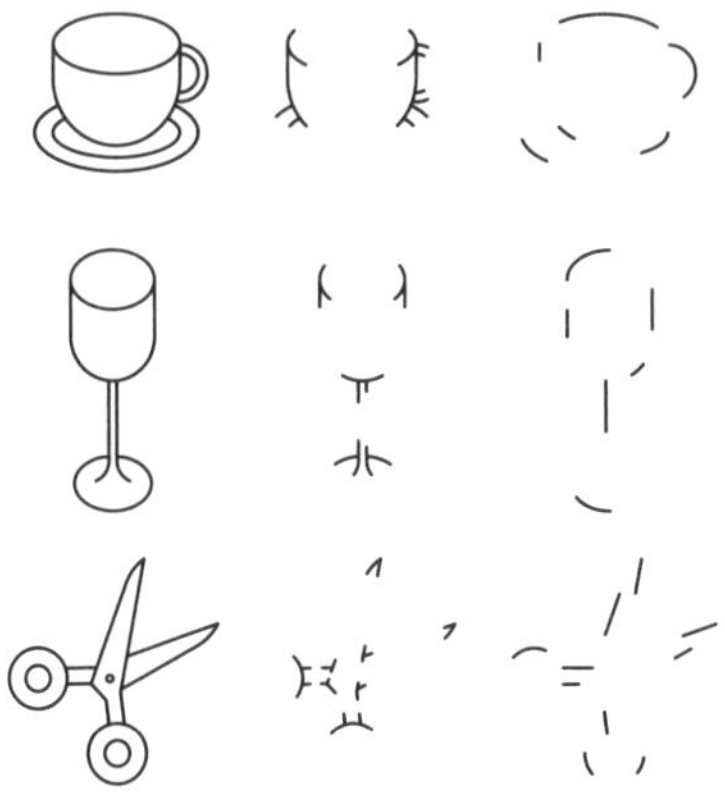

図10　脳の情報処理のプロセス。物の輪郭の交点（=LやYなど文字のかたち）を残した画像（中央列）からは、それらを消去した画像（右列）に比べて、もとの形状（左列）を直観しやすいことがわかる
Dehaene, Stanislas. *Reading in the Brain: The New Science of How We Read.* New York, Viking, 2009, p.140, fig.3.7 をもとに再制作

史から消えてしまっていたでしょう。

　ドゥアンヌは、その能力が、識字能力を理解するうえで重要だと考えました。人間は成長にしたがって文字の読み書きを習得していきますね。その過程で、人間は、自然界における空間的識別を扱う領域を、文字を見分けるという記号システムを動かす活動へ転用して読字・読書に振り向けていく、と仮説を立てたのです。

　つまり、人間の識字は後天的なものなのです。幼少期にシナプス形成があり、ある時点で自然に読み書きする段階にいたる。具体的には、人間は、左脳の腹側後頭側頭葉［図11］に文字認識の領域（これをかれは「脳のレターボックスbrain's letterbox」と名づけています）を獲得するのだとドゥアンヌは言っています。なぜ幼少期かというと、大人になると脳の可塑性がなくなってくるからです。

　これが、言語能力との決定的なちがいです。言語は、チョムスキー以後、さまざまな議論はあるにせよ、生得的なものだと考えられています。しかし文字に関しては、

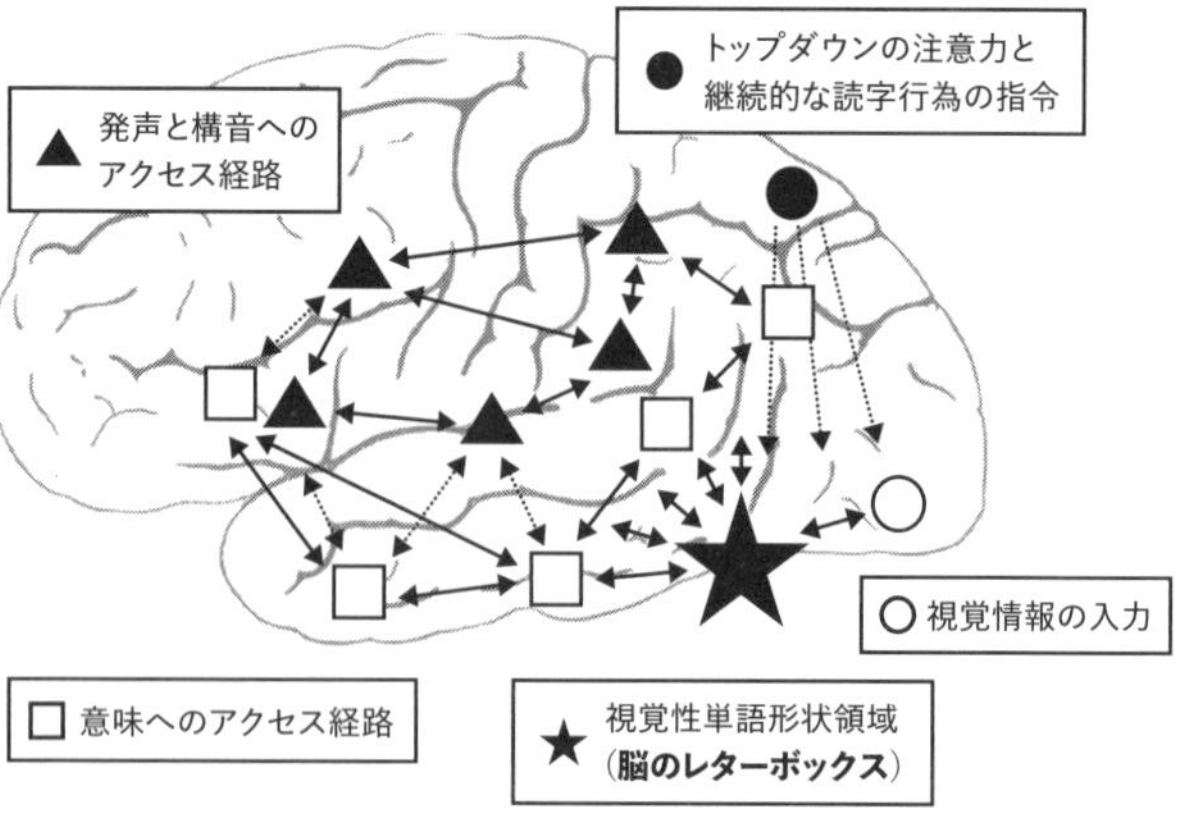

図11　左脳の腹側後頭側頭葉の「脳のレターボックス」。この部位が左脳の各部位と連携することで、文字の読解が可能になる
同書、p.63, fig.2.2をもとに制作

持って生まれて文字が読めるということはありません。つまり、文字を読む能力は遺伝子のなかにまだ組み込まれていないのです。
人類が文字を書くようになったのは、せいぜい五五〇〇年ていどまえのことです。じゃあどうして文字の読み書きができるようになったのかというと、事物を見分けるための脳の活動の領域を、文字を見分けるという活動へと振り向けている、リサイクルしているからだ、というのがドゥアンヌのニューロンリサイクル仮説なんですね。

東　なるほど。おもしろいですね。あの、先生、質問いいですか。

石田　はい。先生じゃないけど（笑）。

東　いまのお話を聞いて思ったのですが、もし読字の能力が事物の特徴を見分ける部位の転用で可能になったのだとすると、読書にすぐれているひとは、逆に自然の事物を識別するパフォーマンスが悪くなるのかなと。自然界のかたちを分別する能力の一部が、読書に振り分けられているわけだから。
素朴な実感からすると、そういうことがあってもおかしくないと思うんです。つまり本ばかり読んでいるひとは、木や虫を見ても見分けられない。じっさいぼくがそうで、カエデもクヌギもブナもぜんぜん区別がつきません。逆に、幼いころから昆虫博士や植物博士と言われるような子どもは、あまり本に興味を示さないのかもしれない。文系理系と俗に言われるような区別にこの話はぴったりくると思うんですが、そういう研究はないんでしょうか。文系的文字識別能力と理系的自然識別能力がバーターになっているというような……。

石田　おもしろいけれど、ぼくが読んだ文献ではそこまでの話はないですね。

ただ、ニューロンリサイクル仮説のおもしろい点は、文字の習得によって、あたかも人間が生得的な読み書き能力を持つかのごとくに文字を読み書きするようになると言っているところだと思う。文字認知は空間認知のための生得的な能力を「乗っ取る」ことで成り立つという理論ですからね。現代の生物学の水準で、自然と文化の関係を説明するとこうなるんだ、ということがあらためてわかる。

さて、これで蒼頡が四つ目を持っていることに対するぼくの仮説の意味もよく理解できるのではないでしょうか。つまり、自然を見るペアの目を、文字を見るペアの目に振り替えている。そういうことを蒼頡の四つ目は表している。この石田ニューロンリサイクル仮説のほうが中国・許慎の伝説よりよっぽど信憑性があるぞと言いたいんです（笑）。これも、なんの根拠もない話だけど。

ただ、繰り返しになりますが、中枢の乗っ取りはいつでもできるわけではなく、脳の可塑性がなくなると、振り分けができなくなる。あるいは、それが不可能なタイプのひとたちがいて、ドゥアンヌの研究は、ディスレクシア（失読症）の研究と表裏の関係にあります。こういった心理学や脳科学の研究は、病や障害の原因究明によって飛躍的に進化するものです。失語症の研究が言語学を発達させるのと同じように、あるいは精神疾患が精神医学を発達させるのと同じようにね。そうやって、文字を読むことに関する脳科学的な仮説もつくられてきたわけです。

科学の仮説はいつも打ち破られる宿命にあるので、いずれニューロンリサイクル仮説も否定される可能性はもちろんあるんですが、現状においてはこの仮説が有力な説として、中心的な位置を占めようとしているのです。

東 たいへん刺激的な話でした。かつての人文学は、自然と文化を分割し、自分たちを文化の研究者だと自己規定していた。けれどいまや、脳科学の知見は、自然を認知する能力と文化をつくる能力が同じ起源であることを証明しつつある。

一般文字学はなにをすべきか

石田 そうです。ひるがえって、ではぼくたち人文系の研究者はつぎになにをすべきでしょうか。まずは、こうした科学の知見にいちど驚くという経験をしなければいけません。さきほども言ったように、文系研究者はほとんどこのことを知らないと思います。

そのうえで、つぎの一歩としては、人文科学とニューロサイエンスを出会わせることが重要です。たとえば「現象学の自然化 Naturalizing Phenomenology」という運動があります。これは一九九九年にスタンフォード大で行われた討議［★39］がマニフェストになっていて、心脳問題や体と認知の関係などの研究と現象学をどう出会わせるかという運動です。フランシスコ・ヴァレラのオートポイエーシス［★40］やジェームズ・ギブソンのアフォーダンス［★41］、あるいは脳科学や神経科学が、現象学とどこで出会えるか。そういう問題意識から、現象学という人文学と自然科学とのあいだに相互に補い合える関係をつくろうとしているわけです。

　文字学にも同じような局面があっていいはずです。認知科学の側は非常に刺激的な知見がもたらされているのですから、それに応答するような人文科学からの研究をしないといけない。

　人間が文字を読んでいるとき、目はどのように動いているか。アイトラッカーという装置などを使えば、そのひとがどの部分を読んでいるか、どういう動きで読んでいるかがすぐわかります。眼球の飛躍運動をサッケイド運動と言いますが、眼球は行っては止まり、さらには戻るという運動を繰り返している。そのような運動によってチャンク（意味の塊）をつくり、記憶に送り込んでいる。「これが文だな」「ここが文節だな」などと脳で把握し、それに応じて眼球を動かして本を読む。そういった仕組みが解明され、文字を読む脳の働きが可視化されるようになってきました。

★39　Petitot, Jean. et al., ed. *Naturalizing Phenomenology: Issues in Contemporary Phenomenology and Cognitive Science*. California, Stanford University Press, 2000.

★40　フランシスコ・ヴァレラ（一九四六－二〇〇一）は、チリ出身の生物学者、認知科学者。同郷の師である生理学者ウンベルト・マトゥラーナ（一九二八－）とともに、一九七〇年代はじめにオートポイエーシスの概念を提唱した。神経システムや細胞、免疫システムなどの研究を通して、生命システムがそれ自身で完結した閉鎖的で有機的な機械であることを指摘したその理論は、ニコラス・ルーマンの社会システム理論などにも継承されていった。

★41　ジェームズ・ギブソン（一九〇四－七九）はアメ

つまり文字は決してリニアに読まれることはなく、非連続なかたちで読まれている。これは、デリダ的に言えば「差延 différance」というものです。差延化という時間を使って意味をつくり出しているという人文的な知見が、ここで認知科学とクロスするわけです。

ところがこういう見方は人文学者からは非常に抵抗が強い。現象学やデリダをニューロサイエンスに還元するのかと、まるで冒瀆的なことに手を染めているような非難を浴びがちです。

しかしソシュールにせよフッサールにせよフロイトにせよ、かれらの研究はそういうコンビネーションのなかから立ち上がったものです。フッサールは実験心理学の横に現象学的心理学をつくった。次回の講義で扱うフロイトも、神経学の知見を最後まで手放さなかった。かれらはそういうインターフェイスをちゃんと持っていました。

さきほど言ったニューロンリサイクル仮説はべつに文字習得だけの話ではなく、最近わりとそういうタイプの説が多いように思います。つまり、人間の文化は自然の本能を乗りこなすということです。チャンギージーは、この研究のつぎに出した本［★42］で、それを、馬具をつけるという意味の「ハーネシング harnessing」と呼んでいます。ハーネス（harness）とは馬や牛につける引き具、手綱とか鐙とか鞍とかいった馬具のことですね。馬に馬具をつけるように、文化が本能に馬具をつけていく。そういうふう

リカの心理学者。アフォーダンスの概念を提起し、生態学的心理学の領野を開拓した。「アフォーダンス affordance」とは英語「与える afford」をもとにしたギブソンの造語であり、たとえば人間が紙をまるめるという行為は、紙がそうした行為を人間に促し「与えた」という見方をするもの。ゲシュタルト心理学から派生したその理論は、従来の知覚心理学における環境が動物に与える「刺激」とは異なり、知覚や運動をめぐる「意味」や「価値」の側面を強調した。

★42 Changizi, Mark. *Harnessed: How Language and Music Mimicked Nature and Transformed Ape to Man*. Texas, BenBella Books, 2011. 邦訳、マーク・チャンギージー、『〈脳と文明〉の暗号——言語・音楽・サルからヒトへ』、中山宥訳、講談社、二〇一三年。

にして乗りこなすことで、人間は自然の力というものを使っているということです。

そこから、本を読むことについての含意も引き出せます。ヒトは自然を読む脳をニューロンリサイクルすることで、読むヒトのシナプス形成（「脳のレターボックス」）を獲得しました。ですから、本の頁は自然と同じような空間的拡がりであり、三次元の奥行きを持った記憶の構築体なのです。

チャンギージーはそういう人間の文化のつくり方から考えると、iPadは本には勝てないと言います。電子書籍には、空間的なスペースがないからです。

人類は、自然をスキャンして文字化し、読む・書くというシナプスを形成しました。しかしその一方で、メディア革命を経た現代では、テクノロジーの文字が読む・書くを行っている。自然を読む・書く目のペアがひとつ目、紙の本を読む・書く目のペアがふたつ目とします。その両者の回路が、ウェブやe-bookという同じインターフェイスで出会うことになります。いまではメディアを視聴覚する経験とデジタルメディア上で文字を読む・書く活動が、同じ平面上で同時に行われることになったわけです。これが、メディアの目という三つ目の目の問題だと考えられる。

デジタルメディアのなかで文字を読んだり、空間認知をしたりしているなかで、ぼくたちはどういう意識や文化環境をつくり出していくのか。デジタルなインターフェイスに対して、ぼくたちは自然を見る目と文字を読む目のどちらを使っているのか。

人文科学としての一般文字学の領域は、ニューロサイエンスとテクノロジーの界面に拡がっているのです。

東　うーん！　ありがとうございます。たいへん刺激的な話でした。古くさい時代錯誤の学と思われていた人文学のイメージがくるりと反転し、広大な沃野が開けたような気がします。とくに最後のチャンギージーとドゥアンヌの研究からの展開には、聴衆のみなさんも驚いたのではないでしょうか。

ではここから議論を……と言いたいところですが、じつはもう四時間を超えていて、会場の限界が迫っています。そこで、ぼくから一点だけ。

従来の学問は自然と文化を分割していました。文化は人間がつくるもので、自然科学とは異なった原理にもとづくものだという話になっていた。けれどもいま最新の脳科学は、自然と文化の組み立てが連続していることを証明しつつある。そこからあらたな人文科学を構想するという計画はたいへん魅力的なわけですが、他方、いままでにないむずかしさもあると思います。たとえばさきほどのチャンギージーの発見にしても、自然界の特定の事物が特定の記号の起源になっているというような対応関係だったらわかりやすい。けれどじっさいに指摘されているのは、そのような対応ではない、自然も文化もともにばらばらにして要素に分解すると統計的に同じパターンが出てくるぞ、というものですよね。これは、いままであまり人文知が扱ったことのない対応関係であり、「対応」という概念そのものを考え直さないといけないような気がします。石田さんは、そこについてどのようなビジョンをお持ちですか。

石田　おっしゃるとおりで、そういうコンビネーションをつくるセンスを人文学者は持つべきです。一生フッサールを読んでいれば、フッサール学者としてやっていけるような訓詁学的な態度ではダメで、フッサールの知見とドゥアンヌの知見をどう組み合わせられるか。これからの人文科学には、そういう発想が求められていくと思います。

　こういう議論が通じる相手は、日本になかなかいないんです。それが東さんと杭州で会って話すと、すぐに響き合って共鳴してくれたんですね。その意味で、杭州の出会いはほんとうに貴重でした。

東　ありがとうございます。

石田　質問から離れるようですが、すこし遠くから話します。いろいろアイデアを話すことが結果的に答えになるかもしれない。

　ぼくが記号学者として文字とか記号についての脳神経科学研究に興味を持ったのは、だいぶまえにパリのコレージュ・ド・フランスで東大が主催した会議［★43］で、当時医学部で教えていた宮下保司教授が、ヒヒの記号認知について行った発表を聞く機会があって、これは自分の研究にとても近い分野だと強く思ったことが大きかった

★43　東大フォーラム2011「知の際」プレナリーセッション第一日（«Session plénière à Paris – Concevoir le futur», Paris, Collège de France, le 17 octobre 2011）、実行委員長・石田英敬。

のです。大学の同僚でも分野がちがうとなかなか発表を聞く機会がありません。外国に出たときは専門の壁を越えるチャンスなのですね。

ドゥアンヌの研究に言及しましたが、読字・読書のニューロサイエンスは最近とても拡がっていて、おもしろい成果を出しています。ドゥアンヌはいまフランスでいちばん輝いていると言っていい脳神経学者で、ぼくたちのような人文系にもとても刺激になる成果をつぎつぎと発表してきています。数の問題を扱った『数覚とは何か？』という興味深い本をふくめて、すでに日本語訳も幾つかあるし、*Reading in the Brain* もまもなく邦訳が出るはず。

かれはじつは、『ニューロン人間』で有名なジャン＝ピエール・シャンジュー［★44］の弟子です。『ニューロン人間』は一九八三年がフランス語初版の刊行ですが、一九七九年にラカン派の精神分析誌 *Ornicar?* の誌上でラカンの娘婿ジャック＝アラン・ミレールら精神分析者とのあいだで交わされたインタビュー討議をきっかけに書かれたものです。あの本の冒頭でシャンジューは、「フロイトがプロの神経学者だったことを皆しばしば忘れている」と書いていますね［★45］。それから三〇年以上経って、人文系の研究とニューロサイエンスとの関係はずいぶん変化したし、かなり煮詰まってきたと思います。

東　なるほど。ドゥアンヌの研究にはそんな背景があったのですね。

★44　ジャン＝ピエール・シャンジュー（一九三六-）はフランスの神経生物学者。主著の『ニューロン人間』（新谷昌宏訳、みすず書房、一九八九年。原著刊行一九八三年）は、ニューロン・シナプスのレベルで見た「人間」についての考察を深め、人文科学と神経系科学を結びつけたことで知られる。

★45　同書、vii頁に対応箇所。

石田　さきほど言及した、『プルーストとイカ』の著者のメアリアン・ウルフは小児の失読症の研究で有名なタフツ大学教授ですが、このひととも数年前にスティグレールが主宰したパリの国際会議でごいっしょしたことがあります。日本でもこの本は話題になりましたが、彼女の研究も、とてもインパクトの大きなものです。

ウルフの本はドゥアンヌらの研究を踏まえていますけど、「読字」の問題を超えて、「読書」の問題にさらに大きく踏み込んでいます。肉眼でもよく見える巨大な軸索を持つので理科の実験によく使われるイカの神経反射から、プルーストの文学テクストを読むという最も複雑で総合的な神経認知活動まで、ニューロサイエンスの立場から連続的に説明しようというわけですね。とくに、本が可能にする「深い読み（ディープ・リーディング）」の説明は秀逸で、オンラインでマルチタスクをするような浅い注意力の作業に慣れてしまうと、思考の大きなユニットをつくれなくなってしまう、だから読書習慣の保全がとても重要だと言っている。この主張は、ニコラス・カーの *The Shallows*（邦題は『ネット・バカ』［★46］）とか、さまざまなところで引用されています。文学の読書に慣れ親しんだ「エキスパート・リーダー」の読書脳は、いかにして『カラマーゾフの兄弟』を読むことができるようになるのかというようなところまで、読書する脳の活動をていねいに説明してくれているので、教養人たちは感動するのですね。

日本では、うんざりするほど見飽きた光景ですが、「時代に乗り遅れるな」というよ

★46　ニコラス・G・カー『ネット・バカ――インターネットがわたしたちの脳にしていること』、篠儀直子訳、青土社、二〇一〇年。

うに、政府や産業界の主導でデジタル教科書をタブレットで読ませてタッチパネルのデジタル黒板で授業するみたいなことが、ほとんど無批判に導入されました。けれど、新井紀子さんのような、まともな人工知能研究者が、むしろ子どもたちの読解力があぶなくなっているぞと問題提起することで〔★47〕最近ようやく読書について議論が起こりはじめたみたいです。でも、それってだいぶまえから言われていたことだと思うんですけどね。

東　つまり、今日のお話には、実践的には教育論の含みもある。

石田　そうです。メディア・リテラシーの問題です。それもずっとぼくのテーマです。メディア論の再構築がいま急務なのは、メディアがわたしたちの文化環境そのものになっているからです。『いかにしてわれわれはポストヒューマンになったか』〔★48〕で知られる文学理論家のキャサリン・ヘイルズは、ネットワーク化されたデジタルメディア環境では、学生たちのあいだに、マルチタスク向きの注意力である「ハイパー・アテンション（過剰注意）」へのシフトが起きて、従来の「ディケンズの長編小説を読むような」、ひとつのことがらに集中する持続的な注意力である「ディープ・アテンション」がつくりにくくなり、そこにメディア的な世代断絶があると言っています。また、それを、マルチタスク化するメディア環境が引き起こす「注意欠陥障害ＡＤＤ（attention deficit disorder）」や「注意欠陥多動性障害ＡＤＨＤ（attention deficit hyperactivity

★47　数理論理学者の新井紀子は『ＡＩ vs. 教科書が読めない子どもたち』（東洋経済新報社、二〇一八年）において、日本の中高生の多くが「歴史や理科の教科書程度の文章を正確に理解できない」（三頁）ことを指摘した。かれらの能力の質がＡＩに類似しつつあり、将来的に代替可能であることに警鐘を鳴らしている。とりわけ第三章「教科書が読めない——全国読解力調査」（一六八-二五二頁）参照。

★48　Hayles, N. Katherine. *How We Became Posthuman: Virtual Bodies in Cybernetics, Literature, and Informatics*. Chicago, University of Chicago Press, 1999.（未邦訳）

disorder)」の問題として提起している。

こうした医学的な話となると、ぼくの判断能力を超えるので、どこまでメディア問題と関連づけることが正確に妥当なのかは不明です。ややもするとこういう議論は、とくにわが国では、規則正しいメディア生活をしましょうみたいな、道徳的なお話と混ぜられてしまう傾向を持ちます。そこも注意が必要です。しかし、これこそ、さきほどお話しした、メディアは、薬とも毒ともなりうるという「ファルマコン問題」であって、メディアテクノロジーと精神のエコロジー問題をじっくりと腰を落ち着けて考えていく必要があるのだと思います。

だからこそ、オンライン・リーディングvs.ディープ・リーディングとか、ハイパー・アテンションvs.ディープ・アテンションといった問題［★49］が、どんな技術的回路および認識論的配置において問われているのか、ということにぼくたちは自覚的でなければならないのです。

つまり、一方において、メディアの変容による人間の心の記号的な成立条件の大変化があり、他方で、それを捉えようとする脳神経科学的な研究の急速な発達がありという時代状況のなかで、哲学や文学の言説はどのような意味で有効でありうるのか、人文学はなにを説明することをいま求められているのかという問題です。それについて、人文学者たちは受け身であっていいはずはない。いまぼくはウルフやヘイルズの

★49 Hayles, N. Katherine. "Hyper and Deep Attention: The Generational Divide in Cognitive Modes." *Profession*, 2007, pp. 187-199.

研究を紹介しましたが、だからといって、脳科学によればディープ・リーディングはやっぱり重要なんだ、自分たちの文学や哲学はだからやっぱり価値があるんだなどと、無意味に安心して眠り込むことだけはぜひ避けてほしい。ちゃんと時代に見あった認識論的な問いを立てて仕事をしてほしいと思っているのです。

というわけで、これからの文学理論は、『カラマーゾフの兄弟』をディープ・リーディングする脳とはなにかがきちんと説明できて、それとの関係でドストエフスキー文学を位置づけられないとダメだと思うし、他方で哲学は、カントの「統覚」はメディアプラットフォームのなにを批判できるのか、『純粋理性批判』をメディア生活のどこに位置づけられるのかを、はっきり提示できないとつまらないと思うのですね。そういう意味で、人文学の更新と拡張がいまこそ求められているのだと思うのです。

……まだまだ話し足りないのだけど、さすがに時間だよね？（笑）

東　はい。申しわけありませんが、時間です（笑）。

ただ、最後、ここまでずっと抽象的だった議論が一気に具体的なメディア状況論に落ちてくる展開には、お話をうかがっていてわくわくしました。聴衆のみなさんもまだまだ聞き足りないという顔をしていますし、近いうちに、ぜひ続きをお話しいただけたらと思います。今日は長い時間の刺激的な講義、ありがとうございました。

第2講義

フロイトへの回帰

2017年5月24日

記号学と脳科学の接点としてのフロイト

東　前回の講義から三ヶ月が経ちました。そのあいだに映像や口コミで評判が拡がったようで、今回も多くの聴衆の方々に集まっていただけました。お顔を見ると年齢も性別も多様で、こんなハードな哲学講義にこんなに多くの人々が集まっているということ、これそのものが事件だと思います。ここは大学でも市民講座でもないのに。

石田　ほんとうにすごいですね。けれど今日は前回よりさらにハードだから、みんなついてきてくれるかどうか……。

東　じつは前回のあと、石田さんのビジョンをきちんと展開するためには少なくとも三回は必要だという話になり、今日の講義はその二回目という位置づけになりました。だから、前回の中途半端な終わり方に不満を感じて来てくださった方には悪いのだけど、今日の話もきっと最後まで到達しない（笑）。

石田　新しいスライドもたくさんあるからね。

東　今日はぼくもどしどし口を挟むつもりです。

石田　ますます終わらなくなっちゃうな（笑）。今日は、そんな東さん向けというわけではないけれど、最終講義にいたるまでの足固めというか、前回は名前を挙げるにとどまったフロイトの話を中心に講義を行おうと思います。かれこそは、記号学と脳科学の接点を考えるうえで、避けて通れない人物です。

東　たいへん楽しみです。それではさっそく、講義を始めていただきましょう。よろしくお願いいたします。

不思議メモ帳の問題

石田　前回の講義で見たように、脳科学や認知神経科学は、文字学にとって驚くべき知見をもたらしています。では、そういった研究領域の進展に対して人文科学からはなにが言えるのか。そのことを今日は、フロイトを読み解きながら考えてみたいと思います。

とはいえ、なぜフロイトなのか。それはフロイトが、ヒトの心はメディアのかたちをしていることを見抜いていたからです。フロイトが生きた時代は、一方に脳神経科学の勃興があり、他方に、電話、ラジオ、フォノグラフなど、メディア・テクノロジー

★1　引用は石田による訳。フロイト「続・精神分析入

の発達がありました。その界面に像を結ぶのがメディアと心の表象の問題だとフロイトは考えた。

キットラーも引用していますが、フロイトは『続・精神分析入門』という本で、「私はフォノグラフ的記憶力の持ち主であった」と言っています[★1]。この言葉からもわかるように、かれの精神分析は、ある時代性を刻印されている。そういうことを手掛かりにして、今日のメディアの問題に迫ってみたいというのがぼく自身の動機です。

今日の講義のタイトルについてもあらかじめ触れておきましょう。「フロイトへの回帰」ということを言ったのは、ジャック・ラカンです[★2]。ぼくがこの有名な言葉をあえてここで使うのは、ラカンに対するある種の異議を唱えようとしているからです。今日は、フロイトに帰ることによって、ラカンの有名なテーゼ「無意識は言語のように構造化されている l'inconscient est structuré comme un langage」[★3]とは異なる帰結を導いてみたいと思います。

結論を言っておくと、「無意識はシネマトグラフィーのように構造化されている」。これがぼくのテーゼです。それから、ジャック・デリダと関わるわけですけど、「無意識は、グラマトロジック・テクノロジックなものである」というテーゼを出したい。このことをフロイトに帰って証明したいのです。

東　さっそくですが聴衆のみなさんのためにすこし補足すると、ラカンの「フロイト

門講義」（道籏泰三訳）、『フロイト全集21　1932-37年　続・精神分析入門講義 終わりのある分析とない分析』、道籏泰三責任編集、岩波書店、二〇一一年、三頁に対応。

★2　Lacan, Jacques. "La Chose freudienne ou le sens du retour à Freud en psychanalyse." *Écrits*. Paris, Seuil, 1966.

★3　Lacan, Jacques. *Le Séminaire: livre XI: Les quatre concepts fondamentaux de la psychanalyse 1973-1964*. Paris, Seuil, 1973, p.23 et sq.（邦訳は、ジャック・ラカン、『精神分析の四基本概念』、小出浩之ほか訳、岩波書店、二〇〇〇年、二四頁に対応）、およびMiller, Jacques-Alain, ed. "L'étourdit." *Autres écrits*. Paris, Seuil, 2001, pp. 449-495.

への回帰」というテーゼは、フランス現代思想の世界では非常に有名なものでした。けれどもそれに対して異議を唱えるひとたちもいて、ぼくの考えではデリダはそのひとりです。そういう意味では、石田さんの仕事は、デリダの仕事を引き継いで、それを記号論的に展開していくという意義も持っていると言えると思います。どんな話が展開されるか、とても楽しみです。

石田　ありがとう。ぼく自身デリダにかなりインスパイアされていますが、かれが書いた「フロイトとエクリチュールの舞台」という有名なテクストがあって、これは『エクリチュールと差異』という論文集に収められています。そのなかでデリダは、フロイトの非常に短いけれども本質的なテクスト「不思議メモ帳についての覚書」を扱っている[★4]。まずは、この「不思議メモ帳についての覚書」から話を始めましょう[★5]。

さて、前回講義した「ニューロンリサイクル仮説」を思い出してください。それは、自然界の空間的な識別特徴の処理を行う脳の部位の活動が、成長にしたがって、文字を見分ける活動に「リサイクル」されているというものでした。だから、読む脳は学習と教育という後生的系統発生によって獲得される。この読む脳の後生的系統発生とは、文字によってヒトが「読むヒト homo lector」として形成されることを意味しています。

★4　Derrida, Jacques. "Freud et la scène de l'écriture." *L'écriture et la différence*. Paris, Seuil, 1967. ジャック・デリダ「フロイトとエクリチュールの舞台」、『エクリチュールと差異』、合田正人ほか訳、法政大学出版局、二〇一三年、三九九‐四六四頁。

★5　フロイト「『不思議のメモ帳』についての覚え書き」(太寿堂真訳)、『フロイト全集18　1922‐24年　自我とエス　みずからを語る』、本間直樹責任編集、岩波書店、二〇〇七年所収。なお、邦訳は、Wunderblockを「不思議のメモ帳」と訳しているが、ここでは「不思議メモ帳」という訳語で統一する。

ところが現在、ぼくたちの読み書きのための環界は、アナログおよびデジタルなメディア革命によってラディカルに変容してきています。メディアという第二の自然のなかで認知活動を行っているぼくたちは、文字によるシナプス形成をすると同時に、さまざまな映像や音響の知覚に関わるメディアとそのままインターフェイスを共有しています。つまり脳は機械に常時接続しているわけです。

はたしてそういう時代に、「読むヒト」はメディア環境からどんな影響を受けるのか、あるいは、ヒトはメディア環境のなかでどういうふうに読み書きするようになるのか。これは二一世紀的な「人間」のテーマです。この問題を考えるにあたって、フロイトの「不思議メモ帳についての覚書」が役に立ちます。

不思議メモ帳（Wunderblock）とは、「マジックスレート」や「お絵描き板」といった名前で日本でも

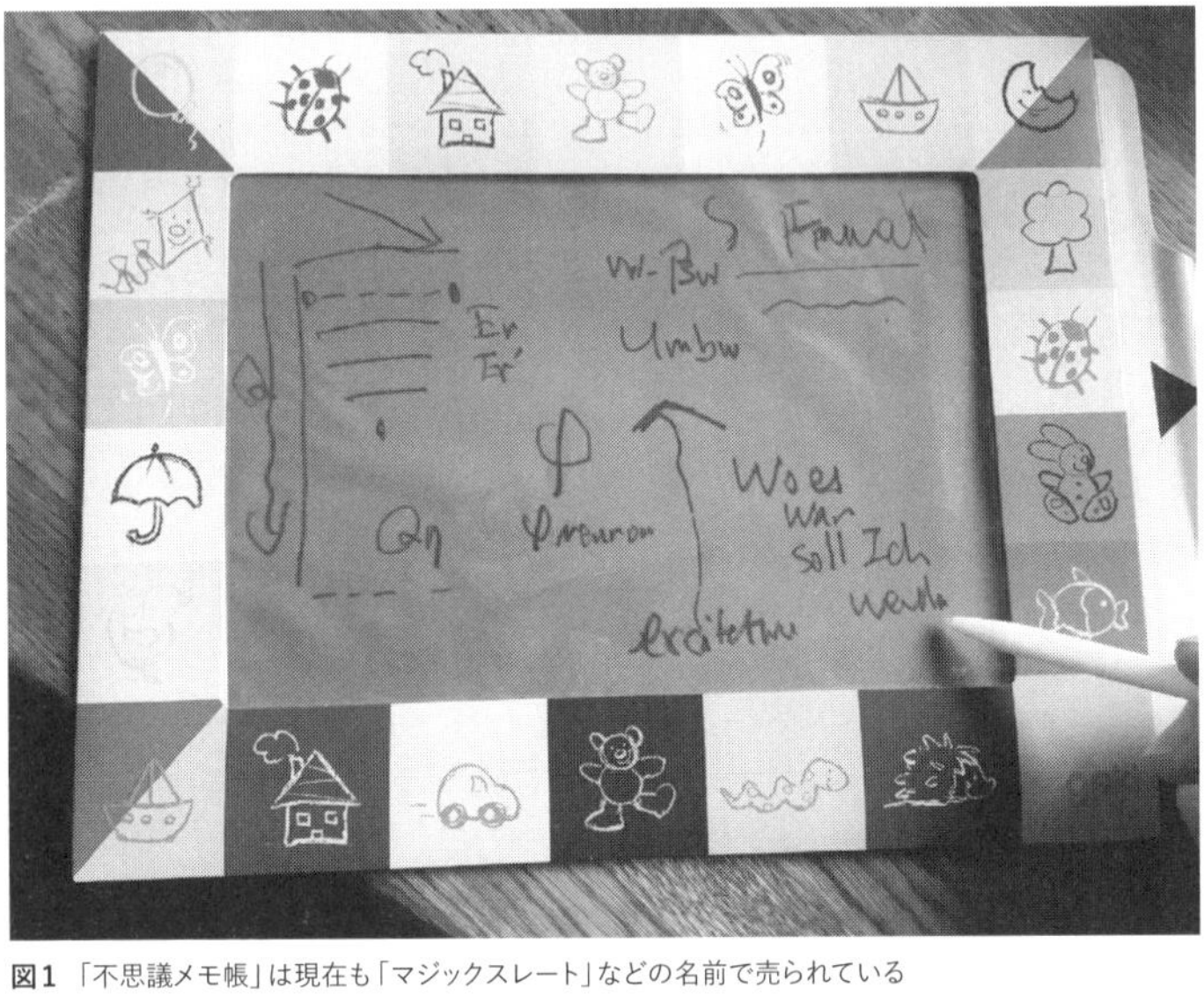

図1　「不思議メモ帳」は現在も「マジックスレート」などの名前で売られている
写真はGollnest & Kiesel社のZaubertafeln　撮影＝石田英敬

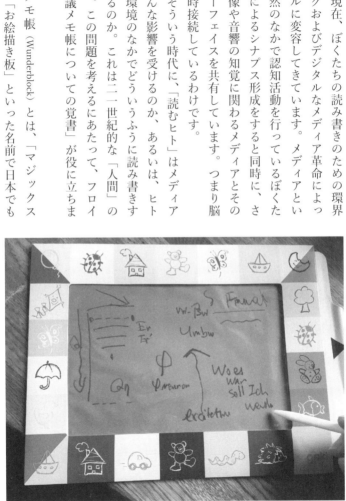

昔から売られている子ども向け玩具です［図1］。蝋板とパラフィン紙と透明なセルロイド板——最近のものは素材をプラスチックなどに変えていますが——を重ねて、セルロイド板の上からペン代わりの尖筆で文字や絵を書き込む。書き込まれたパラフィン紙を持ち上げて蝋板から離すと、記入面が新《さら》になってなんどでも書いたり消したりできます。

フロイトは、一九二〇年に『快感原則の彼岸』、一九二三年に『自我とエス』を書いたのち、一九二五年に、不思議議メモ帳をモデルにしてこのテクストを書くわけですが、かれはこれを、自分の精神分析がずっとつくってきた心の装置のモデルに最も近いものだと言っています。

ひるがえって、現代のぼくたちも不思議議メモ帳と同じようなものを使っています。iPadやiPhoneです。これらは、基本的に不思議議メモ帳と同じ構造を持っている。不思議議メモ帳は、英語では「マジック・ブロック」とか「マジック・パッド」と訳されます。つまり、iPadと同じ「パッド」なんです。そういうものをぼくたちは持ち運びして、自分にいちばん近い補助具にしている。したがって、現代人のメディア生活の心の補助具と、フロイトの考えた心の装置のモデルはぴったりと重なり合うわけです。

東 「不思議議メモ帳についての覚書」はたいへん重要なテクストですよね。短い文章なので、聴衆のみなさんにもぜひ読んでもらいたい［★6］。

★6 「不思議議メモ帳についての覚書」は筑摩書房刊行の『自我論集』（竹田青嗣編、中山元訳、ちくま学芸文庫、一九九六年）に「マジック・メモについてのノート」という訳で収録されている。

いまiPadの話が出ましたが、ぼくは最近コンピュータのインターフェイスについて考えています［★7］。インターフェイスというのは、二〇世紀のなかばになるまでまったく存在しなかった平面なんです。映画のスクリーンとは決定的に構造がちがう。スクリーンは窓だけれど、インターフェイスは窓じゃない。スクリーンは絵画の遠近法の延長で理解できるけれど、インターフェイスはそれでは理解できない。スクリーンのむこうには（カメラで撮影され映写機で投影された）風景があるけれど、インターフェイスのむこうにはなにもない。あるとすれば、それはもはや視覚の比喩では捉えられないデータベースです。しかもiPadになると、そこに接触が加わります。インタラクティブなインターフェイス、つまりタッチパネルですね。タッチパネルの上になにかを書き込むと、その痕跡の記録が平面の「奥」にあるデータベースに保存される。そしてそれが呼び出されることでまた痕跡が甦る。

じつはフロイトの「不思議メモ帳についての覚書」は、いま言ったようなタッチパネルの特徴を話題にしている論文なんです。ただし、フロイトはそれを、コンピュータのテクノロジーがまったくない状態で考えている。そういう意味でおもしろいし、メディア論的にもとても重要です。

じつはぼくは、『存在論的、郵便的』という本のなかでもこの論文の話をしています［★8］。けれども、当時はまだiPhoneもiPadもなかった。つまり、当時のコンピュー

★7　東浩紀はこの講義ののち、電子批評誌『ゲンロンβ』における連載「観光客の哲学の余白に」のなかで、「触視的平面の誕生」と題された論考を発表している。『ゲンロンβ』第二一号、二二号、二七号、ゲンロン、二〇一八年。

★8　東浩紀『存在論的、郵便的──ジャック・デリダについて』、新潮社、一九九八年、三二一-三二六頁。

タのインターフェイスの主流は、タッチパネルではなかった。だからそういう観点では哲学的に分析できなかった。

タッチパネルが浸透したのはほんとうにここ一〇年間くらいで、それがいまや全世界を席巻しています。お子さんがいらっしゃる方はわかると思いますが、タッチパネルは子どもに親和性が高い。ぼくの娘も、幼いころはすべてのスクリーンはタッチパネルだと思っていたらしく、テレビを見ると指で触ってスクロールやピンチアウトをしようとしていました。かれらの世代にとっては、最初の平面は、映画のスクリーンではなくタッチパネルになってしまっている。だからぼくは二一世紀の映像批評の中心は映画ではなくタッチパネルの図像になると思っているのですが、フロイトはまさにそんなタッチパネルにすごく似たものを一〇〇年前に考えていた。いまフロイトを読み返すことのアクチュアリティは、そこからもあきらかですね。

不思議メモ帳という「心の装置」

石田　まったくそのとおりです。では、不思議メモ帳をモデルとした心の装置とはどのようなものかを説明しましょう。

まず表面にある透明なセルロイド板は、尖筆で書き込む入力の圧力を受け止めて、外部刺激からの「保護」の役割を果たしています。フロイトは、心にも、この板のように、刺激がすべて入ってくることを阻止するものがあると考えます。つまり、刺激のエネルギーをすべて受け止めると、人間の生物学的なキャパシティを超えてしまうので、エネルギーを外に押し出そうとする。なるべくエネルギーを入れないようにするのが、人間の心の状態としていい状態だというエネルギー則を、フロイトは考えているわけです。

セルロイド板の下にはじっさいに文字が浮かぶ薄いパラフィン紙があります。フロイトは、ここを、入力が文字や絵として表象化される「知覚-意識」の層にあたると考えました。文字通り、事物を知覚したり、意識化したりする層です。

さらにその下にあるワックスでできている蝋板は、痕跡が「記憶」として貯蔵される「無意識」の層にたとえられる。つまり、つぎつぎと書き込まれるものの痕跡を記憶としてどんどん溜め込んでいき、無意識というものをつくり出していくわけです。

これらを図式化したものが、図2です。詳細はこれから説明しますが、ひとまずここでは、外的な刺激エネルギーの入力と、身体の

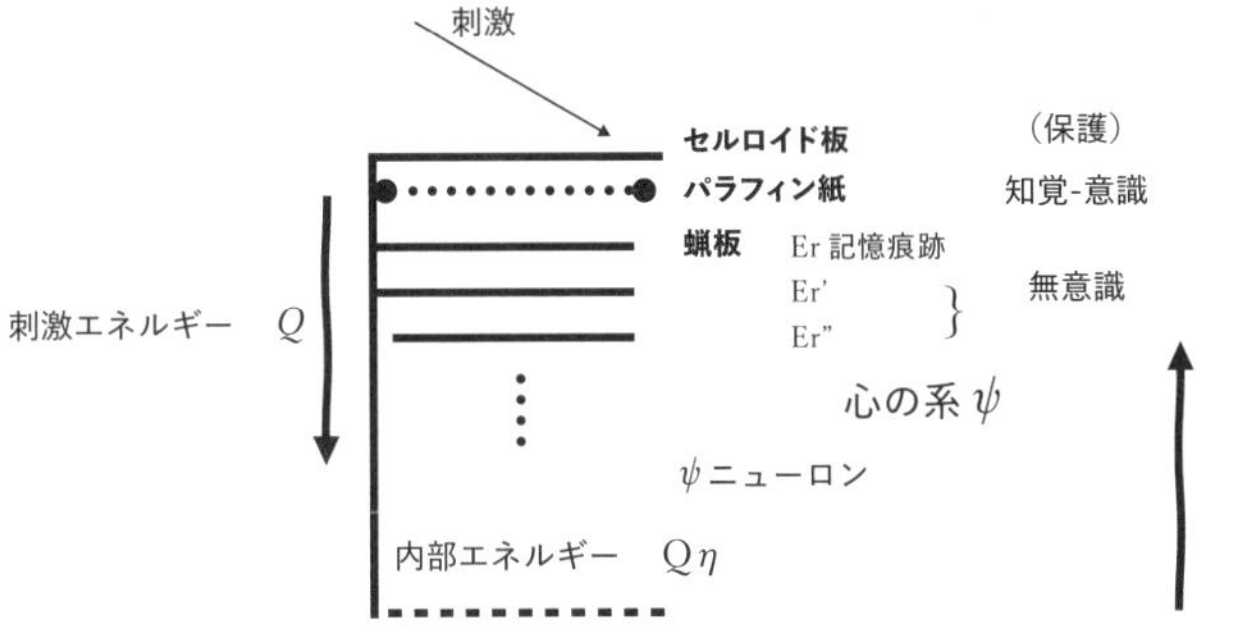

図2 「不思議メモ帳」の構造。『夢解釈』の第一局所論の図（後掲の図8）を90度回転させ、不思議メモ帳の働きについてのフロイトの記述を反映させたもの
石田による図をもとに制作

内部からわきおこってくる生物的な興奮の両方があることに目を向けてください。フロイトは、その均衡をつくっているものとして、心の装置を考えているわけです。
このようにフロイトは、不思議メモ帳と心の装置をアナロジーで捉えています。しかし、このアナロジーには限界があります。フロイトはそれを指摘します。

不思議のメモ帳では、受容された記載事項の持続的痕跡は活用されないけれども、なにも戸惑うことはない。そのような痕跡が現存するというだけで充分である。そのような補助装置とその手本となる器官とを類比させてみても、いずれは限界に突き当たらざるをえない。また、不思議のメモ帳は、一度消去されてしまった文字をその内部から「再生する」などということもできない。万が一、われわれの記憶と同じ再生能力を有するのなら、それこそ真に不思議のメモ帳と呼ぶに値しよう。［★9］

ここで述べられているように、不思議メモ帳は、いちど下に書き込まれて溜まっていったものを呼び戻すことはできない。書かれたものは一方的に溜まっていくだけです。それに対して心は、思い出す、記憶を再生することができる。この点が不思議メモ帳という比喩の限界だとフロイトは考えているわけです。

★9 『フロイト全集18』、三二二頁。

ところが、iPadにはそれができます。フロイトの説を延長するなら、現代人は、iPadのような完璧な「心の装置」の補助具を携えて、つねにメディアに結びつき生活していることになります。

われわれは外部世界からの刺激情報をメディア端末を通して受け取り、意識にとどめて表象を生み出しては、記憶の層へつぎつぎに送り込んでいる。現代人の「知覚−意識」に現れる現象は、心の装置の蝋板へと送り込まれると同時に、コンピュータやサーバーのメモリーに送り込まれて蓄積され、それぞれの記憶の層から呼び出されたり消去されたりしつづけているわけです。

おそらく、フロイトがiPadを見たら狂喜するでしょう。「これこそはまさに自分の考えていた心の装置だ」と。それくらいかれが考えていたことと適合しているのが、いまわれわれが使っているインターフェイスなのです。さきほど東さんに言われちゃったけどね(笑)。

東　すみません。どうも興奮してしまって……。

補助具をつけた神

石田　でもここからはインターフェイス論を超えていきますよ。というのも、さらにフロイトは一九三〇年に『文化の中の居心地悪さ』という、ちょっとわかりにくいタイトルの本のなかで、非常に予言的なことを書いているんです。

人間は言ってみれば、一種の補助具をつけた神、補助器具をまとえばたしかに目覚ましいが、人間とともに成長したわけではなく、しばしば人間に危難を与える補助具をまとった神となった。［★10］

ぼくたちは、スマートフォンという補助具を持っていれば、あらゆる距離を超えることができるし、自分のメモリーの容量を超えることができるという意味で「神」になっている。ところが、これは人間とともに成長したわけではありません。だから、その補助具は人間にとって必ずしもいい効果を持つとはかぎらない。前回の講義で見た、プラトンの「ファルマコン」を思い出してください。技術的な補助具はファルマコンだ、薬にも毒にもなる、そういう読み方ができるテクストをフロイトは晩年に書いているわけです。

先述したように、フロイトが「不思議メモ帳についての覚書」を書いたのは一九二五年、つまり二三年の『自我とエス』の直後です。『自我とエス』は、かれの理論が完成期に入っているときの著作ですから、すでに心の装置の明確な輪郭をフロイトが

★10　引用は石田による訳。『フロイト全集20　1929-32年　ある錯覚の未来　文化の中の居心地悪さ』、高田珠樹責任編集、岩波書店、二〇一一年、一〇〇頁に対応。「補助具をつけた神」と訳した「Prothesengott」（邦訳では「人工義神」）について、邦訳は「義足や義歯などのように、欠損した身体器官を補う人工補装具を意味するProtheseと神を意味するGottから成り立つ複合語」と解説している。同書三〇二頁、編注四四を参照。（石田）

持っていた時期に、こういうことを言っていることになります。つまり、スマートフォンのような、「心の装置」の補助具は、人間がそれを使ってそのまま心の活動を拡大できるようなものではない。

そこでつぎに考えてみたいのが、そもそもフロイトの「心の装置」というモデルはどのようにしてつくられたのか、という問題です。

なぜこの問いを考えるかというと、ひとつにはフロイトの学問がいまピンチに陥っているからです。心の病に対して、薬物的に精神療法を行ったほうがいいという立場からすると、フロイトの精神分析のように、話をさせて治療するという方法論はほんとうに役に立つのかどうか、すごく疑わしいものだと考えられている。この点については、精神分析家たちの問題なので、ぼく自身はよくわかりません。ただ、フロイトの精神分析の治療効果が疑わしいからといって、フロイトの理論を捨ててもいいのかというとそう単純ではない。このことを理解するために、フロイトを深掘りする必要があるわけです。

とりわけ現在の神経科学は、じつはフロイトが一八九〇年代にさかんに考えていたことと深く結びついている。前回の講義で述べたように、フランスを代表する神経科学者のシャンジューは、フロイトがプロの神経学者であることを忘れてはならない、と言っていました。一八九〇年代は、ニューロンが発見されて、ニューロンによって人間の心理の説明をする方向に科学が踏みだそうとしていたころです。そこからどのようにして、フロイトが神経学の立場をかっこに入れて——ぼくは、フロイトが神経学者であることをやめたわけではないという立場を取っていますが——、自身の「心の装置」を考えることになったのか。この問題を考えることは、フロイトの現代性を呼び戻すことにもつながってくるはずです。

東　また補足します。いま石田さんがフロイトを神経学者と規定したことはとても重要だと思います。フロイトというと一般には、すべてをセックスに還元し、文学的な象徴主義で理解したひとだと認識されているわけですが、決してそういうひとではない。

フロイトはもともとは神経学者で、脳についてきわめて唯物論的な考察をしていた。それが実践的に治療を行うなかで、患者に夢や妄想をしゃべらせ、そこから無意識を引きずり出すという手法を開発するようになる。その時期に書かれたのが、一九〇〇年に出版された有名な『夢解釈』です。この一九〇〇年から一九一〇年くらいまでのフロイトが、ふつうよく知られているフロイトですね。

けれどもフロイトは、一九一〇年代にいろんな問題に直面することになります。そのひとつが第一次世界大戦のトラウマの問題です。戦争でＰＴＳＤを患って帰ってきたひとたちは、それまでのフロイトのやり方では治療できなかった。

そこでフロイトの理論は変わることになる。すこし講義を先取りした内容になってしまいますが、じつは『夢解釈』には「第一局所論」と言われるモデルが登場します。「局所」とは場所のことです。心のモデルを、意識、前意識、無意識という三つの場所から説明するのが第一局所論と呼ばれるものです。

ところがこの図式が第一次大戦後になると、自我、エス、超自我という図式に変わっていきます。これが「第二局所論」と言われているもので、フロイトは一九二〇年代にこの理論を練り上げていく。そして、同時期に多くの重要なテクストが出てきます。『快感原則の彼岸』が一九二〇年、『自我とエス』が二三年、「不思議メモ帳についての覚書」が二五年、さきほど引用があった『文化の中の居心地悪さ』が三〇年です。

この時期のフロイトは「後期フロイト」とも呼ばれるのですが、これがとにかく謎めいていて、いろいろへんなことを言っている。だからこの時期のフロイトの解釈は二〇世紀の思想の大きな問題になっていて、それを言語中心主義的に解釈したのがさきほどから名前が挙がっているラカンです。

ちなみに言うと、前期のフロイトの第一局所論を、性の抑圧と解放の問題と考えて、無意識のなかへと抑圧された性欲を解放すればすべてうまくいくはずだと単純化して捉えたのが、英語圏でのフロイト受容の一部だったりもします。日本でよく知られているフロイトはそのフロイトです。それはそれで大きく政治的効果や文化的副産物があったと思いますが、そのフロイト理解は今日話題になっているような大陸の理論家の解釈とは大きく異なっているので注意してください。

大ざっぱな補足ですが、ひとまずこの簡単な見取り図を押さえると、石田さんの講義が理解しやすくなると思います。

「言語装置」という問題

石田　ありがとう。では、具体的な考察に入っていきましょう。フロイトの「心の装置論」の出発点には、「言語装置」という問題があります。

最初期にあたる一八九一年の著作『失語症の理解にむけて——批判的研究』[★11]では、ヴェルニッケやリヒトハイム[★12]が提示した「言語装置 Sprachapparat」の学説を批判する作業を通して、言語中枢の解剖学的な局在説を否定し、「連合」にもとづいた機能説に依拠して独自の「言語装置」理解を提示する企てがありました。

一八九〇年代には、失語症を研究するなかから、ヴェルニッケ野とかブローカ野[★13]など、言語中枢に関わる知見というものが発見され、その理論が共有されていきます。図3はヴェルニッケ野とブローカ野を示したものです。また、リヒトハイ

★11　フロイト「失語症の理解にむけて——批判的研究」(中村靖子訳)、『フロイト全集1　1886-94年　失語症』、兼本浩祐、中村靖子責任編集、岩波書店、二〇〇九年。

★12　カール・ヴェルニッケ(一八四八-一九〇五)は、ドイツの精神神経学者。失語症の原因を脳の特定の部位に求める局在論を唱えてそれを図式化し、失語症研究に画期的な業績を残した。後述の「ヴェルニッケ野」の名称は彼が発見したことにちなむ。ルートヴィヒ・リヒトハイム(一八四五-一九二八)は、ヴェルニッケの図式を発展させ、失語症が発症する仕組みを図案化した。

★13　ヴェルニッケ野、ブローカ野はともに、言語の機能を担う脳の部位。感覚性言語中枢とも呼ばれるヴェ

ムモデルと呼ばれる図4は、言語理解のプロセスとともに、どこで失語症が発現するかを示しています。aは聴覚情報の入力で、mが発語出力にあたります。言語理解は、a→A（聴覚イメージ）→B（言語の概念中枢）という経路を辿り、発話はB→M（発語運動の中枢）→mという経路を取るわけです。

こういうふうに、脳の部位と言語の個々の機能を対応させるような考え方を「局在説」と言います。言語活動はどのようなメカニズムによって成立しているかを理論化しようとする「言語装置」論は、当時は局在説とセットだった。そういう局在説というものが非常に優位だった時代が一八九〇年代でした。

フロイトは、『失語症の理解にむけて』で、この言語局在説にもとづく「言語装置」の学説を批判したんですね。ある部位が機能しないと、失語症になるという理解はおかしい。脳のどの部分がどういう活動をしているかを研究するだけでは、人間の言語活動を完全に理解することはできない、という反論を行うわけです。

フロイトは、局在説に代えて、「言語装置」を「言語連合」を司る働きとして理解する道を提示します。「言語野」を形成するのは、あくまで、言語の表象作用に連合的に関与する複数の「皮質

ルニッケ野は語の理解に関わり、運動性言語中枢とも呼ばれるブローカ野は発語に関わっている。リヒトハイムの図式では、これらの部位もしくは関連する伝達経路に問題が生じることで失語症が発生するとされた。

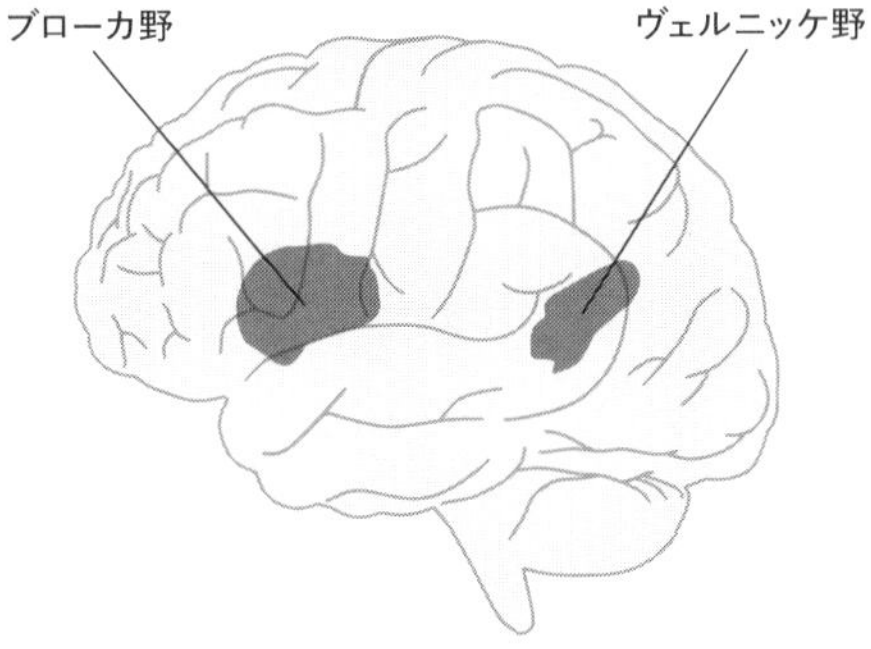

図3 ヴェルニッケ野とブローカ野
https://en.wikipedia.org/wiki/File:BrocasAreaSmall.png
(Public Domain)をもとに制作

野」の拡がりと重なりであって、そこに「言語連合」のあくまでも機能論的な集合として「言語装置」は仮想されることになった、と。

こういう理解がのちのフロイトの精神分析につながっていきます。たとえば失語症は、器質的な障害であるとはかぎらない。さまざまな心的な問題を抱えているから、聞こえなくなったり、しゃべれなくなったり、ヒステリーになったりする。そういう心的な問題から失語症になることもあるわけだから、構造論的なモデルをつくらないとダメなんだ、ということをフロイトが主張しはじめる最初の著作が『失語症の理解にむけて』なんです。

特筆すべきは、フロイトが言語装置を「仮想的に」動いていると見ていることです。つまり、ある部位が言語能力を器質的に支えているのではなくて、複数の部位が機能連合することでヴァーチャルな装置として機能している、言語装置はヴァーチャルな装置なんだということです。こういうところに、フロイトが並の神経学者ではないことが示されている。

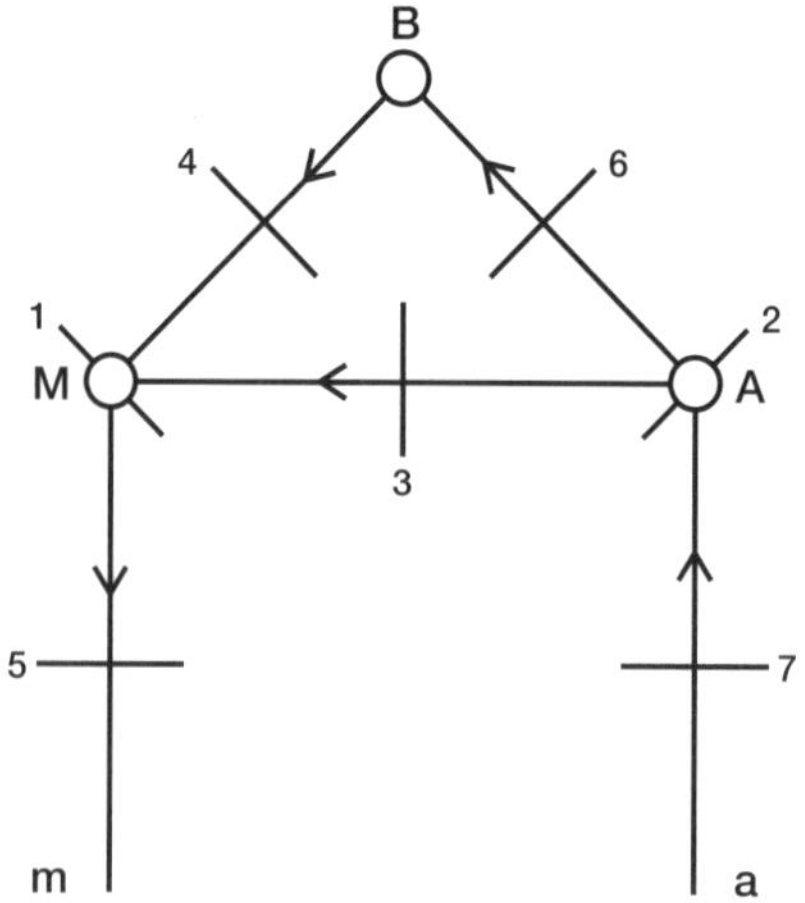

図4 リヒトハイムの失語図式
『フロイト全集 1』、p.8をもとに再制作

フロイトの記号論——語表象と対象表象

石田　ではかれは、言語についてどのような考え方を持っていたのか。

フロイトの失語症論において、言語活動は、「語表象 Wortvorstellung」と「対象表象 Objektvorstellung」の結合として理論化されています〔図5〕。これは、初期フロイトの記号論として読めるものです。

「語表象」とは、視覚、聴覚、筋運動に由来する、複数の心像（イメージ）の協働からなる「複合的な表象」です。ソシュールの用語で言えば「聴覚イメージ」としての「シニフィアン」に対応する「音心像」を代表として、発話・書記および聴取・読解に関わる心像——書字的、視覚的、印字的、運動的などの心像——と結びついています。

それに対して、「対象表象」は「対象物」から受け取る「感覚印象」の複合した表象です。感覚印象というのは、見たり、聞いたり、触ったりするときに感じ取る印象のことですが、これらの感覚印象が「視覚的連合」に代表されて「語表象」と結びつき「意味」を生み出す、とされています。

その該当箇所を読んでみましょう。

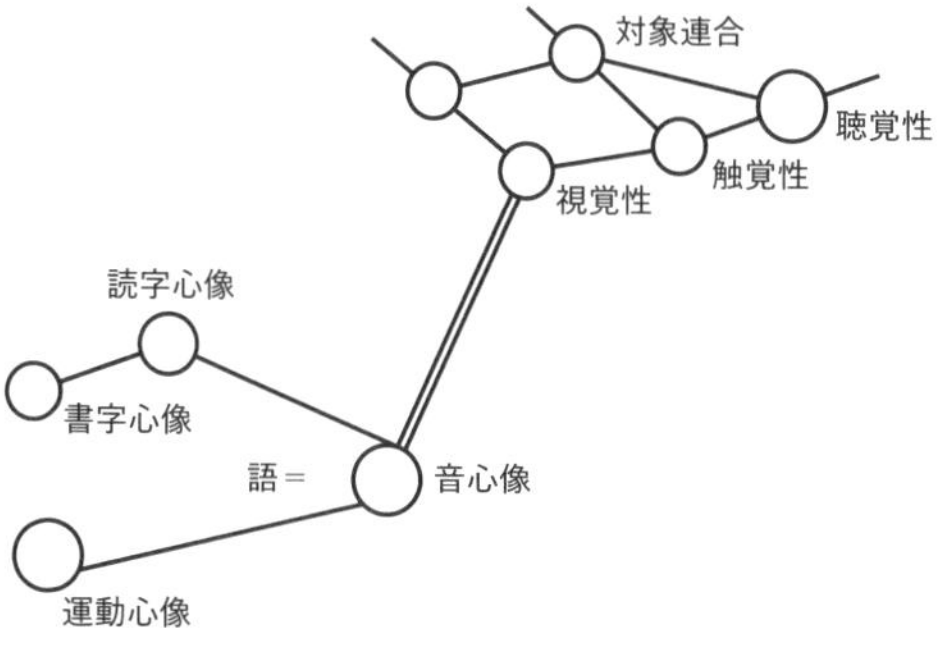

図5「語表象の心理学的図」
『フロイト全集１』、p.95をもとに再制作

語というものは［……］複数の心像から成る複合的な表象である。もしくは、別の表現をするならば、語というものに相当するのは、視覚的、聴覚的、そして筋運動感覚的な由来を持つ、それぞれの諸要素が協働して絡み合った連合事象である。

語が意味を獲得するのは、少なくとも名詞に限定して言うならば、「対象表象」と結びつくことによってである。対象表象自体は再び翻って、視覚的、聴覚的、触覚的、筋運動感覚的、そしてそれ以外の非常にさまざまな表象から成る連合複合である。哲学の教えるところによれば、対象表象という概念の意味するところは、我々が一個の対象物から受け取る感覚印象は当該の「物」のさまざまな「特性」を代弁するものであるのだが、実際のこの「物」の外観は、こうした感覚印象を数え上げる中で、多数の新たな印象の可能性をこの同じ連合の鎖に付け加えることによってのみ成立するのだということ以上の何ものも含んではいない（J・S・ミル）。したがって語表象は、適応範囲の拡張は可能であったとしても、それ自体で完結したものであるのに対し、対象表象はそれ自体で完結したものではなく、実際、可能態としてでも完結しうるものではほとんどないのである。［★14］

ここで重要なのは、語表象は、閉じた表象連合だと言われていることです。たとえ

★14 『フロイト全集1』、九五－九六頁。

ば、単語の数は限られているし、音声の形式やパターンも限られている。だから「閉じた表象連合」をつくるわけです。それに対して対象表象は「可能態としてでも完結しうるものではほとんどない」のだから、開かれています。簡単に言うと、いろんなひとがいろんな経験をいろんなかたちで蓄積しているから、感覚印象のほうは開かれているということです。

こうしてフロイトは、ヴェルニッケやリヒトハイムのような神経学的―解剖学的な「言語装置」論を換骨奪胎して、言語野の連合からなる構造論的なモデルとして概念化しました。この「言語装置」の批判的考察は、「心的装置」の解明へとつながっていきます。言語というものを超えてより一般的な心的装置を解明することが、むしろ言語装置を説明することになる。そういうホーリスティック（全体論的）な考え方を展開し、それこそが精神分析の誕生への途《みち》となっていくわけです。

東　言語装置そのものを仮想的に考えようとしていたことといい、言語能力をより一般的な心の問題のなかに位置づけようとしたことといい、フロイトの先駆的な発想がよくわかりますね。個人的には、フロイトが語表象について、筋運動感覚の由来を持つと考えていたことに興味を惹かれます。かれは、言葉を発しているときや書いているとき、すべての身体の動きの記憶みたいなものが観念連合を起こして、それがひとつの語表象になっていると考えていた。

石田　そう。フィジカルな活性化が起こることによって、その意識化が起こるんだというわけです。

東　いま石田さんは、語表象はソシュールのシニフィアンに相当するとおっしゃいましたけど、フロイトのほうがはるかに唯物論的ですね。ある言葉を発するときの顔の筋肉の動きや記憶が、その言葉が表象する観念の基礎になると言うのだから、素朴なまでに唯物論的です。

石田　そうですね。フロイトは病理学的な問題を扱っているので、ひとによってさまざまに異なる経験をしていることがよくわかっている。精神科の医者であるという側面が活かされているんですね。それは、ソシュールのように、社会システムとしての言語のシステムを考える立場とはまったく異なる立場です。

東　フロイトの語表象は、個人の経験と切り離しては存在できないわけですね。それはたしかにソシュールのシニフィアンとはまったく異なる。シニフィアンはラングのなかにあるわけですから。

ニューロン装置

石田　そこでつぎに目を向けたいのは、フロイトがニューロンの問題をどう考えたのか、ということです。一八九一年の『失語症の理解にむけて』のあと、一八九五年にかれは「心理学草案」というものを友人のウィルヘルム・フリースに送っています。この草稿が重要なのは、フロイトの「メタ心理学」の神経学的基礎を詳細に明かしているからです。冒頭を引用します。

【A　この草稿の】狙いは、自然科学的心理学を提供すること、言い換えると心的諸過程を、呈示可能な物質的諸部分の量的に規定された状態として表し、こうして心的諸過程を具象的で矛盾のないものにしようとするものである。［そこには］二つの主要な考えが含まれている。

【一】活動と静止を区別するものを、一般運動法則に従うQとして把握すること。

【二】ニューロンを物質的な基本単位として想定すること。

Nと$Q\acute{\eta}$——類似の試みは今日ではよくなされている。［★15］

ここで言われているように、フロイトの心的装置の理論には最初にふたつの原則があります。第一に、心的装置も、一般的なエネルギーの恒常則にしたがうという「エ

★15　フロイト「心理学草案」（総田純次訳）、『フロイト全集3　1895-99年　心理学草案　遮蔽想起』、新宮一成責任編集、岩波書店、二〇一〇年、五頁。訳文を一部修正した。

ネルギー仮説」が書かれています。引用にある「Q」は刺激や興奮といったエネルギーの量を意味しています。

そして第二に、物質的な基本単位としてニューロンというものを想定しようと言っている。最初期のフロイトは神経学者であり、エネルギー理論とニューロン理論を組み合わせることによって、心のモデルをつくることができると考えていたのです。

そのモデルでは、外部世界の刺激の物理的エネルギーQが心的エネルギーQήに縮減されることによって心的現象が成り立つとされます。すなわち、まず外界からの刺激エネルギーQは、心的エネルギーQήとして外界に接する感覚受容器官と結びついたφ（ファイ）系ニューロンを通過します。φ系ニューロンとは、「（なんの抵抗もしないし、なにも滞留させない）透過性」のニューロンです。

そして知覚の質の意識は、同じく透過性のω（オメガ）系ニューロンに伝えられて生じ、記憶をつくる「想起痕跡」は不透過性のψ（プサイ）系によってかたちづくられます。神経学にもとづく科学的な心理学を打ち立てることをめざしていた一八九五年の「草案」が描き出そうとしたのは、このような「φ系・ψ系・ω系」という三種類のニューロンからなる「装置」だったわけです。

このエネルギー理論と神経学的な理論を組み合わせた説明は、その後のフロイト理論にとって決定的な意味を持っています。フロイトの理論は、経済論、力動論、局所論という三つの部門から成り立っていますが［★16］、エネルギー則を書き込んだときに「経済論」が生み出されています。そしてニューロンの理論は「力動論」が引き出されるきっかけになっているし、ここでつくろうとしている心のモデルが「局所論」の原型になっているわけです。こういうような全体的なモデル化のことを、フロイトはのちに「メタ心理学」と呼びますが、その骨格がここでできている。

東　また補足させてください。ぼくの素人的な理解になりますが、フロイトは、この一八九五年から晩年にいたるまで、流体力学モデルで考えるという点でずっと一貫しているように思うんです。欲望――フロイトの用語で言えば「欲動」ですが、わかりにくいのでふつうの言葉で言います――の動きを、水が高いところから低いところに流れていくような、流体の流れとして捉える。欲望の自然な流れが、タブーのような障害物によってせき止められ、別の方向にそれたり溢れたりすると、神経症が現れる。ごく簡単に言うと、そういうふうに考えた。

その欲望＝流体モデルのごく初期のものが、いま石田さんが説明してくれたエネルギー則とニューロン理論の組み合わせなんですね。Qή というのはまさに、流体としての欲望を表している。欲望の流体がニューロンという通路を通って流れていく。それが人間の思考や行動を規定している。そういうモデルになっています。

★16　フロイトの精神分析理論は大きく三つの部門から成り立っている。（1）欲望の対象にリビドーエネルギーを投資したり、エネルギーを自我のほうに回収したりする心的過程をエネルギーの循環と配分として説明する「経済論」、（2）心の現象を、欲望と抑圧、意識と無意識のように、心で働くさまざまな力のせめぎ合いと組み合わせから生ずるものと捉える「力動論」、（3）心の装置をいくつかの系に分化されたものと理解し、心の動きを決定している系あるいは審級を心のなかの場所としてモデル化する「局所論」である。フロイトの局所論には、『夢解釈』の時代の「無意識・前意識・意識」による第一局所論、『自我とエス』以降の後期フロイトの「エス・自我・超自我」からなる第二局所論の区別があるとされる。（石田）

記号の書き込み装置

石田　このモデルには、とても重要な概念があります。それは、これらのニューロン間はどのようにコミュニケーションをするのか、という問題に関わっています。

ニューロンは互いに接続はしていません。離れているけど伝わる。そうやってニューロンが離れている状態をフロイトは「接触障壁」と呼び、経験によってシナプスのあいだにまとまりをつくっていくことを「通道」という言葉で説明します［図6］。

これらの仮説は、今日の神経科学でいうシナプス形成の概念にあたるものですが、重要なのは、この「接触障壁」と「通道」によって、「記憶」の成立を説明することが可能になったということです。「接触障壁」と「通道」を組み合わせれば、心的エネルギーが滞留することを説明できる。それが「想起痕跡」となって、記憶をつくり出すわけです。

ここでぼくたちは、フロイトのなかに「文字学」を見出す

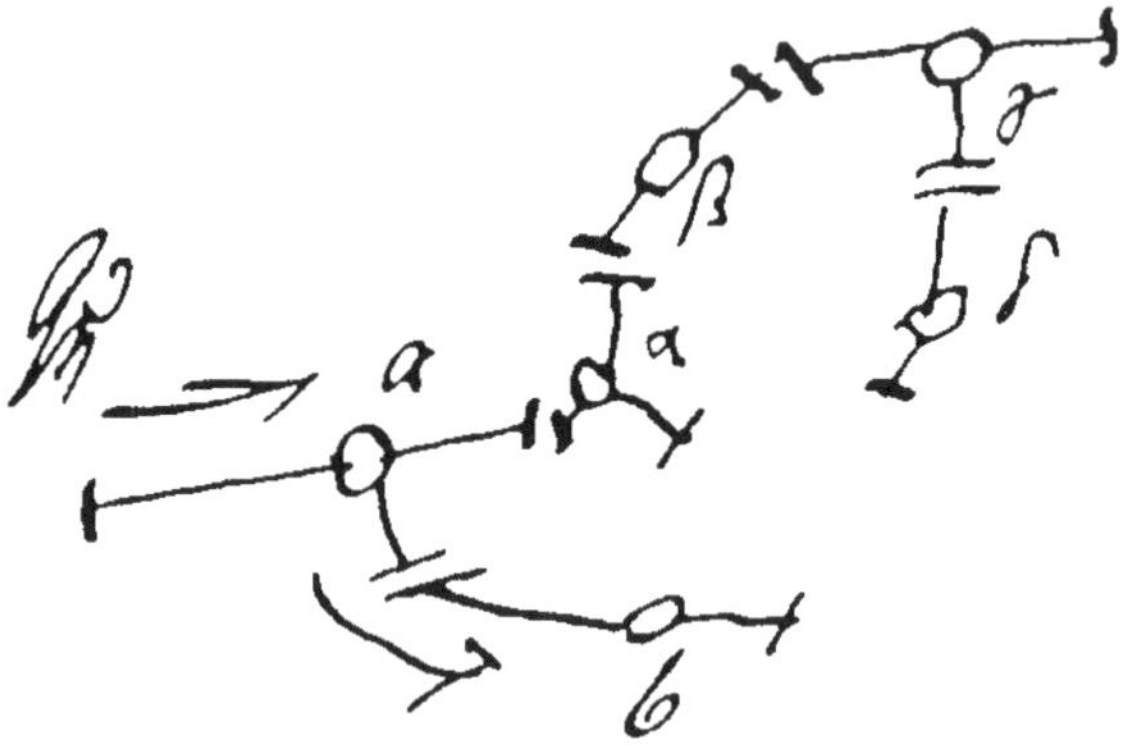

図6　フロイト「心理学草案」に見られる手描きのスケッチ。左端のQήから通道を通り、各ニューロンにエネルギーが流れる様子を図示している
https://upload.wikimedia.org/wikipedia/de/0/00/Freud_neuronales_netz.gif
Public Domain　『フロイト全集３』、p.36に対応

ことになります。神経学者フロイトは、現代的に言えばシナプスのライティング・システムを構想していた。ある経験が、どのようなメカニズムでニューロンに書き込まれるのか。そしてその書き込みがどのように記憶となり、反復されるのか。デリダの概念で言えば「差延」というものがどういうふうに起こってくるのかということを、フロイトは、「通道」と「接触障壁」という道具立てを使いながら、離れているものがつながって組み合わさっていく記号の転記として説明しようとしていたことがよくわかります。

だからぼくは、デリダの「フロイトとエクリチュールの舞台」は、じつはフロイトによるシナプス理論をエクリチュールの問題として読み解いたテクストだと理解しています。フロイトの「接触障壁」と「通道」という概念は、決して生物学的な問題だけにはとどまらなくて、じっさいに想起痕跡がどういうふうに生み出され、機能していくのかということの原理論として読み解いていくと、人文学の問題として考えることができるものになっているわけです。

じっさい、この「心理学草案」と同時期の一八九六年、フロイトはフリースへの書簡のなかで記憶のメカニズムについてつぎのように述べています。

君も知っての通り、僕の考えている仮説とは、我々の心的なメカニズムは層の積み重ねから出現したというもので、想起痕跡の形で現れる素材は、時々、新しい関係にしたがって配置換えを起こす、すなわち、転記されるものだ、というものです。僕の理論において本質的に新しい点は、したがって、記憶というものは一度だけ書き込まれて成立するのではなく、異なった種類の記号（zeichen）として何度も繰り返し記入されて成立しているものだということにある。僕は当時（「失語症」の時代だが）［大脳皮質］周縁から集まってくる経路に同じような配置換えが起こると述べていた。僕には、こうした記号登録が何回行われるのか分からない。しかし、少なくとも三回、あるいはおそらくそれ以上だろう。そこで、記号登録がそのニューロン支持体に応じて（必ずしも局所的にではなく）お互いに区別されるという仮説を示すつぎのような図式［図7］が導かれる。この仮説は、おそらく必ずそうでなければならないという訳ではないが、しかし、最もシンプルで、暫定的には受け容れ可能なものだと思う。［★17］

外的な刺激であれ、内的な興奮であれ、ある経験から生じる心的エネルギーは、想起痕跡を残していく。この痕跡は心の装置の層のなかでつぎつぎと転記されていくというのがフロイトの仮説です。

書簡のなかでフロイトは心的メカニズムを重層的な記号の書き込み装置として概念

★17　W・フリースに宛てて送られた一八九六年一二月六日付の手紙。
Freud, Sigmund. *Lettres à Wilhelm Fliess: 1887-1904*. Paris, PUF, 2e édition, 2006, p.264. 石田による仏訳からの訳。

化し、「知覚W」→「知覚指標Wz」→「無意識Ub」→「前意識Vb」→「意識Bew」へという転記のプロセスを図式化しています［図7］。つまり、ニューロン間で想起痕跡の転記が繰り返されることによって、無意識や意識といった心的現象がかたちづくられていくわけです。

東　前回の講義を踏まえて補足すると、この時代はまだ「情報」という概念がないんですよね。情報が数理論的に「数えられるもの」として扱えるようになるのはシャノン以降で、一九四〇年代を待たなくてはいけない。いまぼくたちは情報が何ビットだとか簡単に言っているけれど、この発想そのものが出てくるのが一九四〇年代なんです。

　だからこの時期のフロイトは、情報を離散的に考えること自体ができない。そこで出てきたのが、さきほども言ったような流体的ないわば不可算名詞のモデルなんだと思います。だから記憶も、水が溜まるようなモデルで考えられている。「心的エネルギーが滞留して記憶が作られる」というのはそういうことです。そしていま石田さんがおっしゃったのは、その流れの「痕跡」の存在が、フロイトにおいてはニューロン間の接続の問題としてきわめて具体的に考えられていたということですね。

　ところで、これに関連して触れておきたいのが、前回ニューロンリサイクル仮説

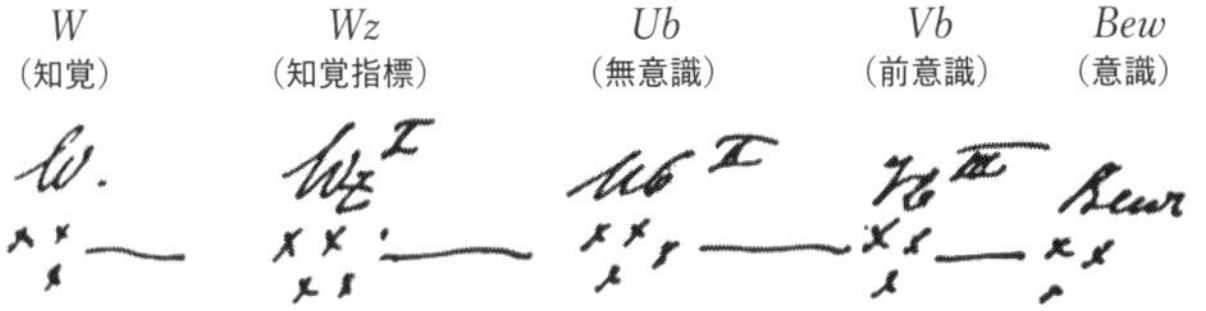

図7　1896年12月のフリース宛書簡で示された心的プロセスの図式。
Freud, Sigmund. *Briefe an Wilhelm Fließ 1887-1904.* Frankfurt a.M., S. Fischer, 1986, p.218より引用

いう本です。石田さんにすすめられて読んだんですが、これがまたたいへんおもしろい。「数覚」とは数字の知覚を意味するのですが、ドゥアンヌはこの本で、なんと数覚はアナログモデルだと説明しているんです。

この本では、たとえば1と6のどちらが大きいかを判断するよりも、5と6のどちらが大きいかを判断するほうが時間が長くかかるという実験結果が紹介されています。ドゥアンヌは、ぼくたちの数の感覚が、もし記号的に、つまりデジタルにつくられているのなら、こういう結果にはならないという。「1と6」も「5と6」も同じ時間で大小を判断できるはずだと。でもそうではなかった。だとすれば、人間は、水槽に入っている水の量を判断するように数を感覚しており、だからこそ近い数字の大小を判断するのに遠い数字の大小を判断するよりも苦労すると考えるほかない。そう主張するんです。ドゥアンヌはまさにそこで水の比喩を使っています。

ぼくがこの本を読んでまず思い出したのが、フロイトの理論です。情報科学が発達したことで、人間の脳はコンピュータ的につくられていると考えられがちです。最近では全脳エミュレーションなどという言葉もありますね。でもじっさいには、人間の情報処理の一部は流体的につくられているのかもしれない。その点でも、フロイトの流体力学モデルの再検討は重要ですね。

★18 スタニスラス・ドゥアンヌ『数覚とは何か？——心が数を創り、操る仕組み』長谷川眞理子ほか訳、早川書房、二〇一〇年。

石田　フロイトあるいはソシュールの時代は、やたらとイマージュやイメージという言葉を多用しているんだよね。ソシュールはシニフィアンを「聴覚イメージ」と言います。これはフランス語では image acoustique、つまりアコースティック・イメージなんです。だから脳内をイメージの装置として考えているわけ。

つまり、この時代のメタ言語はアナログなんです。東さんの言う流体的というのもアナログということと関係している。ところがいまはインフォメーションしかないでしょう？　だから脳を「情報処理」として捉えてしまうんだけど、これはそれこそ認知科学が広めたメタファーで、ほんとうにそうなっているかはわかりませんよね。認知科学やそのコンピューテーション・モデルに対しても、ぼくたちは相当に批判的なまなざしを向けていく必要があるのです。

『夢解釈』へ

石田　ここまでの説明をまとめておきましょう。

出発点には、最初期の一八九一年の著作『失語症の理解にむけて』で、ヴェルニッケやリヒトハイムが提示した「言語装置」の学説を批判する作業を通して言語中枢の解剖学的な局在説を否定し、「連合」にもとづいた機能説に依拠して独自の「言語装置」理解を提示する企てがありました。

さらに、一八九五年の「心理学草案」におけるニューロン組織を単位とした「φψω装置」の構想があり、そして、一八九六年一二月六日付のフリースへの書簡で示された、「知覚」→「知覚指標」→「無意識」→「前意識」→「意識」という記憶の「記号（指標）」論がありました。

ここから大きなジャンプをした著作が一九〇〇年の『夢解釈 Die Traumdeutung』です。『夢解釈』は、フロイトがオリジナルな精神分析家として自分を打ち立てた記念碑的な著作と言えます。

これはよく知られている事実ですが、『夢解釈』はじっさいには一八九九年に出版されています。でもフロイトはかなり誇大妄想的な性格なので、自分を二〇世紀を体現しにやってくる人物と考え、刊行年を一九〇〇年と記載して『夢解釈』を出しました。

ではどういうジャンプがなされたかというと、フロイトは『夢解釈』で神経学的な考察を消し去ってしまった。つまりニューロンについての記述をすべて消去してしまったのです。

第七章の「夢過程の心理学にむけて」という理論的な章を読むと、フロイトは自分は神経解剖学的な考察をこれから排除するのだ、ということをつぎのように明確に書いています。

こうして、われわれが手中にしている観念は、心的局在性という観念である。ここで問題にされている心の装置というものが、われわれには解剖学的な標本としても知られているという事実は、もうまったく視野から外しておこうと思う。そうして、心的局在性を、たとえば解剖学的に規定したくなるという誘惑を、注意深く避けて通ろうと思うのである。われわれは心理学的な基礎の上に留まろう。［★19］

このように、あくまでも心理学的な観点から人間の心の装置をモデル化するのだと、フロイトは宣言しているわけです。

すこし脱線すると、じつはフッサールもフロイトと同じような身振りをしています。フッサールの『論理学研究』もまた第一巻は一九〇〇年の刊行です（第二巻は一九〇一年）。かれはこの書によって、実験心理学や物理心理学をすべてかっこに入れ、心的世界や意識という問題を固有に内在的に扱おうという学問を打ち立てるということに踏み出しました。

フロイトもフッサールも、神経学や物理学に一線を引いて、心的世界の解明に乗り出し、そこに精神分析と現象学が同時に成立する、そういう決定的な瞬間が一九〇〇

★19　フロイト「夢解釈」（新宮一成訳）、『フロイト全集5　1900年　夢解釈II』、新宮一成責任編集、岩波書店、二〇一一年、三二五頁。

年にあるのです。

東　それは、ヨーロッパの人文知が、科学に対してどういう態度を取ったのかという問題でもありますね。

石田　おっしゃるとおりです。一九三六年に刊行された、フッサールの最後の著作『ヨーロッパ諸学の危機と超越論的現象学』［★20］という書名が表しているように、フッサールにはヨーロッパの文明が危機に瀕しているというペシミスティックな前提がありました。直観というものが支えていた学問が、科学に乗っ取られてしまうのではないかという危機感ですね。

これは前回講義で説明した「テクノロジーの文字」と深い関係があります。フロイトやフッサールの身振りは、学問のアルゴリズム化、あるいは意識の産業化が進み、機械が意識を生産するようになることとシンクロしている。つまり文字が人間の手からどんどん離れていくわけです。人文学者は定義的には自分で字を読んで字を書いているひとのことです。そういうサイクルのなかで知を生産しているひとたちにとっては、その自分の手元から知や学が離れていくという危機感があったと思います。

東　それは現代的な課題でもあります。カトリーヌ・マラブーは『新たなる傷つきし者』で、まさに一九〇〇年ごろに分割された心と脳の問題をもう一回哲学の側から再統合しようとしています。たとえばセックス sexe に対してセクシュアリティ（性事象）

★20　エドムント・フッサール『ヨーロッパ諸学の危機と超越論的現象学』、細谷恒夫、木田元訳、中公文庫、一九九五年。

sexualitéという概念があります。セクシュアリティの概念はいまは主体の理論で欠かせないものになっている。フーコー以降の哲学はセクシュアリティについてばかり考えているけれど、マラブーは脳 cerveau に対しても、セクシュアリティに相当する「脳事象 cérébralité」のような概念をつくらなければならないと言う［★21］。

石田さんの構想は、このようなマラブーの提案と並行するものだと思います。フロイトはヴェルニッケを切り離して心の理論をつくったけれど、それが袋小路に入っている。他方で脳科学はすごく発達したけれど、それはそれで心との関係ではきわめて単純な対応関係を乗り越えることができていない。だから、脳科学的知見を記号論的に捉え返さなくてはいけない。石田さんが行っているのは、そういうプロジェクトなのではないかと思うんです。

石田　すばらしいコメントをありがとうございます。

『夢解釈』が大きなジャンプをしたという話でしたね。つまり神経学を消し去って、心理学的な観点から人間の心の装置をモデル化しようと試みたわけです。そして、その中核的な概念である「心的局在性」のもとに提出したのが、「無意識系（Ubw）－前意識系（Vbw）－意識系（Bw）」からなる第一局所論という「心の装置」です。

神経解剖学的な説明を放棄したフロイトは、「心の装置」をつぎのように説明しています。

★21　カトリーヌ・マラブー『新たなる傷つきし者――フロイトから神経学へ　現代の心的外傷を考える』、平野徹訳、河出書房新社、二〇一六年、二一二頁以下。

すなわちわれわれは、心の作業に仕えている道具立てを、たとえば組み立てられた顕微鏡、あるいは写真機、などのように思い描いてみるのである。そうすると、心的局在性といったものは、ある装置の内部のある場所に対応し、その場所において、像のいくつかの前段階のうちの一つが結ばれるということになる。顕微鏡や望遠鏡の場合には、これらは周知のように、ある程度は観念的な場所性とか閾とかなのであって、そういうところに、装置の実質的成分が存在しているわけではない。［★22］

ここに書かれているように、フロイトは「心の装置」を光学装置のメタファーで捉え、「心の作業に仕えている道具立て」として、顕微鏡や望遠鏡、写真機のレンズによる組み立てと結像のたとえを使っています。像の焦点となる場所は、レンズの組み合わせによって機能的にしか存在しない。それと同様に、心的局在性も実体的にあるわけではなく、組み合わせや構造から考えなくてはならないのだ、と。

★22 『フロイト全集5』、三二五頁。

フロイト図版での新発見

石田　ここからすこし込み入った話になっていきます。そして新発見の話をします。

東　新発見ですか？

石田　そうです。まずフロイトの第一局所論は、『夢解釈』ではつぎの三つの図で示されています［図8］。

　第一の図ⅰでは、知覚末端（W）から運動末端（M）へと向かう単純な心的過程が描かれています。これはまだ記憶が成立していない原始的なモデルです。

　続く第二の図ⅱは記憶が痕跡化される段階、第三の図ⅲは無意

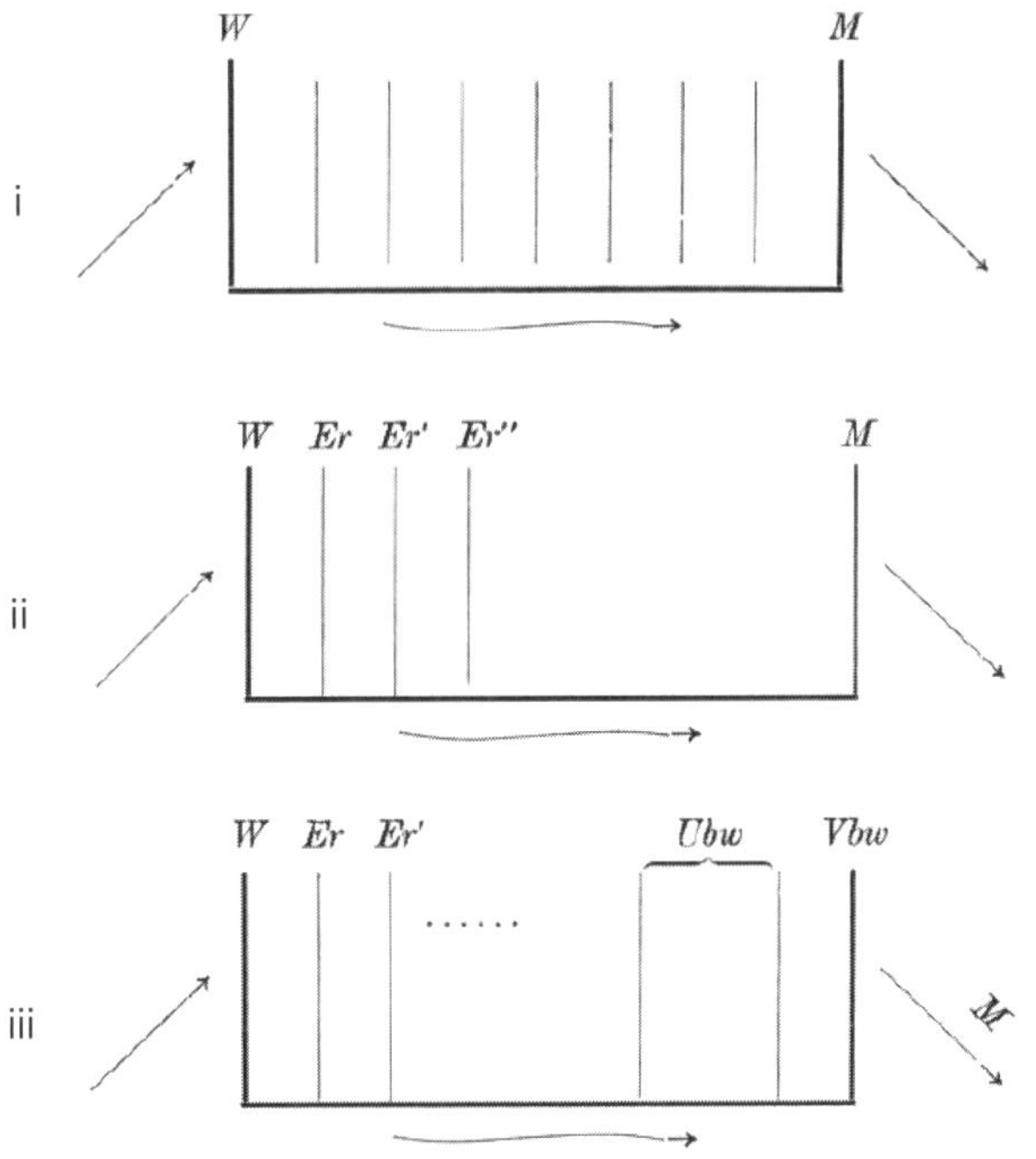

図8　フロイト『夢解釈』初版（1900年）第7章より「心的装置」の3つの図
Sigmund Freud, *Die Traumdeutung*, Leipzig, Franz Deuticke, 1900, p.316, 318より引用
URL=http://www.gutenberg.org/files/40739/40739-h/40739-h.htm

識、前意識、意識というものが成立している段階を示しています。

ここで大きな問いに直面します。フロイト自身は、この第一局所論では神経学的な記述は捨て去ったと言っている。でもほんとうに、一八九五年の「心理学草案」と九九年の第一局所論のあいだに関係はないのか。

そこで図9の点線で囲んでいる箇所に注目してください。図iではW（Wは知覚末端Wahrnehmungsendeの略）とM（Mは運動末端Motilitätsendeの略）のあいだにある縦の直線はすべて底辺から離れているのに対して、図iiではEr（Erは「想起痕跡Erinnerungsspurの略」）とEr′の線は底辺に接していて、Er″の線は底辺からわずかに離れています。そして図iiiになると、どの縦の線も底辺と接している。

東　ほんとうだ！　これはどういう意味なん

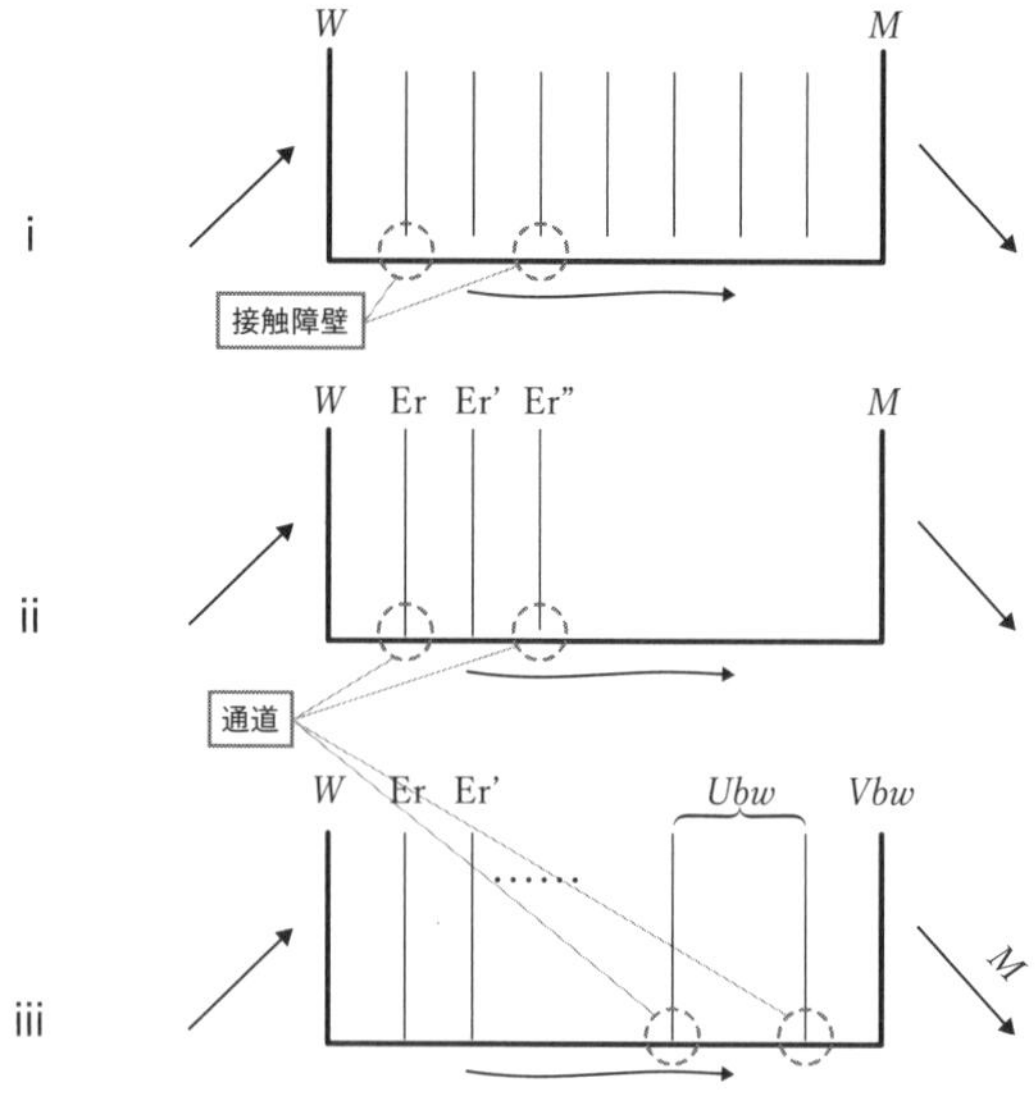

図9　同前（○印と補足説明は石田による）
iではすべての縦線が底辺から離れているが、iiでは2本が底辺に接し、残る1本も近づいている。このことは「接触障壁」が乗り越えられ、「通道」が起こっている（Er、Er'）もしくは起こりつつある（Er''）ことを示している。iiiではすべての線が「通道」を起こしている

ですか？

石田　膨大にあるフロイト研究のなかで、このちがいに注目した研究は寡聞にして知りません。その理由は図版にあります。

この三つの図はドイツ語原著初版のものですが、それ以外の版はドイツ語版全集、英語版標準版、日本語版全集も含めて、三つの図における縦の線と底辺との隙間の開きの変化を明確には図示していないのです［★23］。ですから原著初版の図を参照しないと、このちがいを発見することはできません。図を再制作するときに、くっつけてしまったり離してしまったりしている。その観点で見ると、ドイツ語版全集、英語版標準版、日本語版全集でそれぞれちがった図になっています。

東　なんと！　つまり、全集の編集者は、この小さな隙間を印刷のズレだと思い、適当に処理してしまっていたんですね。

石田　そう。ちなみに、フロイトは校了して書籍が活字になって出版されてしまうと原稿を焼き捨てることを習慣としていました。だから「心理学草案」のように、たまたま残っている場合をのぞいて、草稿にさかのぼってたしかめるということはできないんです。

では、そのちがいはなにを表しているのか。図9に書き込んでいるように、底辺から離れているのは「接触障壁」を、底辺と接しているのは「通道」を表しているとい

★23　文献比較を詳しく説明すると以下のようになる。

ドイツ語版全集　Gesammelte Werke II/III（初版一九四二年）では、Fig. 1（図8のⅰに相当）の縦線と底辺との隙間は反映されているが、Fig. 2（ⅱ）およびFig. 3（ⅲ）での縦線と底辺と微細な隙間に関してフロイト初版ほど明確でない。

英語標準版 Standard Edition Volume V（初版一九五三年）は、Fig. 1での縦線と底辺との隙間をフロイト初版のように際立たせていない。日本語版の『フロイト全集5』では、三つの図とも、縦線と底辺との隙間は同じように空いたままとしている。（石田）

うのがぼくの解釈です。

そのように解釈すると、図・iは、心的装置が「接触障壁」によって外界の刺激から隔てられている状態と読み解けます。つまり、刺激のエネルギーが身体を流れているけれど、心的装置のなかにまだ取り込まれていない状態です。

それが図iiになると、通道が生まれる。Erは想起痕跡のことですが、「通道」によって外界のエネルギーを取り入れ、「想起痕跡（Er、Er′、Er″）」をつくり出していく様子が描かれています。そして図iiiになると、想起痕跡、無意識、前意識のいずれも通道が起きている。つまりこれら三つの図は、「接触障壁」と「通道」が組み合わさりながら、心の装置が成立していくプロセスを表現していると考えられるわけです。

もちろんフロイト自身はそんなことは言っていません。『夢解釈』の時点では神経学的記述を捨てているのですから、ニューロン間の関係である「接触障壁」や「通道」という概念も使っていない。しかしぼく自身は、あえて精神分析学者フロイトの誕生を告げるこの図を、神経学者フロイトが描いているとして読んでみたい。そういう思考実験をしてみたいんですね。

東　これはおもしろい！　世界的発見ではないですか。石田さんご自身の発見なのですよね？

石田　そう。ぼくが発見しました。人文学者の仕事って、結局こういうことじゃないですか。マニアックにテクストを読んで、この図はなにを書いているんだろうかと、とことん考える。人文学的な手続きからすると草稿を見たいんだけど、フロイトは草稿を焼いてしまっている。だから、たしかめられない。それで原著初版にあたってみたわけです。

東　これはすごい。全集編集者の見落としを発見したというだけでなく、それがフロイトの理論的読み直しにつながっているのがまたすごい。裏返せば、そんな全集編集者の「見落とし」にこそ、いままでのフロイト受容の盲点、すなわち「神経学者フロイト」の主張が現れていたということなんですね。それそのものがじつに精神分析的な話でもある。

石田　なぜそれができたかというと、ネットのおかげなんですね。ぼくがこの作業をしたのは二〇一四年の前半だったのですが、当時OPAC（オンライン蔵書目録）などで調べたかぎりでは、『夢解釈』のドイツ語初版は、日本では久留米大学と京都の国際日本文化研究センターしか持っていなかった。両方とも寄贈や医学記念図書館の蔵書を引き継いだ本で、当然貴重書指定で貸し出し不可でした。だから、日本国内では初版を読むことが非常にむずかしい。でもいまではネット上にある「プロジェクト・グーテンベルク」やアメリカ議会図書館と連携するThe Internet Archiveにアクセスすれば、あっというまに見ることができるしダウンロードもできます［★24］。

★24　URL＝https://archive.org/details/Freud_1900_Die_Traumdeutung_k（二〇一八年八月一一日アクセス）

東　研究者にとってはいい時代ですね。

石田　それから、奇妙な後日談もあって、最近、この問題を授業で話す機会があって、準備のためにOPACをふたたび検索してみると、なぜか東大のOPACで文学部図書として引っかかったんです。まえはなかったのに、ほんとかなと半信半疑で文学部図書室に出かけていって、このフロイトの初版はほんとうにあるんですかと聞くと調べてくれて、二〇一五年末にOPACに登録されたことがわかった。心理学の書庫にあるということで、心理学教室のひとが書庫から探し出してきてくれました。そうしたら、明治三四年帝国大学図書館納入という印が押してあって、装丁もされずに絆創膏みたいなテープで雑に表紙が補修された『夢解釈』初版が出てきたんです。中身の状態はとてもきれいなものです［図10］。それを見たとき一同唖然です。

アーネスト・ジョーンズの『フロイトの生涯』によると、『夢解釈』の初版は僅か六〇〇部印刷［★25］。この六〇〇部を売り切るまでに八年を要したと記述されています。いまではこの本はクリスティーズのオークションとかだと二万ドルから三万ドルの値がつくのがふつうです。それが、こんな絆創膏テープを貼ってお粗末な状態にしておくのはよくないから、貴重書としてきちんと保管しましょう、ということになったわ

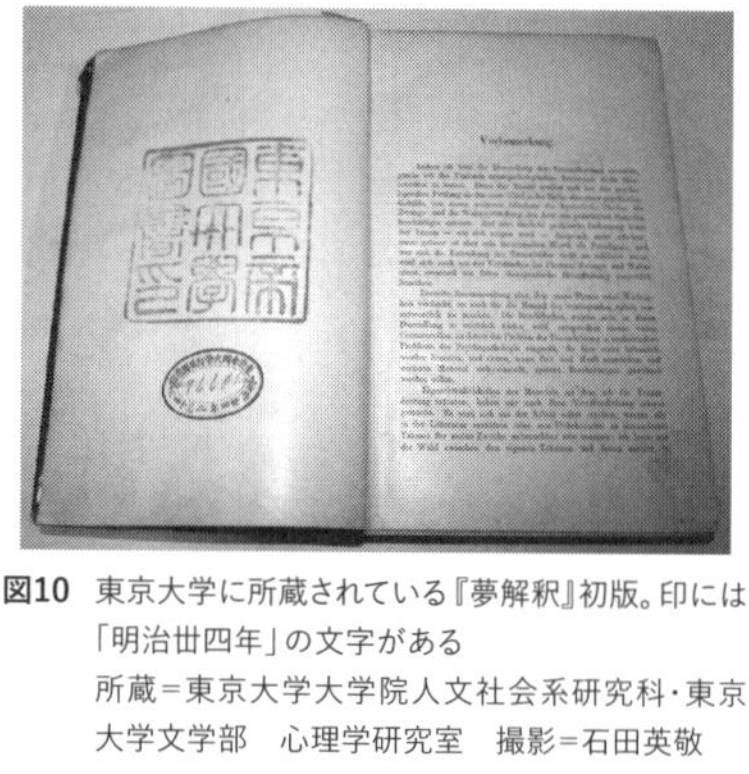

図10　東京大学に所蔵されている『夢解釈』初版。印には「明治卅四年」の文字がある
所蔵＝東京大学大学院人文社会系研究科・東京大学文学部　心理学研究室　撮影＝石田英敬

★25　アーネスト・ジョーンズ『フロイトの生涯』、竹友安彦、藤井治彦訳、紀伊國屋書店、一九六九年、二四〇頁を参照。ジョーンズ（一八七九－一九五八年）は

けです。

このエピソード、いろいろ考えさせられましたね。いまの心理学ではフロイトなんてみんなほとんど見向きもしないのでこういうことが起こるのだろうか、とか、明治三四年といえば一九〇一年だから東大の心理学教室が立ち上がったばかりで、ドイツかオーストリアで購入されたのは少なくとも一年ていどはまえでしょうから、草創期の日本の心理学を立ち上げた第一世代のだれか（ヴントの実験心理学研究室に留学していた教授がいます）がいち早く六〇〇〇分の一冊を持ち帰ったか発注したかで、当時の日本人ってすごい、とか、他方で眠っている貴重資料の保全がきちんとできないいまの東大って大丈夫なのか、とか、いろいろなことをね。

最後の点は、ぼくは新図書館計画の責任者をしていたことがあるので内心忸怩たるものがある。グーグルはもともとスタンフォード大学のデジタル図書館計画が出発点だったのですね。それで、東大でもそれに匹敵するイノベーションを起こせるのではないかと思って一生懸命にハイブリッド図書館をつくる計画を進めたのですが、学内からはぜんぜん理解されず孤立無援でたいへんな思いをした。それ以来、大学を変革することは自分にはもう無理とあきらめて学者生活に完全復帰したわけです。それはそれでよかったのだけれど。

ああ、だいぶ脱線してしまったね（笑）。


フロイトの弟子。精神分析の英米圏への普及に貢献したイギリスの精神分析家、国際精神分析協会会長。『フロイトの生涯』は、第一世代による精神分析の歴史についての基礎文献として定評がある。（石田）

東　いえ、じつに考えさせられるエピソードでした。それにしても、いくらネットで初版がアクセス可能でも、この特定の図の原版を探そうと思わないと、この発見は出てこないでしょう。石田さんは、なぜこの図に謎が隠されていると考えたんですか。

石田　ふつうは気がつかないよね。まず、一八九五年の「心理学草案」の接触障壁と通道の理論はいったいどこに行ったのかと考えるわけですね。そうすると、この図はシナプス形成の理論、つまり接触障壁と通道の理論を使っているはずと見当がつく。でも、手元にある岩波の全集では線が三つの図とも離れてしまっている。ストレイチーの英語標準版［★26］はぜんぶくっついてしまっている。ドイツ語の全集も図iiと図iiiの関係がはっきりしていない。いったいどうなっているんだ、離れていたものがくっついてしまったり、くっついているのが離れたままなのはなぜか。そう疑問に思って、ドイツ語の初版で確認したんです。それがいまの時代にはまさにグーグルのおかげですぐできる。昔なら初版を見にいくのにすごい手間ひまがかかる。

東　ドイツ語、英語、日本語版全集を比較することで出てきた謎が、ネットのアーカイブによって解けるというその過程そのものに、人文学の新しいありかたが示されているように思います。そして、繰り返すけれど、それはそのまま従来のフロイト理解の盲点を突くものになっている。いやあ、これはすごい話です。

石田　以上を踏まえて、図ii、図iiiを神経学的に説明してみましょう。

★26　イギリスの精神分析家ジェームズ・ストレイチー（一八八七‐一九六七）が翻訳・編纂した英語版フロイト全集を指す。この全集は部分的にフロイト本人の確認を受けており、現在でも国際的に、フロイト研究における重要な文献とされている。ストレイチーがこの全集でフロイトの各著作に付した解説を邦訳したものとして、『フロイト全著作解説』（北山修監訳、笠井仁、島田涼子ほか訳、人文書院、二〇〇五年）がある。

矢印で示されているのは、刺激興奮のエネルギーの流れです。図iiでは、ニューロン組織の通道の差異が記憶を形成しています。知覚末端から入力されるニューロン興奮の素材は、まず「同時性における連想の固着」、それ以後は、「類似性等々」の関係性にしたがって「想起系」が連想のネットワークをつくっていく。このように光学系のメタファーの延長上で、「想起痕跡」によるフィルターがニューロン興奮を処理していくプロセスとして図式化している、と読むことができます。

こうした想起系のネットワークがかたちづくられていくことによって、図iiiにあるように、知覚末端とは逆の運動末端へ向かう側に、「無意識 Ubw」（Ubw は Unbewußte の略）および「前意識 Vbw」（Vbw は Vorbewußte の略）の審級が導入されることになります。

運動末端における系の最後のものを、われわれは前意識（Vbw）と呼ぶ。これは、その系における興奮過程が、更なる引き留めなしに意識に到達できることを暗示しようとしてのことである。ただしある種の条件が満たされている場合、つまり、たとえば一定の強度の達成とか、注意と呼ばれるあの機能のある種の分与とかがある場合の話である。随意的な運動への鍵を握っているのも、同時に、この系である。その背後にある系は、われわれが無意識（Ubw）と呼ぶものである。無意識は、前意識を通る以外には、意識への入り口を持たないから、そう呼ばれる

のである。前意識への移行において、無意識の興奮過程は変化を甘受しなければならない。[★27]

フロイトにとって、夢が教えるのは、意識化され、言語化される覚醒した昼の思考とは異なった、「意識」から締め出された心的過程の存在です。つまり、「無意識」と「前意識」というふたつの心的審級のうち、「前意識」が「無意識」からくる心的内容に検閲を加えて、意識にのぼらないように抑圧する。そのような抑圧された心的内容は、意識的になる道を閉ざされて、「前意識」の手前で「無意識」の状態にとどまることになる。夜になって「前意識」の検閲が緩むと、その抑圧内容が浮かび上がってくるのです。

★27 『フロイト全集5』、三三〇-三三一頁、訳文を一部修正した。なおフロイトは資料によって異なる略号を使う場合があるため、前出のフリース宛て書簡とは略号が異なる。

「意識」はどこにあるのか?

石田 ここでもうひとつ考えておきたいことがあります。フロイトの「第一局所論」の図式として広く知られることになる図iiiには、じつは「意識」がどこにも書き込まれていません。『夢解釈』には、フロイトの心的装置は無意識、前意識、意識から構成されることは説明されているにもかかわらず、です。

東　あ、ほんとうですね。これはふしぎだ。

石田　それに関連して、「前意識」と「無意識」との関係も十分な説明がないし、当然、それらと、「意識」との関係の説明もされていない。その意味で、この図はあきらかに不備があります。だれもが知る図式であるわりには理論的な説明が不在なのです。こうした説明が不足していることも、さきほど神経学的記述をシステマティックに消したということを言いましたけど、この図でもずいぶん消されたことがあるのではないかという推測を強めるものです。

したがって、図iiiの持つ含意を精密に理解するためには、関連する別のテクストを参照する必要があります。

まず、書き込まれていない「意識」については、フロイトは『夢解釈』一九一九年版で、つぎのような追記をしています。

このように線形に系列化された図式をさらに詳述していたならば、次のような仮説が計算に入ってきていたであろう。すなわちVbwに引き続く系というもの、それはまさに、われわれが意識をそれだとしている系に他ならない。すなわちW＝Bwということである。［★28］

★28　同書、三三一頁、註二二三。一部省略。

ここでフロイトは、Vbw（前意識）に引きつづく系は意識（Bw）であり、W（知覚）＝Bw（意識）（BwはBewußtseinの略）だと言っている【図11】。さらに『夢解釈』第七章のF節では、「意識」は、「心的な質を知覚するための一つの感覚器官としての役割」を果たす「特別な系」だと述べたのち、つぎのような説明を加えています。

> われわれはこの系を、その機制において知覚系Wに類似した性格を有するものと考える。すなわちそれは様々な質によって興奮させられ、変化の痕跡を貯えておくことができない、つまりは記憶を持たないということだ。W系という感覚器官をもって外界へと向けられている心的装置は、それ自体としては、Bwという感覚器官にとっての外界なのである。Bwという感覚器官の目的論的な正当性は、この関係のうちに在る。装置の構築を支配していると思われる審級の連なりという原理に、われわれはここで今いちど出会う。興奮の素材は、Bwという感覚器官に、二つの方面からどんどん流れ込んでくる。W系からはというと、様々な質によって規定されたその

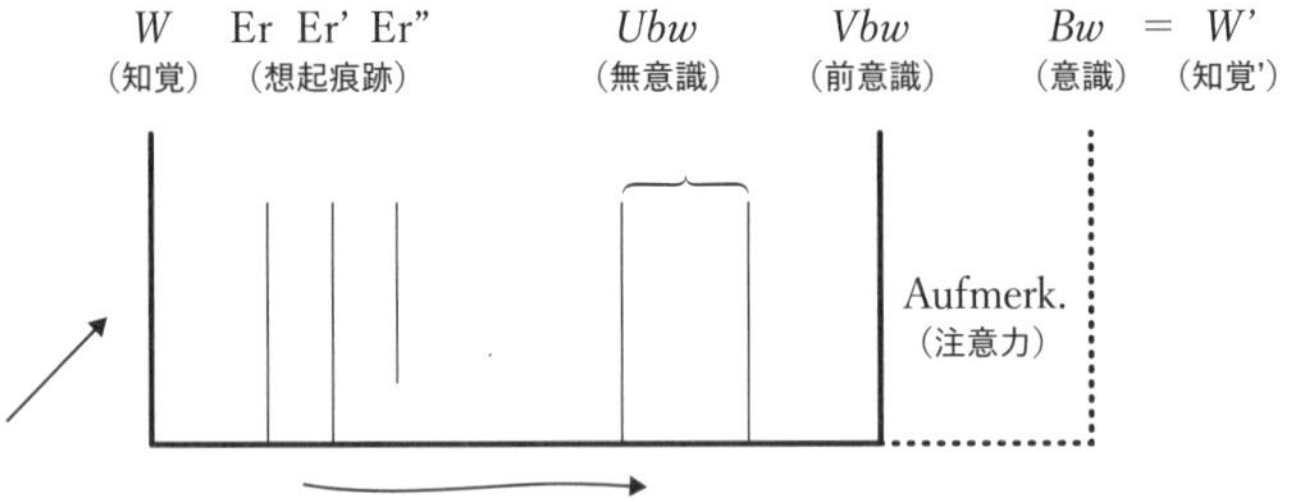

図11 『フロイト全集５』、p.332図３をもとに制作
「Bw（意識）＝W'（知覚'）」「Aufmerk.（注意力）」［Aufmerksamkeitの略］および点線による枠は、フロイトの記述を反映した石田による書き込み
W'（知覚'）という表記を導入したのは、フロイトにおいては、経験の入力時のW（知覚）と区別して、心的プロセス自体を知覚するメタな知覚がBw（意識）とされているからである。フロイトは意識を知覚の質を捉え返す「重畳的感覚器官」としている（『フロイト全集５』、p.422）

興奮が、おそらくは新しい加工を貫き通して、意識的感覚へと生成するまでになる。そして、装置自身の内部からはというと、その量的過程は、一定の変容に達した時には、快と不快の質的系列として感覚される。[★29]

ここでは、意識（Bw）というものが、知覚（W）から前意識（Vbw）へといたり、そして運動（M）へ向かうという心的現象を再帰的に捉えるメタな器官として働くことが述べられています。そのことは、先述した一八九六年一二月のフリース宛書簡で、「知覚W」→「知覚指標Wz」→「無意識Ub」→「前意識Vb」→「意識Bew」という転記のプロセスを図式化していることからもわかるでしょう。つまり『夢解釈』に先行する神経学的立場を捨て去っていなかった一八九〇年代後半においても、あるいは、のちほど説明する、『自我とエス』以降の第二局所論に向かう一九一〇年代のメタ心理学の著作の時代においても、基本的にフロイトの局所論は変化せず、「前意識」のつぎには、「意識」系が「重畳的感覚器官」として「知覚末端W」から「運動末端M」へいたるサイクルを再帰的に捉え返すというフローを考えていたことがわかります[★30]。

東　なるほど。意識は「メタ感覚」だと捉えられているのですね！

石田　そうです。鍵は「注意力 Aufmerksamkeit」です。意識を働かせるのは「注意力」による能動的な捉え返しなんです。フッサールなら志向性と呼んだ心の働きで

★29　同書、四二一頁。

★30　同書、四二二頁。

す。これらを補って図式化したものが図12です。「前意識Vbw」の備給が「注意力」を向けられて意識化されると「知覚-意識W-Bw」へと再帰的にリサイクルすると考えられるわけです。
フロイトは、「無意識Ubw」とのあいだで「ある種の屏風のような」位置に立って、無意識の興奮過程を遮断して「検閲」の働きをする「前意識Vbw」は、「意識への通路を遮断しているだけでなく、随意的な運動性への通路をも支配していて、可動的な備給エネルギーの送り出しを仕切っており、その一部が注意力としてわれわれに馴染みのものとなっている」と述べて、「注意力」を、前意識と意識とのあいだに位置づけています[★31]。

東　感覚によって生じた欲望のエネルギーが、無意識を通って運動を引き起こす。基本的にはそれだけなんだけど、そこで前意識の壁を通過して多少のエネルギーが漏れ出し、それが知覚のほうに戻ることによって、「意識」をつくる。そういう理解でよろしいでしょうか。

石田　はい、そのようなことです。

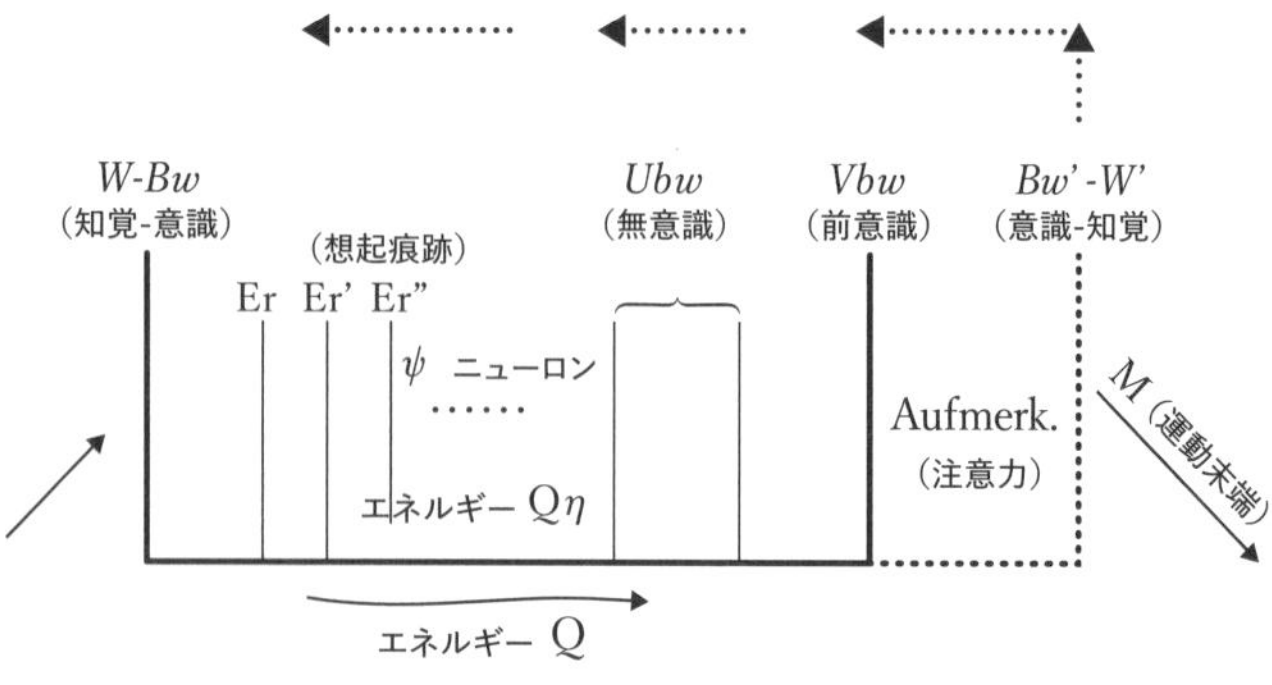

図12　図11に、前意識の備給による意識化のベクトル(「知覚―意識」へのリサイクル)をさらに書き加えたもの。神経学の知見との連続性を示すために、「心理学草案」に遡って「ψニューロン」「エネルギーQη」「エネルギーQ」を書き加えてある

無意識はシネマトグラフィーのように構造化されている

石田　ここから今日の講義の山場に向かっていきます。

東　え。まだ山場にさしかかってなかったんですか?

石田　はい（笑）。心してください。

注目すべきは、心的装置と言語装置との関係です。先のフリース宛書簡のなかで、フロイトは、前意識は「語表象」と結びついていると述べています。このことを心的装置と重ね合わせると、知覚器官を通じて入ってきた刺激エネルギーが、想起痕跡を残しながら、最後に前意識に辿り着くのですから、一連のプロセスの最後になって語表象と結びつくことになります。

したがって前意識よりまえは、フロイトの理論で言う「物表象」——『失語症の理解にむけて』における「対象表象」——だけのプロセスなのです［★32］。一八九一年の『失語症の理解にむけて』では、フロイトは、物表象をまだ「対象表象」と呼んでいます。でも概念内容は同じで、「語表象」と結びつく以前の、無数の感覚・視覚像の多価的な連合からなる表象の集まりのことと考えています。図5（一一三頁）を思い出してください。

すこし具体的に言うと、たとえば、赤ちゃんがお母さんのおっぱいを飲もうとして

★31　同書、四二〇頁。

★32　フロイトが「物表象 Dingvorstellung」という語を最初に使ったのは、『夢解釈』第六章「夢工作」（邦訳『フロイト全集5』、二六頁）だが、概念内容は『失語症の理解に向けて』の時代の「対象表象」と変わらない。この問題を整理した一九一五年のメタ心理学論文「無意識」で、フロイトは「無意識」の系までをかたちづくっている想起痕跡系は「物表象」のみからなる過程であり、「前意識」に及んではじめて「語表象」（すなわちフロイトにおける言語）と結びつくと述べている。邦訳は「無意識」（新宮一成訳）、『フロイト全集14　1914-15年　症例「狼男」　メタサイコロジー諸篇』、新宮一成、本間直樹責任編集、岩波書店、二〇一〇年、二五一頁参照。（石田）

いるというシチュエーションを考えてみてください。『失語症の理解にむけて』で、フロイトの念頭にあるのはほとんどそういうシチュエーションなのです。そのとき、見えたもの、聞こえたもの、触った感触、おっぱいを吸いにいく自分の体の動きなど、一連の断片的な記憶のばらばらな集合のことを、ここでは物表象と呼ぶんだと思ってください。

赤ちゃんにとって、母親の乳房がどのように見えるかは、赤ちゃんの抱かれ方次第で、乳首が見えるか見えないか、どんな角度からどんな輪郭に見えるか、その見え方がその都度ちがいますよね。同じ乳房でも見える光景はいろいろです。そのとき、お母さんの声とかお母さんの歌が聞こえたかもしれないし、肌のぬくもりとか、自分がどんな口唇の動きをしたかとか、一連の断片的なイメージが、おっぱいを飲む行為に記憶としてまとわりついて表象の連合をつくっています。それらの表象の組み合わせはほぼ無限のヴァリエーションからなると言っていいでしょう。フロイトは、そういう意味で、物表象とは「視覚的、聴覚的、触覚的、筋運動感覚的、そしてそれ以外の非常にさまざまな表象からなる連合複合」[★33]として、「開かれた連合」であるというのです。

ちょっと「情報」とか「モジュール」というフロイトにはない用語を使って整理すると、知覚末端から無意識の痕跡系までは、そのような物表象のまま情報の入力は進

★33 『フロイト全集1』、九五-九六頁。

行し、最後の前意識のモジュールにいたって、閉じられた集合としての語表象というものに結びついて意識されうるような表象がまとめられると考えていたわけです。

このことをフロイトは「一次過程」と「二次過程」という概念で区別しています。この区別自体も「心理学草案」ですでに行われているものです。すなわち一次過程とは、ばらばらな物表象がさまざまな連合《アソシエーション》を繰り広げ、ネットワークをつくりあげていく開かれた物表象のプロセスであるのに対して、二次過程は、前意識において、物表象が語表象と結びつくことによって、心的な連合が固定化されて集合が閉じていくプロセスです。おっぱいの例に戻ると、物表象のプロセスにおいては、いろいろな断片的光景が無数に結びついた開集合であったのに対して、有限の音声の組み合わせからなる語表象にそれが結びつけられると、一連の断片的記憶が言語装置によって整理されて、「おっぱいとはなにか」という観念群との結びつきが閉集合をつくり出し、意味が安定します。『失語症の理解にむけて』の図5を思い出してください。

語表象との結びつきにおいて、物表象は開かれた集合で、視覚像を代表としてまとめられるとされていました。なぜ視覚像が代表かというと、「観念」ってギリシャ語の「エイドス」とか「イデア」が示すように、目に見える視覚的なものという意味ですよね。ソシュールのシニフィアン、シニフィエの区別だって、シニフィエは「馬」とか「木」の絵図で示している。ソシュールにおいてもシニフィエは視覚優位だと考えられている。日本語の「観念」の「観」にもそれが表れているわけです。
他方、「語表象」は、聴覚像を代表とする閉集合だとされていた。音素の組み合わせは「ウマ」とか「キ」とか、「イエ」とか、有限だからです。

東　物表象は視覚的なイメージでつくられていて、分節化されておらず、それゆえ組み合わせは無限である。語表象は聴覚的な音素でつくられていて、分節化されており、組み合わせは有限である。知覚からの入力は、一次過程ではまず物表象として処理され、つぎに二次過程で語表象に変換される。フロイトはそういう段階論を考えていたということですね。

石田　そうです。これを記号論として見れば、物表象だけの一次過程ではまだ言語記号は成立していません。二次過程で前意識が働き、語表象と結びつくことではじめて言語記号が成立するわけです。そしてこのように言語記号が成立するプロセスを、意識というメタ器官が再帰的に捉え返すことで、意識的な思考活動というものが展開していくことになります。

ここで、「フロイトへの回帰」を掲げたラカンの中心命題「無意識は言語のように構造化されている」を思い出してください。ラカンの命題とは裏腹に、ここまで読み解いてきたフロイトの記号理論は、無意識は言語のようには構造化されていない、という事実、あるいは前意識こそ言語のように構造化されているという事実を突きつけています。

そこで、ラカンの命題はつぎのように変更しなければなりません。「無意識はシネマトグラフィーのように構造化されている」と。

東　言語ではなく、シネマトグラフィー、つまり映画だと。言い換えれば、無意識は映像なのだと。

石田　フロイトは、一次過程である想起痕跡系を光学的メタファーを使い「望遠鏡の異なったレンズの系が、互いに重なり合っているような具合」［★34］に喩えていました。

この第一局所論の装置は、カメラのレンズの重なりが、つぎつぎとショットを撮るように、知覚末端から入力された刺激を物表象のイメージ断片群として無意識の過程を通して記録していきます。そして、最後に、それらの無意識のプロセスが前意識系に辿り着き、物表象が語表象と結びつけられて整理されるという仕組みになっているわけです。さっきの赤ちゃんによるおっぱいの吸引の例で言うと、おっぱいの輪郭の断片、それにまつわるさまざまなノイズ、口唇的な接触、皮膚感触など、無数の断片的な感覚経験がつぎつぎとショットに撮られていく。それらの断片的な記憶群に、最後にことばが被せられる、というわけですね。「人間の心的装置は、知覚の経験から記憶の形成、言語化、そして思考のような再帰的な意識化へと、そのようなプロセスを延々と繰り返しているのではないか。

★34　『フロイト全集5』、三二六頁。

映画においては、シネマトグラフィックな映像の断片であるラッシュ・フィルムを編集して、シナリオがことばをつけることで、記録された知覚経験が分節化つまり物語化され、「合理化」されます。しかし、その合理化の「残余」として、言われざること、検閲内容、つまり抑圧されたものもまた、つねにすでに言われぬままにとどめ置かれている。これと同じようなプロセスが、人間の心のなかでも働いているのだとフロイトは考えているようなのです。精神分析のことばの実践は、患者がどんどん連想にしたがって勝手にしゃべっていくわけですが、その連想は想起痕跡を辿ってとめどなくつぎつぎと流れていく。それを精神分析家はリアルタイムで聞き取って、自分自身の「無意識」を「受話器」にして、「フォノグラフィー的な記憶力」によって完全に記憶していく。冒頭でも引用したのですが、『続・精神分析入門講義』でフロイトはそう語っています。フロイトにとって精神分析は、ライブの実演なんです。リアルタイムで言葉も連想もどんどん流れていく。だから、その場で書きとどめたりできない。このメディア的なスピードで作動する心の時間性をモデル化しようというのが、フロイトの「心の装置」の狙いなんだとぼくは思うわけです。無意識はシネマトグラフィーのように構造化されている。これこそが、「フロイトへの回帰」が教える中心命題なのです。

東　なるほど。今日の講義のテーマがようやく明確になってきました。石田さんの

「フロイトへの回帰」において戻るべき場所は、言語ではなく映像だということなんですね。ここで前回講義のメディア論ともつながってくる。

石田　そういうことです。

夢のシネマ装置

石田　さらに言えば、以上を踏まえることで、なぜ夢が映像として見られるのかがわかってくる。

東　というと?

石田　第一局所論の図との関係で言うと、ここまでの話は、図の左端の、知覚末端から入力されて、想起痕跡、無意識、前意識を経て、運動末端へといたるフローが考えられていました。それに意識の活動を書き込んだ図では、運動にいたるまでに、注意力と意識による捉え返し、というモーメントが加わっています。これは、知覚からの入力が起こっている「覚醒」の昼の活動です。

ところが、夜になって「睡眠」の状態に移行すると、心の装置の感覚器官は「知覚末端」と呼ばれていた「感覚末端」からの入力が止むことになります。体の運動は休んでいますから、運動末端への接続もオフになります。注意力も解除されるようになる。このように、睡眠に入って、感覚器官からの入力がなくなり、運動への出力もなくなると、体の内部からの欲動興奮が浮かび上がってきて、他方で、昼の覚醒では意識への通路を検閲していた前意識の監視のレベルもさがって、興奮の流れが逆流するようになる。体内からの欲動興奮をエネルギー源にして、心の装置の働きのベクトルが逆転し、「退行」を始めるのだとフロイトは説明します。それがフロイトの言う「夢の過程」です［図13］。

幻覚的な夢において発生している出来事は、次のような言い方をすることによってしか記述できない。すなわち、興奮が後ろ向きの道を取る、ということである。興奮は、装置の運動末端へと伝播する代わりに、感覚末端へと伝播して行き、とうとう知覚の系にまで達する。覚醒時において、心的過程が無意識から進行する際の方向性を前進的と呼ぶならば、われわれは夢について、退行的性格を持つと言ってよいであろう。［★35］

リュミエール兄弟の発明したカメラが撮影と投影とをともに行ったのと同じように、フロイトの心的装置もまた、感覚末端から入力された興奮が想起痕跡系、無意識、前意識、意識、運動末端へと伝播する覚醒時のプロセスとは反対に、睡眠では興奮は

★35　同書、三三二頁。

逆向きに感覚末端へと向けて退行してゆき、夢のスクリーンの上に幻覚的な投影が引き起こされるのです。フロイトの述べている「夢の過程」をかれの「心の装置」の図にもとづいて示すとすれば図13のようになります。「幻覚」（英語でいう hallucination）というのは、現実の知覚ではなくて、欲動や欲望があたかも現実であるかのごとくに感覚的に投影されることですよね。知覚末端であった感覚末端が、そのときは、幻覚の投影装置になるというわけですね。これは、あとで述べますが、「レム睡眠」のときに夢見が起こるという、現在の脳神経科学による夢のベーシックセオリーとも符合します。

東　なるほど！　いったん音素化＝記号化＝分節化された語表象が、前記号的＝映像的な物表象に強引に戻される、いわば「リバースエンジニアリング」されることで、夢のイメージが出てくるのだと。この図式は明確ですね。これに相当する脳科学の研究が出てくればほんとうにおもしろい。

それにしても、ここまで明確に書かれているのに、どうしてラカンは「無意識は言語のように構造化されている」など

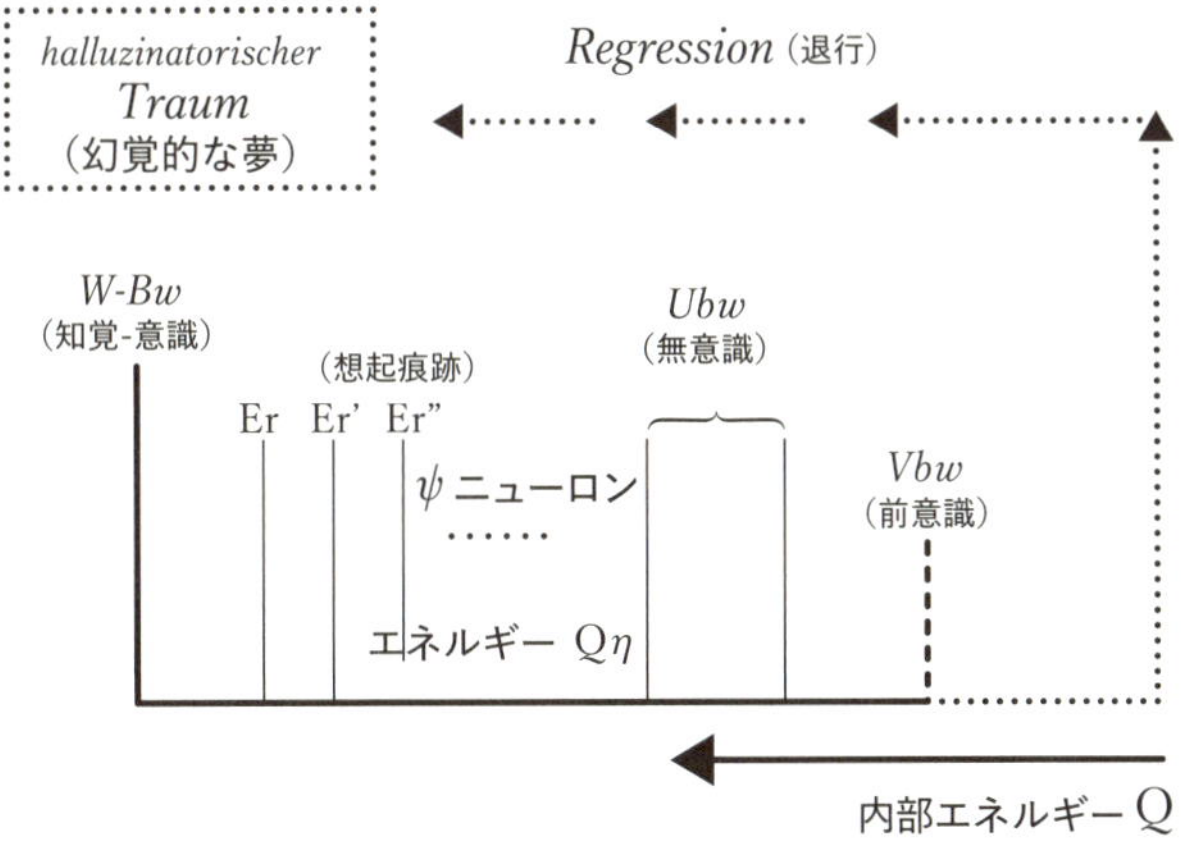

図13　「夢の過程」と〈退行〉および〈幻覚的な夢〉
図12をもとに制作

と言うことができたのか。

石田　なぜでしょうね。これを読むと、ラカンはまちがっている、と言わざるをえない。

東　明確にまちがっていますね。無意識は物表象の世界なのに、それを語表象の世界と考えていた。語表象と物表象を混同している。

石田　まちがっています。ラカンは「意識は言語によって構造化されている」あるいは「前意識は言語のように構造化されている」と言うべきだった。フロイトに聞けば、ラカンはまちがっていると言ったと思う。

ただ、ラカニアンたちがこの話を聞いたら、「ラカンの言語はそういうものじゃない」と答えると思うんですよね。じっさいにはまだ、そういう反応を受け取ったことはないんだけど。

東　たしかに。ラカン派は怖いですからね（笑）。

石田　ラカンの言語は、物表象も含んでいて、もっと広い概念なんだとかね。「ララング」［★36］とか言うと思います。

東　とはいえ、どれだけ「言語」の定義を拡大したとしても、いま石田さんが紹介したようなフロイトの論理を追うかぎり、無意識を言語的記号の集積として捉えることには無理がある。語表象と物表象の区別は、フロイトの心のモデル全体の要なのだか

★36　「ララング lalangue」とは、後期ラカンの概念で、「言語 la langue」の象徴界（サンボリック）のように、欲望の対象との分離（去勢）が成立しておらず、想像界（イマジネール）および現実界（レエール）との連続性にある「原-象徴的なもの」を指す用語。分離（去勢）の未成立を示すために、定冠詞のlaと名詞のlangueが切り離されていない母なる言語［母語 langue maternelle］を含意するlalangueという造語で表示される。Lacan, Jacques. "L'étourdit." *Autres écrits*. Paris, Seuil, 2001; Lacan, Jacques. *Encore*. Paris, Seuil, 1975など参照。（石田）

ら。フロイトは、知覚から前意識までについては、あきらかに光学系あるいは視覚系のメタファーで語っている。言語の話が出てくるのは、前意識からあとでしかない。
石田　その証拠として、フロイトはあらゆるメディアについてほとんど語っているんです。写真機についても語っているし、フォノグラフについても語っている。ところが、唯一語っていないメディアがあって、それが、シネマなんです。映画についてはまったく語っていない。これこそが、なぜフロイトにとって映画が重要なのかということを証明していると思うんですよ。
東　なるほど。それがまさに精神分析的な「否認」なのだと。自分の理論が映画をモデルにしていることがわかっていたから、逆に映画については語れなかった。

第一局所論と第二局所論

石田　さて、ここからが今日の講義の本題です。
東　え、まだ本題に入ってなかったのですか！
石田　まだまだ続きます（笑）。いま、第一局所論が孕んでいる問題についてメディアのメタファーを手掛かりに説明しましたが、こんどは第二局所論を俎上に載せて、フロイトが脳についてどのようなことを考えたかという問題を見てみます。

さきほど東さんが説明してくれましたが、一九二三年に書かれた『自我とエス』という論文で、フロイトは自我、エス、超自我からなる第二局所論というものを導入しました。一般には、第一局所論と第二局所論はまったくちがうものだと考えられています。両者のあいだには完全な断絶があるという読み方をするのが、オーソドックスなフロイトの理解です。

しかしぼくには、第一局所論と第二局所論との連続性はむしろ自明に見えます。その理由は、論文中でフロイトが図解している心の装置［図14］を見ると、第一局所論の図式と大きく変わるところがないからです。

図では、「知覚−意識 W-Bw」機能が外界との境界にあり、「前意識 Vbw」も書き込まれている。「想起痕跡」を示す点線は、「自我 Ich」のうちに名づけられることなく点線で示されています。第一局所論には「自我」はありませんでしたが、「心理学草案」ではすでに導入されていた概念です。

他方で「エス Es」も新しく導入された概念と言われますが、これは、内的興奮の審級として、グロデック［★37］の著作から名称を借り

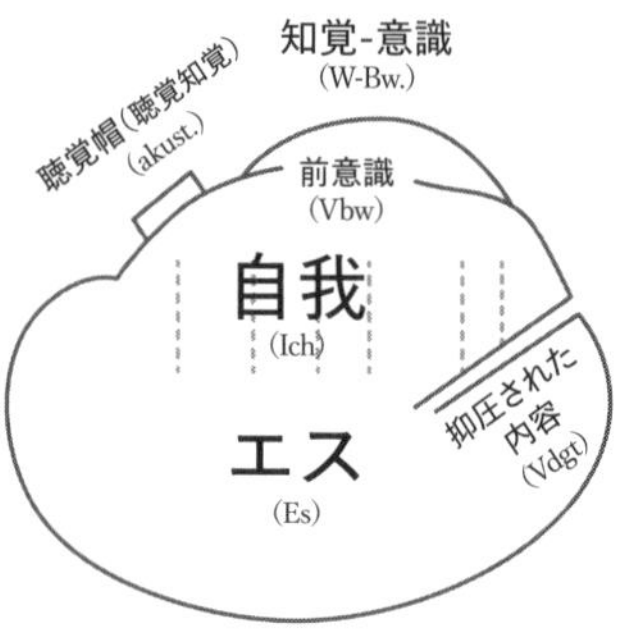

図14 『自我とエス』(1923年)で示された第二局所論の「心の装置」。https://de.wikipedia.org/wiki/Datei:Freud_topography_1923.png (Public Domain)をもとに制作
『フロイト全集18』、p.20に対応

て記入されたものです。命名こそ新しいですが、内部的な興奮をもたらす心的な力の審級は、じっさいには、すでに「心理学草案」以来概念化されていたものです。

とすると、第一局所論と異なるのは、言えないことや思い出せないこととして「抑圧された内容 Vdgt」というものが下部に書き込まれていることと、第一局所論にはあった「無意識」が書き込まれていないこと、そして後述する左上の「聴覚帽 akust.」の存在です。そうした異同はあるにせよ、対応関係を見れば、第一局所論の図式をほぼそのまま脳の輪郭の上にプロットしたと考えることができます。

もちろんこの図は第一局所論のようにフロー図として描かれていないので、「知覚‐意識 W‐Bw」のあとに「前意識 Vbw」がすぐ来るように見えますけど、外部から知覚の経験が心にどんどん入力されていって想起痕跡を残し、それが再帰的に意識にのぼったり、言語化されたり、抑圧されたりを延々と繰り返していることを示している機能図と理解してください。左から入力され右へ一回だけ出力されるというリニアな図ではなくて、何回もそのプロセスを繰り返しているのが「自我」なんだと、大脳皮質をおおまかな下図にして、心を機能的にモデル化している図なのです。ただ、「聴覚帽」だけは、第一局所論には対応物が見つからないのですね。

東　ん？　「聴覚帽」ですか？　たしかにへんな四角形が書き込まれていますね。いままでなんどもこの図を見てきたのですが、気にかけたことがありませんでした。これ

★37　ゲオルク・グロデック（一八六六‐一九三四）はドイツの医師。フロイトをはじめとする精神医学界とも交流を持ち、一九二三年に『エスの本』（岸田秀、山下公子訳、講談社学術文庫、二〇一六年）を刊行。フロイトは「エス」という語の「未知で制御できない力」という側面に着目し、この語をグロデックから借用した。

はなんだろう。

「聴覚帽」とはなにか？

石田　ふしぎでしょう。まず注意を向けたいのは、この図のかたちです。この点についてもあまり解明されていないように思いますが、フロイトの記述を読むと、この図は、人間の脳の大脳皮質の輪郭を単純化したものだと理解できます。したがって、「自我」は大脳皮質的な表面に拡がり、内部的なエスの上に浮かんでいることがわかります。

東　あ、なるほど！　これは全体が脳のかたちを示しているのですか。フロイトは、あくまでも心について唯物論的に考えていたんですね。自我が大脳のどこにあるかも考えていた……。

石田　そうなんです。そのうえで、では、自我が左脳に被っている「聴覚帽」とはなんでしょうか。フロイトはつぎのように説明しています。

　われわれがこれまで病理学からの示唆にもとづいて記述していたさまざまな区分は、その大半が、心の装置の表面に広がる——われわれが唯一知っている——諸層にかかわるものにすぎない。以上の連関は、あえて次ページの図のように素描することも可能だろう。むろんこの場合、輪郭線はあくまで叙述の便をはかるためだけのものであって、そこに特別の解釈がこめられているわけではない。もうひとつ付け加えておくと、自我は、「聴覚帽」を被っており、しかも脳解剖学によって証明されているように、それは片一方の側だけに限られている。聴覚帽は、自我のいわば斜め上に載っているのである。［★38］

「もうひとつ付け加えておくと」――フロイトがこのような言い方をするときは、重要なことが書かれていると考えて読まなければなりません。

東　スティーブ・ジョブズのようだ。ワン・モア・シング［★39］。

石田　（笑）。すこし脱線しますが、フロイトというのは抑圧がとても強いひとです。だからフロイトが述べている精神分析の理論をそのままかれ自身にあてはめると、かれがなにを考えていたのかを理解する手掛かりになります。

たとえばさきほど、「無意識はシネマトグラフィーのように構造化されている」という話をしましたが、フロイト自身はシネマについてまったく語っていない。それ以外の写真、フォノグラフといったメディアについては語っているのに、シネマだけは唯一語っていないのです。しかしそれこそが、フロイトにとって映画が重要であること

★38　『フロイト全集18』、一九―二〇頁。

★39　Apple社の共同創業者、スティーブ・ジョブズが、自社新製品のプレゼンテーションで用いていた決まり文句。プレゼンテーションの終盤に思い出したように発せられ、多くの場合このあとにその日の最大の発表がある。ジョブズによるサプライズの演出として、Apple社のプレゼンテーションを象徴する言葉となった。

を証明していると思います。
それと同じように、「もうひとつ付け加えておくと」は、たんなる付け加えなどではなく、ここにフロイトを読み解く鍵があると思って読む必要がある。つまり、脳の解剖学を持ち出して、自我は左斜め上に聴覚帽を被っていると述べている点に着目しなければならないのです。

ちなみにフロイトの図では「akust.」と略されて記されていますが、それは正確には、「聴覚帽」（原文ではHörkappe）のことを指しているのではなく、「聴覚知覚akustischen Wahrnehmung」のことを指す略語であるはずで、脳の部位としては、この「聴覚知覚akust.」を担当する中枢はヴェルニッケ野を指すと考えられます［★40］。そして「聴覚知覚」が、「前意識Vbw」系の延長線上で左脳に描かれているのは、まさに言語機能に関わっているからです。

フロイトは同じ箇所で、「脳中人」に言及しながら「身体的自我」を論じています。

> 自我とはとりわけ、身体的自我〔身体を通して自らを意識する自我〕なのであって、たんに表面に位置するものであるだけでなく、それ自体が表面の投射ともなっている。ちょうどこれにあたる解剖学上の類似物を探してみると、すぐに思い当たるぴったりのものは、解剖学者たちのいう「脳中人《ゲヒルメンヒエン》」である。それは、脳皮質のな

★40 本文には「語残渣は、本質的に聴覚による知覚akustischen Wahrnehmungenに由来する」と書かれている。『フロイト全集18』、一四頁。

かで逆立ちをして踵を上方に伸ばし後方を見ている小人で、よく知られているように左側に言語野をもっている。［★41］

　ここで言及されている「脳中人」は、ヒトの体の部位をコントロールする中枢が大脳皮質のどこにどのような密度で分布しているのかを示した、前回の講義で説明した、ペンフィールドの「脳の中の小人《ホムンクルス》」として知られている知見です［★42］。ペンフィールドは二〇世紀なかばのひとですから、フロイトはその図自体は知らなくても、当時すでに解剖学の知見として、脳中人の理論は知られていたわけです。

　そしてこの「脳中人」が、身体を通してみずからを意識する「身体的自我」の類似物だと述べています。つまりフロイトは、「身体的自我」を投影する場所として、大脳皮質の表面をモデル化していたことがわかるのです。そして、ヴェルニッケ野として「左側に言語野をもっている」ことを参考にして、聴覚帽を自我の左斜め上に被せているわけです。

「超自我」とは「聴覚帽」の内在化

石田　「聴覚帽」にこだわるのは、第二局所論の「超自我」との関係を考えてみたいか

★41　同書、二一頁。

★42　本書二七頁、第1講義図3を参照。

らです。ふしぎなことに、『自我とエス』の論文中では説明されている「超自我」が、さきほどの図14には書き込まれていません。ところが、エス・自我・超自我の三審級からなる第二局所論を解説した『続・精神分析入門講義』（一九三三年）で示される同じ図式のヴァリアントには、「超自我」が図示されると同時に、逆に、「聴覚帽」が消されています［図15］。

東　ほんとだ。消えてますね。

石田　そうなんです。東さんはむしろこっちの図を覚えていたので、聴覚帽が記憶になかったのかもしれない。ではなぜ「聴覚帽」は消され、ほぼ同じ位置に、「超自我」が装置内に内部化されて図示されるようになったのでしょうか。

答えは、超自我とは聴覚帽が内在化したものだということです。

東　なるほど！

石田　『自我とエス』のなかで、フロイトは「超自我」をエディプス・コンプレックスから説き起こしたのち、その発

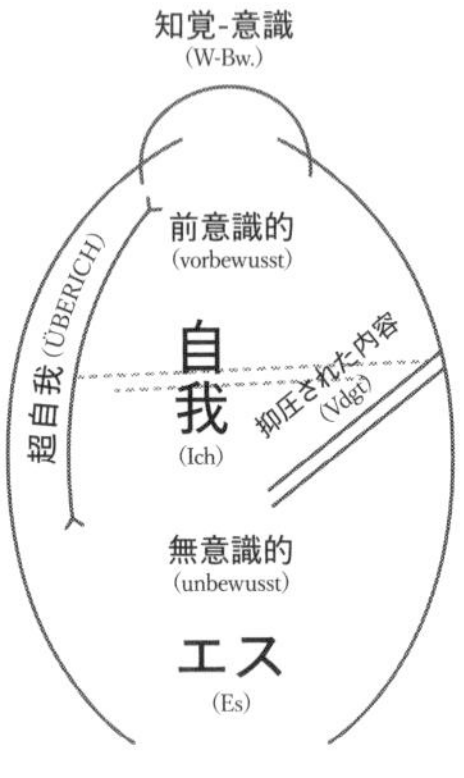

図15　『続・精神分析入門講義』（1933年）で示された第二局所論の図式。https://commons.wikimedia.org/wiki/File:Freud,_Second_topography,_1933.jpg（Public Domain）をもとに制作
『フロイト全集21』、p.103に対応

生についてつぎのように述べています。

超自我は、意識的な自我には左右されず、無意識的なエスと密接につながっているということである。さてここで、自我のなかの前意識的な諸残渣に与えておいた意義を考慮に入れるなら、次のような問いが頭をもたげてくる。すなわち、超自我は、無意識的だとするなら、そうした語表象から成り立っていないのではないか、そうでないなら、いったい何から成り立っているのか、という問いである。控え目ながら、これに対する答えはこうなるしかなかろう。つまり、超自我もまた、耳で聞かれたものから発したという自らの出自を否認できるわけではなく、じっさいそれは、自我の一部として、こうした語表象（概念、抽象概念）から生まれて意識に食い込んでいるのであるが、ただし、超自我の内容に備給エネルギーを供給しているのは、聴覚知覚や教育や読書ではなくて、エスの内部の源泉なのである、と。［★43］

『自我とエス』の内容を踏まえて敷衍しましょう。まず、超自我の発生の核には、『トーテムとタブー』［★44］で示される原父殺しの仮説があるといいます。

原始社会では、暴力的で嫉妬深い父がすべての女性を独占していて、彼女らに近づ

★43　『フロイト全集18』、五四頁。

★44　フロイト「トーテムとタブー」（門脇健訳）、『フロイト全集12　1912-13年　トーテムとタブー』、須藤訓任責任編集、岩波書店、二〇〇九年。

く息子たちは追い払われていた。息子たちは同盟を組んで父を殺してその肉を食べ、強い父になりかわりたいという願望を叶えたかのように思えました。ところがじっさいには、息子たちは強烈な罪の意識が生じたため、父親の代替であるトーテム動物の殺害と、部族内の女性との性交をみずから禁じるようになった、と。フロイトは、この原始的なタブー（近親相姦の禁止）を超自我の発生と考え、それが系統発生のプロセスでエスのなかに沈み込み、その後の人間たちの超自我にエネルギーを備給しているというわけです。

こういう原父殺しのお話は、フロイトにおいては、理論を打ち立てるためのある種のモデル神話ですから、およそ一世紀を経て、ぼくたちがそれをまったく額面通りに受け止めるようなものではありません。エディプス・コンプレックスの神話についても同じだとぼくは思います。フロイトにおけるこうした理論神話を、まったく巧妙なやり方で言語モデルに書き換え、抽象的で数理的な手続きに変換する方法を発明したのは、みなさんご存じのとおりレヴィ＝ストロースです。精神分析においては、それはラカンによって行われました。そして、その方法が「構造主義」と呼ばれたこともご存じのとおり。で、その二〇世紀後半を経て、いま、最先端の脳科学やメディア論などを援用することで、さらにもうすこしちがうように、こうした問題を考えられるようにわれわれはなるのだろうか、ということが問われていると思うのです。

東　そこで聴覚帽に注目し、さらにその背後の一次過程／二次過程のモデルに注目したいのだと。

石田　そうです。フロイトは、内在化された超自我の審級は、聴覚的な「語表象」と通底していると言います。つまり、耳で聞いた禁止や掟の歴史的な蓄積が超自我となって、自我の一部に食い込んでいるのだ、と。したがって「超自我」では、外界の声を聞き取る「聴覚帽」と、無意識のレベルでエネルギーを備給しているエスとが結びついて内在化していることになります。

東　超自我の起源に聴覚という知覚がある。言い換えれば、超自我もまた「自然の認知」にもとづいている。

　おもしろいですね。前回の講義では、文化と自然がたんに対立するものではないことが示されていました。今日のお話も、フロイトの再解釈という迂回を通りながら、同じところに向かっているように思います。超自我はふつうは、自然人としての人間の自我の上に載せられた、文化的で人工的な社会制度のことだと理解されている。つまり、自然＝自我vs.文化＝超自我という対立のなかで理解されている。けれども石田さんはフロイトを読み替えることで、その対立を解体し、自然と文化を連続性のもとで捉えようとしている。

石田　そうなんです。もっと噛みくだいて言えば、フロイトは、「超自我」という審級は、自分が聞いた言葉によってではなく、聴覚知覚を通じて文化的に遺伝してきた、「シンボリックなもの」自体が内面から命令する声として位置づけているということです。だから、個々の人間が教育や読書をしてもそれだけでは「超自我」のエネルギーにはなりえない。しかし文化的な遺伝という位相で考えれば、「聴覚帽」（言語）と無意識的なエスは深く結びついて、心的装置のなかに「超自我」を形成してきたというわけです。

東　すこし整理させてください。無意識は物表象でつくられ、意識は語表象でつくられている。超自我もまた語表象でつくられている。だとすると、超自我は意識と同じ材料でつくられながら、エネルギーだけは無意識＝エスから借りてきている。そんなふうに解釈すればいいですか。

石田　はい。だから意識にはのぼらない。ラカンが得意としたのはこのあたりの話です。かれの言う「シンボリックなもの（象徴界）」、あるいは「大文字の他者」［★45］という概念のコアになっているのは、超自我ですよね。それはフロイトでは、まず耳から入って、エスと結びついて内在化したものだということです。

東　無意識の物表象を抑圧し、自我のためだけにつくられたはずの語表象＝言葉が、発話によっていったん外界に出て、社会のなかで循環し、もういちど自分に戻ってくるようなプロセスがある。その過程のなかで、語表象が無意識からのエネルギーを得

★45　ラカンはフロイトの理論を独自に発展させ、人間の認知を「現実界 le Réel」「象徴界 le symbolique」「想像界 l'imaginaire」の三界にもとづいて分析する理論を打ち立てた。言語の秩序の世界である le symbolique はラカンの用語としては「象徴界」と訳されるが、字義通りには「シンボリック（象徴的）なもの」という訳になる。「大文字の他者」はその秩序を規定する存在で、おおよそフロイトの超自我に対応する。あわせて石田による本講義★36（一五四頁）も参照されたい。

てしまう。だから「聞く」ということが重要になる。
石田　まさにそういうことです。つまり、自分が聞いた言葉ではないけれど、文化的に伝承して積層している言葉が超自我の材料になっているというわけです。
東　個人の心だけを相手にしていたときは、無意識／前意識／意識を区別する第一局所論だけでよかった。ところが集団の心を相手にしたときには、意識がつくった語表象の無意識化というプロセスが生じるので、「超自我」という新しい概念が必要になるということですね。いや、これはたいへん明確な解釈だと思います。そして、議論もついにメディアの問題に近づいてきました。

ソシュールとフロイト

石田　では、ここまで考察してきたフロイトの「心の装置」から、ぼくたちはどのような現代的な示唆を読み込めばいいでしょうか。

その補助線としてソシュールを導入しましょう。ソシュールが現代言語学を確立したときに提唱した「ことば（パロール）の回路」という言語モデルでは、電話というメディアが決定的な役割を果たしています。

AさんとBさんが対面していて、ふたりのあいだで電話を掛け合っている。Aさんが言葉を発すると空気の波を通してBさんへと伝わり、Bさんは脳のなかでAさんから送られてきた音声記号を観念の形式と組み合わせて、記号の意味を読み取ると、こんどはBさんはAさんに向かって同じプロセスを別の方向に送り返す。このようにお互いに電話を掛け合っている関係をモデルとして、人間の言語活動を説明しようとした図式が「ことばの回路」［**図16**］です。

ここからは、図のモンタージュによる、すこしマンガ的な思考実験の試みです。

ソシュールと同時代人のフロイトは、「心の装置」に「聴覚帽」を被らせました。そのことで、フロイトもまた、電話的なコミュニケーション、つまり個人と個人のあいだのコミュニケーションについて考えることが可能になりました。そこで、ソシュールの「ことばの回路」と、フロイトの「心の装置」をつなげてモンタージュすると図17のようになります。

この場合、フロイトならば、「ことばの回路」のコミュニケーションをどう考えるでしょうか。

「心理学草案」から第二局所論までのフロイトの理論から考えれば、聴覚帽から入ってきた言葉は、「心の装置」を通して、「身体的自我」「想起痕

図16 ソシュールの「ことばの回路」
Saussure, Ferdinand de. *Cours de linguistique générale*. Paris, Payot, 1971, p27より引用
URL=https://fr.wikisource.org/wiki/Page:Saussure_-_Cours_de_linguistique_g%C3%A9n%C3%A9rale,_%C3%A9d._Bally_et_Sechehaye,_1971.djvu/28
Public Domain

跡」「抑圧」「エス」といった概念とつながり、掟やタブーのような「超自我」の無意識的深層の回路までも結びついていると考えるはずです。他方、ソシュールの水平的な「ことばの回路」のコミュニケーションの議論には、文化の深層まで降りていく理論をつくる契機は表面上は見当たりません。

東　ソシュールはあくまでも集団的な言語（ラング）について考えていた。フロイトはあくまでも個人的な心の理論について考えていた。その両者を超自我の概念をてこに組み合わせることにより、ソシュールから始まった記号論を拡張できるということですね。

石田　はい。けれどそれだけではありません。ひるがえって、二一世紀初頭の現在、フロイトが生き返ったらいまのコミュニケーション文明をどう捉えるでしょうか。

　スマートフォンのインターフェイスを通じて、電話やメッセージの交換をしているとき、ぼくたちはなにを聞き取っているか。スマートフォンのコミュニケーションは、「文化」の無意識的な深層にどういう影響を与えるのか、「超自我」はどのように変形されるのか。フロイトならば、そのような問いを発し理論を組み立てていくはずです。

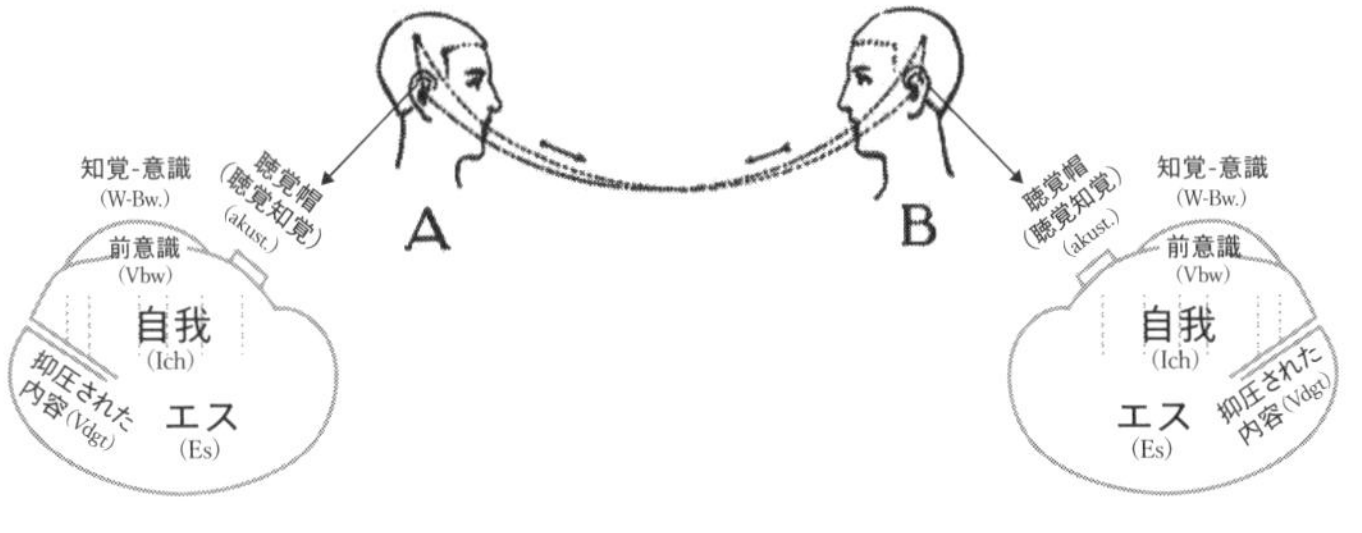

図17　ソシュールの「ことばの回路」とフロイトの「心の装置」を組み合わせたもの
石田の図をもとに制作

それをメディア・コミュニケーション論的に考えるために、ソシュールとフロイトのモンタージュの思考実験をもう一段階進めてみたいと思います。

ソシュールには、無意識や欲望や超自我の問題系はないかのようなことをいいましがた言いました。けれども、じつは、ソシュールの言語記号学には、二話者間の対話からなる間主観的コミュニケーションだけではなく、集団的なコミュニケーション、および、通時的な言語変化についての理論化の次元が含まれます。そして、ぼくは、それはソシュールにおいては、「集団脳」の問題として考えられていたのではないかと思っているのです。

さきほどの「ことばの回路」ですが、それを抽象化した図式が図18で、このcとiの矢印のところが、脳のなかの連合作用です。前回の講義でもちらと言いましたが、ソシュールの議論もまた、フロイトと同じく、従来考えられたよりもずっと同時代の脳科学の発達との関係に注目して理解する必要があるというのがぼくの立場です。ここに描かれている「聴覚像 image acoustique」「概念 concept」という語も、じつはリヒトハイムら当時の脳科学者と共有しています。

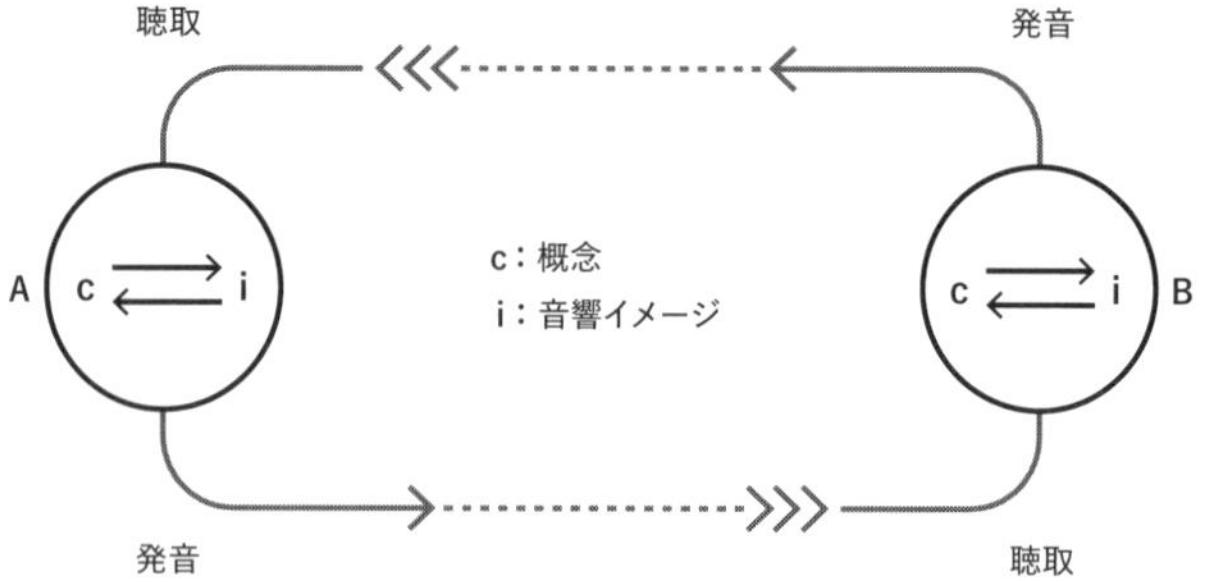

図18 ソシュールの「ことばの回路」
前掲*Cours de linguistique générale*, p28をもとに制作

「パロール（具体的な発話）」が「個人的」な行為であるのに対して、「ラング（システムとしての言語）」は「社会的」かつ「集団的」な産物である、というのがソシュールの立場です。そしてかれは、その社会性は、社会集団としての「脳」の集まりへの「心的痕跡」の記入に関わっていると考えている。それでは、なぜ社会集団が同じ共通の言語を話すようになるか。ソシュールはそれを説明するために、「言語（ラング）は、脳のみを中枢とする」とマルグリート・セシュエー［★46］の論文を引用しつつ、つぎのように書いています。

> 受動的および協調整的な作用によって、話し手たちのなかに、皆にほぼ共通であるような痕跡が形づくられる。［……］この社会的所産をどのように表象すればよいだろうか。すべての個人たちのなかに蓄えられた言葉のイメージの総体を見わたすことができるとすれば、ラングを構成する社会的な結びつきに触れることができるだろう。それはパロールの実践によって同じ一つの共同体に属する話し手たちのなかに［痕跡が］蓄えられた辞典《テザウルス》、それぞれの話し手の脳、あるいはより正確には、個人たちの集まりのそれぞれの脳の集合のなかに潜勢的に存在している文法システムである。というのも、いかなる個人においてもラングはコンプリートではなく、集団《マス》においてしか完全には存在しないものだからである。［★47］

★46　マルグリート・セシュエーはスイスの精神分析家。ソシュールの一般言語学講義の出席者でのちにフロイトのもとで精神分析を学び、精神分裂症（統合失調症）を研究。邦訳に、『分裂病の少女の手記――心理療法による分裂病の回復過程』、村上仁、平野恵訳、みすず書房、一九七一年。

★47　Saussure, Ferdinand de. *Cours de linguistique générale*. Èdition critique par Tullio de Mauro, Paris, Payot, 1972, p.30. 石田による訳。

これを説明するために、図19を見てください。これは、基本的には、ソシュールの「電話モデル」がたんに数が増殖した図です。ソシュールが描いた図になんら手を加えず、ただ組み合わせを増加させて、「脳」の審級を付け加えただけです。ソシュールは同じ言語を話す言語集団がどう生成するかということを説明しようとしたのですが、ぼくは、その「ことばの回路」を、AさんとBさんがお互いに共通の脳に書き込み合う関係として図式化しています。

AとB、BとC、CとD……という具合に、コミュニケーションすればするほど、すなわち、記号痕跡をお互いに書き込み合いすればするほど、共通の集団的な言語脳が育っていくわけです。ぼくは、ソシュールは、「ラング（システムとしての言語）」を、基本この図式で考えたのだと思うのです。社会を、お互いに書き込み合う集団脳として考えるというモデルです。そして、この理論の射程は想像以上に大きい。

東　おもしろいですね。フロイトだけでなく、ソシュールの

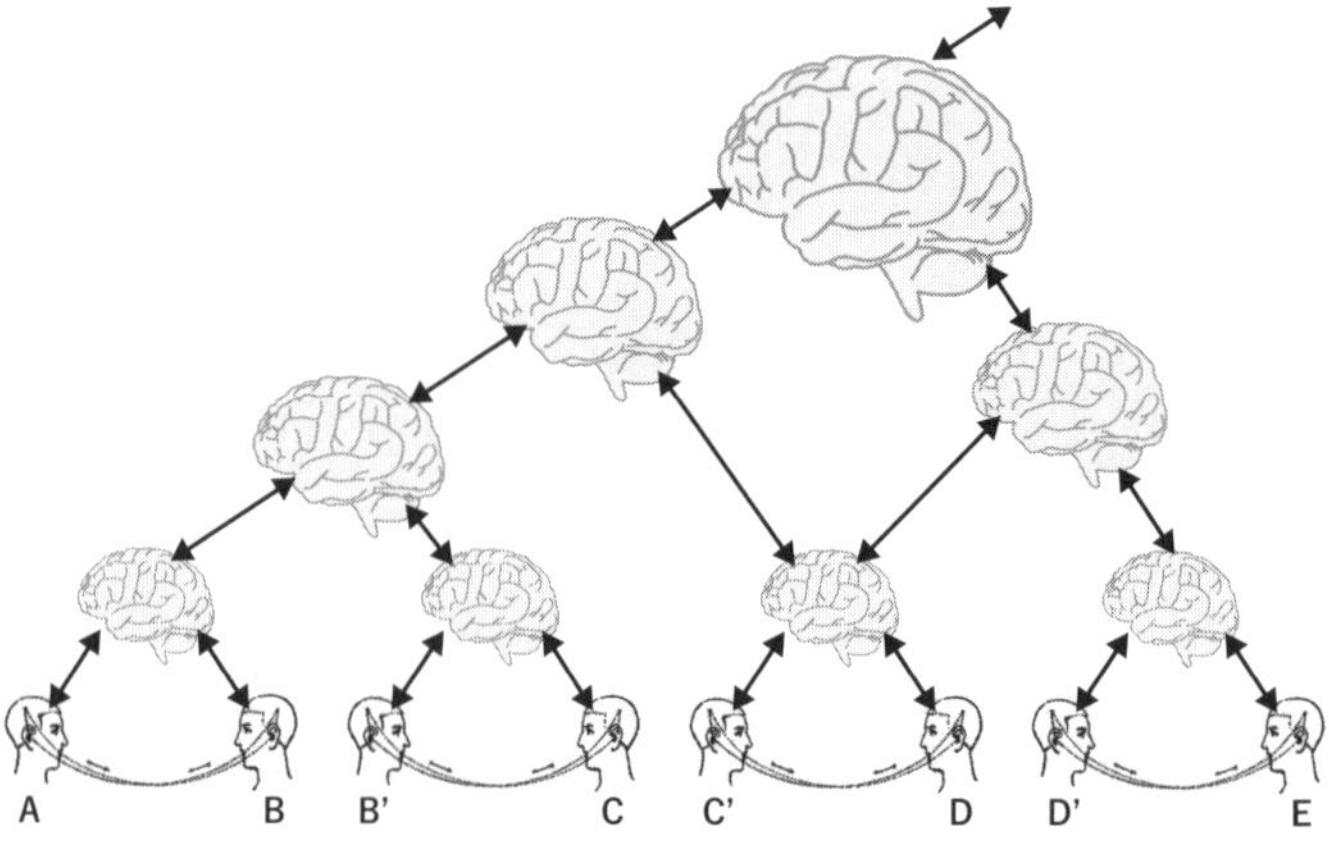

図19　集団的な言語脳の成立
石田の図をもとに制作

ほうもまた、当時の脳科学の知見と照らし合わせて再評価する必要がある……。

石田　これにさらにフロイトの「心の装置」をつなげると、どういうことがわかるでしょうか。ぼくの作図能力を超えていますから、モンタージュした図は示しませんが、要するに図17を図19に書き加えていくかんじになります。

フロイト的な心の問題を抱えた話者たちが、つぎつぎと相互にコミュニケーションの輪を拡げてゆき集団脳が成長していく、ということを考えてみてください。そうすると、どのようなことが説明できるでしょうか。

ソシュールのAさんとBさんのあいだの電話コミュニケーション・モデルは、一見、非常に合理的で透明な理想的コミュニケーションが想定されているかに見えます。しかし、このコミュニケーション・モデルの端的な含意は、「伝わることしか伝わらない」「聞こえることしか聞こえない」というそっけないものです。これは、「記号内在主義」と呼ばれ、ソシュールの出発点をなす根本的な立場です。現代言語学は、「どう聞こえたか」についての言語理論なのであって、つねにすでに（ことばが）聞こえてしまっている、聞こえることしか聞こえない、というのをコミュニケーションの基本として考えるのです。つまり、記号は聞き取られるしかない、心はそれ自身の状態に徹頭徹尾「閉じている」、心はモナド［★48］である、というのが、ソシュール的コミュニケーションの中心命題だと、ぼくは勝手に（しかし、たぶん正しく）理解しています。

★48　ライプニッツが『モナドロジー』（一七一四年）で論じた、それ以上分割できず延長を持たない、物体の最小構成単位を意味する概念。モナド同士には相互関係はない（「モナドに窓はない」）が、神による創造の際に定められた対応関係（「予定調和」）にあり、その各々が世界を映す鏡であるとされる。

東　ふたたび整理させてください。まず、ソシュールは集団的な言語＝ラングの存在を考えた。けれどみなが同じ言語を理解するのはなぜか。それは互いに同じ言葉を聞き合うことで、脳に同じ痕跡を刻み合い、脳を同じタイプのものに育てていくことによるのだと考えた。しかし、それでは、みなが「自分が聞くことができるものだけを聞く」状態のなかに閉じこもってしまうことになる。それがソシュールの理論の限界だった。この要約でよいですか。

石田　ええと、ソシュールの限界を言うのは、議論のこの段階ではまだ早いと思うのですね。

東　そうですか。

石田　というのも、むしろ、記号内在主義こそ、ソシュールが開いた可能性であるとも言えるからです。ソシュールは自分の言語学を「内的言語学」と呼んで「外的言語学」と区別した。それは、言語記号は内側からしか記述できないという立場で、いわば現象学的な態度です。

なぜそうかというと、たとえば「カメ」という言葉を例に取るとして、あることば（パロール）を耳にしたとき、聞き手の意識が /kame/ と聞き取ることによってのみ、それが「カメ」という言語記号のシニフィアンであると解釈され、「亀」の概念（シニフィエ）と結びつく。これがソシュールの立場です。日本語というラングの音韻システム

——脳にその中枢はある——がそのような聞き取りを可能にしているわけですが、聞き手には、/kame/という音韻パターンは「たんにそう聞こえた」という意識の明証性しかありません。

ところが、日本語ネイティヴが/kame/と聞き取ったその言葉を発したのが、かりに明治初期の横浜の租界で犬を散歩させていた英語ネイティヴの西洋人だったとしましょう。かれが犬に向かって「Come here!」と呼んだのが、日本語ネイティヴには「カメや!」と聞こえたとする。そしてそれ以後しばらくは、西洋犬は「カメ」に存在分類されて、日本語のラングに登録されることになった。つまり、このケースではシニフィアンが「誤配」されたわけですね。ソシュールはそういう誤配の原理を「インターコース intercourse」[★49]と呼びました。——そのように言語はうちに閉じていることによってかえって偶発的に変異していく。こういうピジン・クレオール的なお話を考えてみると、集団脳への書き込み合いによって言語脳が育つとはどういうことかすこし具体的にわかってくると思います。

この「聞こえることしか聞こえない」という言語学的法則を打ち立てたのが、「音韻論 phonology」の誕生という出来事です。それこそが、前回の講義で話したメディア革命がテクノロジックに可能にした知の転換でした。フォノグラフで録音したいろいろな発話を被験者に聞かせ調べてみることで、言語学者ははじめて、聞き手の意識に

★49 ソシュール『一般言語学講義』第Ⅳ篇 第四章「言語波の伝播」でソシュールが使った英語からの借用表現。フランス語ではない。「言語事実の伝播は、任意の習慣、たとえば流行とおなじ法則にしたがう。すべての人間大衆にあっては、二つの力がたえず同時に、そして反対方向に働いている:一方、分立精神、「縄張り根性」が、他方、人々のあいだに意思交流をつくりだす「インターコース」の力が」。(『一般言語学講義』、岩波書店、一九七二年、二八九頁)。

おける音素の聞き分けの法則を発見することができたわけです。

文字でことばを書き記している場合、聞き取れない発話を書くことはできません。ですから、音韻システムは発見されることがない。人間が聞き分けていない音響まで書き取り伝達するフォノグラフというアナログメディアが発明されてはじめて、言語が音素の聞き分けシステムであることがはっきり認識されるようになったのです。その結果、人間のコミュニケーションにおいては、意識には、「聞こえることしか聞こえない」「伝わることしか伝わらない」という原理があることがわかってしまった。それが、ソシュールの記号内在主義の功績で、ソシュールが開いた可能性だと思うわけです。「聞こえることしか聞こえない」「伝わることしか伝わらない」って、とってもニュートラルでそっけない認識ですよね。

ただ、このソシュールの電話モデルをフロイトの心的装置と結びつけると、もっといろいろなことが集団コミュニケーションの理論の射程に入ってくる。

フロイトの重要性は、第二局所論の図式に「抑圧された内容 Vdgt」が書き込まれていたことが示すように、「抑圧」とか「欲望」の次元をコミュニケーション理論にもたらしたことにあります。そうなると、理論もまた、ソシュールのように現象学的な中立性にとどまることはできず、「抑圧」の問題を問うことを求められます。つまりは、ソシュールの言う「聞こえることしか聞こえない」という命題に、フロイトの「聞きたいことしか聞こえない」という命題、およびその裏命題である「聞きたくないことこそ聞こえる」という命題が接続されるわけですね。

東　ちょっとわからなくなってしまいました。なぜフロイトを加えると裏命題が出現するのでしょうか。

石田　いい質問です。裏命題がなぜ出現するかというと、「聞きたいこと」と「聞きたくないこと」とは表裏の関係にあるからです。

すこし詳しく説明します。「聞きたいこと」「聞きたくないこと」という欲望と抑圧の問題こそ、フロイトの真骨頂です。フロイトにとって、人間というのはデフォルトでなにかを抑圧している存在です。ですから、「聞きたい」／「聞きたくない」という抑圧の基準《クライテリア》が、コミュニケーションの基本です。

ぼくたちのコミュニケーションは、基本的に「聞きたいことしか聞こえない」という構造を持っています。フロイトの図の「Vdgt」はそれを示しています。他方で、「聞きたくないことこそ聞こえる」というのは、「聞きたいこと」を聞いているときには、必ず同時に「抑圧された内容Vdgt」が聞こえているという意味です。これは精神分析では、「備給 Besetzung」と「逆備給 Gegenbesetzung」の関係と言います。前掲の図14にはVdgtが斜線でわざわざ書き込まれていました。その「抑圧された内容」に規定されて、「聞きたいこと」という欲望は形成されているのです。

つまりは、聞きたいことを聞いているときは、同時に、それだけは聞きたくないとして抑圧している内容がつきまとっていて、陰に陽に、言外に「聞こえてしまう」。すべてのコミュニケーションとはそういうものだ、なぜなら、コミュニケーションとは無意識と無意識のコミュニケーションだからだ、とフロイトは考えました。

これはなにを意味するでしょうか。ソシュールもフロイトも、ある意味では電話をモデルにコミュニケーションを考えました。コミュニケーションの発達の結果、バイアス（偏見）のコミュニケーションもまた拡がります。けれども、ソシュールのように「聞こえることしか聞こえない」「伝わることしか伝わらない」というニュートラルなコミュニケーション観にとどまるかぎりは、コミュニケーションの条件を徐々に理想化していけば、つまりは「聞こえること」「伝わること」の範囲や効率を上げていけば、コミュニケーションは透明性を高めていくことができるだろうという推論が可能です。じつは二〇世紀の言語学やコミュニケーション科学がめざしたコミュニケーションの理想化という方向は、まさにそういうものです。

ところが、フロイトは、欲望や抑圧という、ずっと厄介で深刻な次元について考えました。「聞きたいことしか聞こえない」という欲望のコミュニケーション、そして、「聞きたくないことこそ聞こえる」という抑圧のコミュニケーションです。かりにこれがデフォルトの条件だとすると、コミュニケーションの技術が発達すればするほど、それにもとづいて人々はどんどんお互いの集団脳に記号を書き込み合うような世界になっていくはずです。これが、現在のコミュニケーション文明における情動のコミュニケーションの問題だというのがぼくの見立てです。

つまりは、メディア文明が加速すればするほど、バイアスのコミュニケーションは拡がらざるをえません。それが、人々が電話を掛け合い、ラジオやテレビやインターネットでコミュニケーションし合うようになった、二〇世紀以後のコミュニケーション文明の本質ということになります。

東　なるほど。ソシュールの理論をハーバーマスのような理想的な公共的コミュニケーションのモデルとして、フロイトの理論を逆にそのようなコミュニケーションの必然的失敗のモデルとして捉えるということなのですね。とても明快な整理です。

精神分析的聴取

石田　ありがとう。いずれにせよ、このようにバイアスのコミュニケーションが必然的に拡がるようになったのが、一九〇〇年を境に急速に拡がったメディア文明であるわけです。

そして、こうなってくると、たいへん困ったことになるわけですね。じっさいやがてファシズム、ナチズム、全体主義がやってきます。

東　二一世紀のいまにも通じる問題ですね。「聞きたいことしか聞こえない」のは、まさにフィルターバブルやフェイクニュースの問題だし、「聞きたくないことこそ聞こえる」のはこんどは陰謀論や被害妄想の話でしょう。ここまでのお話は、学問的なフロイトの再解釈でありながら、とてもアクチュアルな問題につながっている。

石田　そのような拡がりをもって受け止めてくれて、嬉しく思います。そして、そこで発明されたのが、精神分析という「文明治療」なのだとぼくは思う。なぜなら、フロイトが導入したのは、「(患者に)話させて(医師が)黙って聞く」という独自のポジションだったからです。

　どういうことでしょうか。「聞きたいことしか聞こえない」「聞きたくないことこそ聞こえる」という蔓延するコミュニケーションの病を治癒するためには、いずれのコミュニケーションにも属さない、異質なポジションを発明する必要があったのです。それが、フロイトが発明した「黙って聞く」精神分析的聴取だったのだと思います。フロイトはそれも電話モデルで構想しています。

> 「精神分析治療を」定式化して言うなら、患者が伝える無意識に向けて分析家は彼自身の無意識を受容器官のように差し向け、電話の受話器が発話器にぴったりと一

致するのと同じく、彼自身を患者に合わせるのでなければならない。音波が引き起こした電話線の電気振動を受話器が再度音波に変換するように、医師の無意識も、彼に伝達された無意識の派生物から、患者の自由連想を決定したその無意識を復元することができるのである。［★50］

精神分析家は、患者が「自由連想」のままに話すことば（パロール）に対して、「平等に漂う注意」を向けると同時に、「フォノグラフ的記憶力」で、その流れを忠実に記憶するのでなければならない。フロイトはそう言っています。つまり、フロイトにおいては、患者の自由連想（連合関係）に無意識の記憶をめぐる問題が表れると考えられています。そして、分析家は、自分自身の無意識を解釈ツールとして使って、患者の記憶に関わる想起痕跡の連想作用を解読し、患者の無意識を復元するのだというのです。患者の「聞きたいこと」や「聞きたくないこと」を決定している、「主体の真理」の歴史を読み取ることができるポジションをいかに確保するか。それが精神分析という特異な「聴く技法」の発明に賭けられていました。

ぼくはそれは、コミュニケーション文明の加速によってどんどんエスのコミュニケーションのほうへと流れていこうとする人々の無意識を、いちど沈黙の壁のまえに立たせることで、歴史と記憶をつくり直させ、したがって超自我の声をも聞き取らせ

★50　フロイト「精神分析治療に際して医師が注意すべきことども」（須藤訓任訳）、『フロイト全集12』、二五二頁。訳文を一部修正。

ることで、真理の主体へと回復させようという文明的な治療の企てだったのだと思います。フロイトはほんとうに偉い先生だった、すごい教養があるひとだったからこそそういう文明的な企てを一九〇〇年というあのメディア革命の時期に立ち上げたのだな、とつくづく思うのです。

エスのあったところに自我が来なければならない

石田　このような読み解きのアクチュアルな含意も触れておきたいと思います。これはいまとなってはあきらかなのですが、マクルーハンが考えていたような「地球村（グローバル・ヴィレッジ）」［★51］は訪れませんでした。むしろ、マクルーハンとまったく同時代を生きた同じカナダ人のピアニスト、グレン・グールドが警告したとおりになっています。

グールドは、マクルーハンについてのエッセイのなかで、ロシアのことを「西欧の様式慣習にかぶれないように努める疑似ナショナリズムの世界を何世紀にもわたって生き抜く」文化的実験を行った国だと言うのですが、そのなかで『カラマーゾフの兄弟』に登場するゾシマ長老の説教のなかに、「エレクトロニクス文化をおどろくほど看破する」言葉が見つかると言ってつぎの言葉を引用しています。

★51　グローバル・ヴィレッジは、マクルーハンによって提唱されたメディア論上の概念。印刷機の発明による活字の世界（「グーテンベルクの銀河系」）のつぎに来る、ラジオやテレビをはじめとした電子メディアによって接続された世界を指す。そこでは電子的な相互依存によって、地球全体がひとつの小さな共同体（村）のように単一のアイデンティティを持つことが予想されていた。

世界が距離を克服し、さまざまの考えを大気に乗せて伝播するようになれば、世界はもっともっと一体化され、もっともっと兄弟愛に満ちた社会に結ばれると考えている人たちがいる。しかしかなしいかな、このような結合があるなどと信じてはならない。[★52]

マクルーハン的な地球村でコミュニケーションが発達しても、決して友愛のコミュニケーションにはならず、バイアスのコミュニケーションが拡がることになる。ゾシマ長老はそう警告しているとグールドは言うわけですね。このゾシマ長老の言葉って、まさに「超自我」が語っているように聞こえませんか。同時性のコミュニケーションをいちど遮断して超自我の声を聞き取らせようという、フロイトのポジションもこれに近い。

グールドは続けて書きます。

マクルーハン教授の「地球村」という概念、すなわちマクマード湾からムルマンスクまで、台湾からタコマまでが同時に応答するという考え方には不安を感じる。マクマードにいるだれかが、時代的に「波長がはずれていても」、接触がなく

★52 『グレン・グールド著作集2 パフォーマンスとメディア』、ティム・ペイジ編、野水瑞穂訳、みすず書房、一九九〇年、一六五頁。Gould, Glenn. *The Glenn Gould Reader*. Tim Page eds, New York, Knopf, 1984, p.165.

ても、モーツアルトが夢にも思わなかったような八長調を生きかえらせること
だってあるかもしれないではないか。[★53]

同時性のコミュニケーション圏から離脱して、自分自身の「波長」において自分の差異を育て、自分の創造性において個体化せよ、と言っているのだと思う。そして、このころから、グールドはコンサート活動から撤退しレコーディングのみによって演奏を公表する演奏家に変貌します。同時化し画一化する世界から隠退し、浅田彰さんの美しい表現を借用すれば、「偉大なるモグラ」となって文化の地下に沈潜することで、メディア化された世界における「寛容の劣化をたてなおす」創造戦略をかれは探ることになったのです[★54]。

東　なるほど。

石田　同様に、今日の講義の冒頭で紹介した「不思議メモ帳」からも現代的な示唆を引き出せます。

さきほども述べたように、現在のメディア化した世界においては、人間の心は、フロイトが「心の装置」のモデルを見出した「不思議メモ帳」をほぼ完成させたとも思われるあらたな情報端末を補助具として、世界の情報コミュニケーションと結びついています。他方で、フロイトの「心の装置」の理論は、脳の仕組みをモデル化した側

★53　同書。引用にあたり訳注を省略した。

★54　浅田彰「偉大なるもぐらの思い出：グレン・グールドを聴く」、『ヘルメスの音楽』、筑摩書房、一九八五年。

面を持ち、さらにそのモデル化は、「脳中人」のような「身体的自我」を介した身体との結びつきをも射程に入れています。あるいはまた、エスの審級の導入のように、自我の下に拡がる生物学的本能の内部的興奮をも理論化しようと試みています。
こうして見ると、人間の生物学的な次元、人間の技術的な補塡、それら双方にまたがって成立する幅広い「心の次元」が、フロイトのテクストには、緻密に書き込まれていたことがわかると思います。

東　なるほど！　フロイトにおいてすでに脳の問題とメディアの問題は出会っていた。それが「不思議メモ帳」の議論の本来の射程だということなのですね。

石田　そうです。そして、このことを念頭に置いたとき、フロイトの精神分析療法の目的を定式化した「エスのあったところに自我が来なければならない」という言葉は、あらたな相貌を帯びてきます。フロイトの該当箇所を引用します。

精神分析の意図するところは、言うまでもなく、自我を強化して、これをますます超自我から独立したものに仕立てあげること、自我の知覚領域を拡大し、自我の編成を拡充して、自我がエスのさまざまな部分を新たに獲得できるようにすることにあります。つまり、かつてエスがあったところに、自我を成らしめること、これなのです。

それは、たとえばゾイデル海の干拓にも似た文化事業なのです。［★55］

知覚領域の拡大や言語化によって、無意識のエスを整序し、そこに「自我」をあらしめること——フロイトは精神分析という「文化事業」について、そのように述べているわけです。

超自我については、同じ講義のなかで、「子供の超自我は、そもそも、両親ではなく両親の超自我を手本として作り上げられる」と述べられています。そこでは超自我の伝統性が強調されていますから、いろいろな読み方ができます。ふつうは、精神分析による個人の自律、「精神の自由」がテーマになっていると読まれている箇所です。

東　これはフロイトの言葉のなかでも、謎めいた命題として有名ですね。

石田　でもいままでの講義を聞いていれば、意味は明確なはずです。前回の講義でも述べたように、フロイトは、テクノロジーが文字を読み書きする「アナログメディア革命」の時代に生きた人物です。そのような時代環境のなかで、フロイトはまさに、テクノロジーの文字（メディア）と神経学（脳）を遭遇させることで「心の装置」を描き出した学者なのです。「エスのあったところに自我が来なければならない」という言葉は、エスの生物学的な次元に、技術的な補填を手掛かりとして「心」の現象（＝自我）を書き込んだ、そのようなフロイト自身の仕事について語った言葉のように思えるわ

★55　フロイト「続・精神分析入門講義」、『フロイト全集21』、一〇四頁。

けです。

以上、長くなりましたが、ここまでで今日のフロイトの話の本題は終わりということになります。

二一世紀の記号論をいかにつくるか

東 ありがとうございます。たいへん刺激的なお話でした。フロイトの読み直しという点で、じつに現代的な最先端のお話が聞けたと思います。人文学にはこんな創造性があったのかと、驚いた聴衆の方も多かったのではないでしょうか。

ここからさきはディスカッションに入りたいのですが、まずは今日の講義の要約を試みたいと思います。前回の講義では、現代記号論と情報科学の対比をアナログメディア革命とデジタルメディア革命の対比に重ねたうえで、記号論が最新の脳科学の知見を足場にさらに前進する道筋がつけられました。

それを受けて今日の講義では、そもそも記号とはなにか、そして記号と社会の関係とはどういうものなのか、原理的な話が語られたと思います。いわば、前回の内容を深めるための「石田記号論・原論」とでも言うべき内容です。そして、そこで中心に取り上げられたのはフロイトでした。

石田さんは今日、「物表象」と「語表象」、「痕跡」「聴覚帽」「超自我」といった概念を再検討することで、フロイトの一〇〇年前の洞察に、じつは二一世紀の記号論にとっておおいに参考になるところがあることを示された。そして同時に、ソシュールの思想と連結することで、いまのメディア環境を分析するうえで有益なモデルになることも示してくれました。次回はこれを受けて、いよいよ新たな記号論の輪郭が語られるのだと思います。たいへん楽しみです。

ところで、今日の講義は「不思議メモ帳」とiPadの話から始まりました。ぼくたちはいま、フロイトの心のモデルをそのまま具現化したようなデバイスを持っています。そこにフロイトの予見性があるわけですが、裏返せば、iPadを持っているぼくたちはもっと理論を進めなければならないという話でもあります。フロイトは、映画の発明というアナログメディア革命を受けて、iPadに似た心のモデルを考えた。だとすれば、ぼくたちは、デジタルメディア革命を受けて、より進んだ心のモデルを描き出さなければならない。今日の講義には、そのような呼びかけがあると感じました。

石田　まさにそのとおりです。しかも、そのiPad自体が「心の装置」の外在化ですよね。それを携行しながら生きている現代人は、自我や記憶、文化というものをどのように「心の装置」として描き出せばいいのか。フッサールもフロイトも、ぼくらにそういう問いを突きつけていると思うし、それを人文学は引き受けていかなければならないということです。

東　おっしゃるとおりだと思います。講義の最初のほうで、一九〇〇年の重要性について言及がありました。フロイトはこの年に神経生理学を捨て『夢解釈』の理論を立てた。フッサールも同じような身振りをした。まえにも言いましたが、これはすごくベタな言葉で言えば、そこで文系と理系、哲学と科学が分かれたという話でもある。そしてフロイトやフッサールはその後、文系中の文系、まさに文系的な人間理解の親玉として受容されていった。

けれども石田さんはそのふたりを、アナログメディア革命のなかで、同時代の最先端の科学的動向を睨みながら、心もしくは世界について非常に洗練された理解モデルをつくっていたひととして捉え直そうとしている。文系はバカだ、これからは理系だといった単純な話が力を持っているいま、このような「思想史の引き受け直し」はとても重要だと感じます。

石田　そのとおりです。初期フロイトが、脳の部位と言語の個々の機能を対応させる「局在説」を批判して、言語装置を仮想的な装置として捉えていたことを説明しました。フロイトやフッサールの時代というのは、そういう仮想的な思考、ヴァーチャルな思考が認識論的な優位をつくり出したし、それが二〇世紀の知を開いたこともまちがいない。

ところが文系の人文学者たちは、それにあぐらをかいてしまった。つまり、神経科学でなにが起ころうが、テクノロジーでなにが起ころうが、そんなものは自分たちが考える必要はないんだと言いだしたときに、人文科学の凋落が始まった。だとすれば、神経学者としてのフロイトをもういちど考え直すとか、フッサールがかっこに入れたものはなんだったのかを捉え返すことが、かれらをもういちど現代に呼び戻すことになると思います。

東　人文学のあらたな希望を感じます。

ライプニッツに帰れ

石田　いまの話と関連して、ぼくの考える記号論について補足しておきます。前回の講義で、アナログメディア時代の現代記号論には限界があるから、これからはバロックの記号論までさかのぼらなければならないという話をしました。そうすると、「どうやってライプニッツに戻るんですか」という質問を受けることがあります。これはまっとうな質問で、ライプニッツを読めばいまの世界がわかるかというと、そんなことはまったくないわけです。

もちろんライプニッツから読み取るべきことはたくさんある。けれども、ロックやライプニッツの議論をいまの世界にそのまま適用したら、それはフロイトやソシュールを適用するよりももっとまずいことになるに決まっている。だからほんとうは「ライプニッツに帰れ」ということの真意を説明するべきなんですが、直接ライプニッツの議論に踏み込むと、たいへんな時間と説明を要するので、ちがった角度からその説明をしておきます。

二〇世紀の思想を考えるときに、たとえばフッサールの現象学があり、そのつぎにハイデガーがある。さらにその後、フッサールはフランスの実存主義者に受容されて、サルトルとかメルロ＝ポンティへとつながっていきます。そしてメルロ＝ポンティになると、身体性に問題の中心が移る。つまり、フッサールはもともと『論理学研究』から現象学を始めたんですが、現象学の関心は、次第に身体のほうへと移っていったということです。これは、フッサール自身もそうです。

東　「生活世界」［★56］とかですね。

石田　そう。でも「生活世界」だけでフッサールの仕事を理解すると、だいじな半分が抜けてしまう。それは論理学者としてのフッサールです。フロイトが神経科学者であったことをやめなかったのと同じように、フッサールは論理学者であること、数学者であることをやめなかった。

東　重要な指摘ですね。哲学はそもそも論理学や数学にとても近い学問です。ところ

★56　フッサールの後期の著作である『ヨーロッパ諸学の危機と超越論的現象学』に見られる概念。人々がそこでさまざまな営みを行う、科学研究において前提となっている世界を意味する。中期フッサールはそのような世界を扱う「自然的態度」を退けたが、現象学的還元による議論が過度に抽象的になったことへの反省として、あらためて議論された。「生活世界」概念は以後、メルロ＝ポンティによって引き継がれ、身体的主観を軸に再検討された。

が二〇世紀になって、その一部が論理や数学から離れていく。ハイデガーのように、かぎりなく詩に近づいた表現をする哲学者がもてはやされ、メルロ＝ポンティのように、論理や記号に還元されない生々しい身体を強調する哲学者も出てくる。またそちらのほうが文学者にはウケたりする。そうやって哲学はどんどん「文系化」していった。むろん、英語圏には分析哲学があり、認知科学と近い「理系的」な哲学もあったけれど、その両者はほとんど交流なくいまにいたるわけです。

これはほんとうによくないことです。いま文系の思想や哲学が世の中で蔑視されている背景には、このような状況を放置してきたという事情がある。それを正すためには、やはり一〇〇年前の文系理系の分割の時点に戻り、一九世紀末から二〇世紀にかけての世紀転換期に哲学がどのように科学に向かい合っていたのかを再検討するほかない。これはぼく自身学生時代からずっと思っていました。

石田　いまそれはとても重要な課題だとぼくは思いますね。なぜかというと、フッサールの『論理学研究』には、「純粋論理学のためのプロレゴメナ」というイントロがあるわけです。そこには、純粋論理学をどんなふうに立て直そうかという話が書かれている。そこから、第一研究、第二研究とあって、第六研究まである。そのなかの第一研究については、デリダが『声と現象』［★57］で書いています。しかも、フッサールはもともと数学をやっていたひとで、最初の著作は『算術の哲学』［★58］です。この本

★57　ジャック・デリダ『声と現象』、林好雄訳、ちくま学芸文庫、二〇〇五年。

★58　Husserl, Edmund. *Philosophie der Arithmetik*. Halle-Saale, C.E.M. Pfeffer, 1891. 戦前の邦訳に、フッセール『算術の哲学』、寺田弥吉訳、モナス、一九三三年がある。

はどんな問題を扱っているかというと、人間はなぜアルゴリズムのようなものに思考を任せることができるのかという問いを立てていた。

東　人工知能と人間の境界が話題になるいまから振り返ると、あらためて重要な指摘ですね。

石田　だから、数とはなにか、計算とはなにかということは、一〇〇年以上前にフッサールによって問われていた。フッサールは、一九世紀末あたりに起きた数学の革命を基礎づける哲学を立ち上げようとして、それが『論理学研究』になった。最初はそういう動機だったんです。それが次第に、記号のなかでどういう区別があるのか、意味とはなにかという反省に進んでいき、「生活世界」の議論になっていく。そして最後に『ヨーロッパ諸学の危機と超越論的現象学』に辿り着いて、そのなかで「幾何学の起源」、つまり幾何学はどうして可能になったのかということを基礎づけようという仕事をする。しかもデリダは、この「幾何学の起源」に長い序文をつけるところから、現象学の脱構築を始めるわけです。

東　「『幾何学の起源』序説」［★59］は、デリダが苦手なひとにもぜひいちど覗いてみてほしいですね。最初期の論文で、とてもクリアです。

石田　そういうフッサールの歩みを見ると、人工知能やアルゴリズムのなかでどう生きるかという現代の問いは、じつはフッサールによって一八九〇年代に問われていた

★59　ジャック・デリダ「『幾何学の起源』序説」、エドムント・フッサール『幾何学の起源』、田島節夫ほか訳、青土社、二〇一四年、七－二五六頁。

問題と完全にオーバーラップしているんです。

東　さらに言うと、いまは人工知能の問題は労働の問題と関係して語られることが多いですね。人工知能が普及すると、雇用が少なくなるという話です。でもこちらも、一九世紀の時点ですでにマルクス主義が出てきているわけで、いまの人工知能に関する話はそのころに出尽くしているとも言える。一方では機械による労働の疎外があり、他方でアルゴリズムがもたらす人間性の危機がある。生活世界のなかの直観では処理できない科学的、技術的事象がどんどん生活世界に侵入していく。ほんとうなら哲学者はその侵入そのものに対峙すべきだったのに、むしろその侵入に背を向けて、詩と生活世界を守るほうに行ってしまった。

石田　その結果、さきほど東さんが言ったように、文系と理系が完全に分離していったんです。

東　そうなんです。二〇世紀前半に文系と理系で棲み分けるようになって、お互いのことは考えないことにした。哲学は科学と技術から撤退し、生き生きとした生を守る方向に向かい、他方で科学もまた哲学について考えないようにした。つまり、この命題が真であることはいかに保証されているかといった面倒な操作はいっさい考えず、ひたすら記号操作だけをして体系を拡大する方向に行った。その行き着く先は、一方は市民運動家で、他方は巨大科学です。あえて現在の状況に絡めるとすれば、これが震災後の日本で言えば「放射脳」と「御用学者」の対立ということになるわけですが、ぼくには、その状況はほとんど論理的帰結だというかんじがします。一〇〇年前の世紀転換期にフッサールたちが直面した危機に対して、なにも答えを与えられず、ただ危機から目をそらせて哲学も科学も進んできたということが、いまの状況に帰結している。

石田　そのとおりだと思います。けれども、なぜこの話を始めたかというと、生活世界の議論がダメということではなくて、記号論は論理学と生活世界や感覚的な問題の両方に行けるということを言いたかったからです。

東　それはそのとおりですね。だからこそ、記号論のアップデートにチャンスがある。

石田　そういう中途半端なポジションを持っている学問であるがゆえに、ライプニッツの企てた「普遍学」とつながるわけです。

そしてじつはフッサールが考えていたことも、ライプニッツのプロジェクトの延長にあるものでした。ライプニッツの「普遍学」や「普遍数学」を、どうやって現代的につくるかというのが、かれの論理学のプロジェクトです。ライプニッツのプロジェクトは、見えないかたちで連綿と続いている。この点でフッサールと並ぶもうひとりの巨人が、次回の講義で取り上げたいと思っているパースという人物ですが、かれも論理学者です。

そういうふうに考えてみると、フッサールにせよパースにせよ、記号学のプロジェクトはライプニッツ的なかたちで、じつは現代にも及んでいる。そういう系譜を立て直すことからしか、二一世紀の記号論はバロック記号論ともういちど結びつくことはできない。つまり、「普遍学」のプロジェクトがなんだったのかということを現代的に読み解くことからしか、記号論自体の再生はありえないんです。以上が、ぼくが「ライプニッツに帰れ」という意味です。

デジタル時代の夢と権力――「夢の危機」と「夢見る権利」

石田　さて、今日はここまで徹底して「文系」的というか、哲学的な話でしたが、最後にすこし脳科学の話もしたいと思います。
東　やはりもうひとつ話題があるのですね（笑）。楽しみです。
石田　いまなぜ「フロイトへの回帰」なのか。その具体的な問題として「夢」というテーマを取り上げましょう。
フロイトは一九〇〇年に『夢解釈』を書きましたが、それから一世紀を経て、いまデジタル時代になって「夢」の解読がアクチュアリティを持ってきています。そこで、夢のテクノロジー化がどのような問題を突きつけているのかを考えてみたい。というのも、ぼくはじつは、「夢とはなにか」をもういちど考えないと、いまの世界の問題は解けないと思っているんです。夢の問題を通じて、フロイトの重要性が浮かび上がってくる。そういう構図でお話しします。

東　夢のテクノロジー化ですか。

石田　はい。近年、しばしば議論に挙がる本に、アメリカの文化学者ジョナサン・クレーリーの『24/7　眠らない社会』〔★60〕があります。アメリカ軍で行われている、眠らずに活動しつづけるための訓練の描写から始まる本書は、二一世紀は二四時間×七日の資本主義になりつつある、つまり資本主義が「眠り」の領域まで侵食していることに警鐘を鳴らすものです。その意味で、現代は「夢見る権利」が危機に晒されている時代です。

ナオミ・クラインの『ショック・ドクトリン』〔★61〕もまた、睡眠を破壊する「拷問」のテクノロジーの開発の話から始まっています。カナダの大学で行われたショック療法の研究です。「昼と夜」の区別をズタズタにすることで、昼夜の「交替」が廃絶されて、「ホワイトアウト」の世界が訪れる。そうして人格が「初期化」される。眠りの時間を与えない体制は、破壊的なテクノロジーによってドライブされる可能性があるわけです。

他方で、テクノロジーの発達によって、「スリープ・モード」で待機しているコン

★60　ジョナサン・クレーリー『24/7——眠らない社会』、岡田温司監訳、石谷治寛訳、NTT出版、二〇一五年。

★61　ナオミ・クライン『ショック・ドクトリン——惨事便乗型資本主義の正体を暴く』、幾島幸子、村上由見子訳、岩波書店、二〇一一年。

ピュータマシンにヒトの眠りの活動が接続され、夢がスキャンされ解読されるということも起きつつあります。たとえば、日本の国際電気通信基礎技術研究所（ATR）内の研究グループは、睡眠中のヒトの脳活動パターンから見ている夢の内容をあるていど解読することに成功し、『サイエンス』誌のオンライン版にも掲載されています。研究室のホームページには、その概要がつぎのように紹介されています。

この研究では、機能的磁気共鳴画像（functional magnetic resonance imaging, fMRI）装置を用いて睡眠中の脳活動を計測し、被験者を覚醒させ直前の夢の内容を言葉で報告させる手続きを繰り返しました。一般的な物体（「本」、「クルマ」等、約20の物体カテゴリー）の有無を脳活動パターンから予測するパターン認識アルゴリズムを構築し、睡眠中の脳活動を解析することで、夢に現れる物体を高い精度で解読することができました。また、夢内容の予測には、実際に画像を見ている時に活動する脳部位のパターンが有効であることから、夢を見ている時にも、画像を見ている時と共通する脳活動パターンが生じていることが分かりました。［★62］

つまり、夢の内容を被験者に報告させ、それと脳の波形のパターンとマッチングさせるわけですね。そして、そのデータをためていくと、脳活動のパターンから、女の

★62 「睡眠中の脳活動パターンから見ている夢の内容の解読に成功」URL=https://bicr.atr.jp/dni/research/睡眠中の脳活動パターンから見ている夢の内容の/

顔が見えたとか、ビルが見えたとか、クルマが見えたといったことがわかるという。

東　寝ているひとの夢をリアルタイムで解読しているのですか？

石田　厳密に言えばリアルタイムに「解読」ではないですね。レム睡眠のときにヒトは（動物も）夢を見るということはわかっているので、そこで被験者を起こして、つぎつぎとデータをためていくという方法を取っているみたいです。データを蓄積するとかなり予測可能になるという結果が出ている。だから厳密に言えばリアルタイムで「予測」あるいは「推測」していることになる。かれらの研究はユーチューブでも確認できます。

東　うーむ！　こんな研究がされているとは驚きです。これはどのような応用が想定されているのでしょう。

石田　いま見たように、ぼくたちの社会はますます眠らなくなると同時に、眠っているあいだすら、マシンと常時接続して夢が解読されるようなところまで進んできている。それは、ドゥルーズ的なコントロール社会［★63］を超えたハイパー・コントロールな社会というものが、技術的な射程に入っていることを意味します。

さらに数年前には、グーグルによって、人工知能に夢を見させる「ディープ・ドリーム」のプロジェクトが話題になりました。イギリスの『ガーディアン』紙は、このプロジェクトを「そう、アンドロイドは電気羊の夢を見るのだ Yes, androids do dream

★63　ドゥルーズは晩年の「管理と生成変化」「追伸──管理社会について」（『記号と事件』、宮林寛訳、河出文庫、二〇〇七年）において、フーコーが『監獄の誕生』（一九七五年）で論じた「規律訓練型社会」（人々が訓練によって規律を内面化した社会）に代わり、「管理社会」が到来しつつあると指摘した。規律訓練型社会が規律訓練（ディシプリン）によって人々の内面をつくり替えるのに対し、コントロール社会ではあらゆるものがデータ化され、それにもとづく環境の操作によって内面とは無関係に人々が管理される。

of electric sheep」という見出しで報じています［★64］。これはＡＩに映像を与えると、夢をジェネレート（生成）するというものです。

東　『アンドロイドは電気羊の夢を見るか？』はフィリップ・Ｋ・ディックの有名な小説のタイトルですが、ディックもこのような夢にはうんざりかもしれませんね。

石田　これらはまだどれも萌芽的な取り組みです。けれども、いずれ機械学習させて、ビッグデータを蓄積するという話になるでしょう。そうすれば精度がどんどん上がっていきます。だから、夢のデコーディングが社会に実装される可能性は非常に高い。夢を「解読する」つまり「書き取る」ことができるようになれば、夢を見させたり、人工的に書き換えるプロジェクトが当然進んでいくでしょう。夢のなかにコマーシャルを流すようなことさえ、夢ではないかもしれない。

東　夢の読み取りは、プライバシーの究極の侵害とも言えます。

石田　ハイパーコントロール社会においては、こんな夢を見たからおまえを逮捕するということだってないとは言いきれません。

東　たしかに、性犯罪の常習者などではありうるのかもしれません。たとえば夢のなかで子どもに性犯罪を行う願望が見られたら、逮捕はしないまでも関係機関に通報し、要注意人物に指定するといったことです。これからの時代だと、世論もそのような処置に肯定的である可能性があります。性犯罪の前科がある人間は、定期的に夢判

★64　https://www.theguardian.com/technology/2015/jun/18/google-image-recognition-neural-network-androids-dream-electric-sheep

断機関みたいなところに送り込まれるというのも現実的かもしれません。二〇世紀生まれの人間としては断固抵抗したいところですが、そのような状況はいまの人権では想定されていないでしょう。

石田　だとすれば、「夢の危機」に対して、「夢見る権利」を人権に書き込むことを真剣に議論することさえ必要かもしれない。ハイパーコントロール社会では、ハーバーマスの言う「生活世界の植民地化」[★65]やフーコーの「生政治」[★66]が、眠りと夢という領域のなかにまで食い込んでくるわけだから。

フロイトは「夢とは願望充足である」と言いましたが、テクノロジーによる夢の解釈が人間による解釈に取って代わられる状況を、フロイトならどう考えるでしょうか。決してフロイト主義者ではないぼくが、それでも「フロイトへの回帰」を主張しているのは、「夢」の解釈をめぐる認識論的なせめぎ合いが、これから拡がっていくだろうと予測しているからです。

夢と現実の決定不可能性

東　なるほど。無意識の可視化があらたな技術により可能になるなかで、今後は「無意識の欲望に対する責任」といった問題が発生してくるだろうということですね。た

★65　ユルゲン・ハーバーマスは、政治や経済といった社会的「システム」によって人々の私的な生活（「生活世界」）が植民地化されていることを批判し、システムとは異なる、コミュニケーションにもとづいた公共性の必要を論じた。

★66　「生政治 biopolitique」はフーコーが晩年に論じた概念のひとつ。『性の歴史Ｉ　知への意志』（一九七六年）の終盤に登場し、同時期のコレージュ・ド・フランスの講義の中心となった。近代以前の権力が殺すこと＝死によって機能していたのに対し、近代における生政治では、人口を安定的に維持・拡大し、人々を生きさせる権力（＝生権力）が機能しているとされる。のち、ジョルジョ・アガンベンやアントニオ・ネグリらの思想に引き継がれた。

しかにそんな問題はフロイトは考えもしていなかっただろうし、現代哲学に照らしてもぱっと回答は思いつきません。そもそも責任の問題系と、無意識や欲望といった問題系は結びつきにくい気がします。すこし調べてみたいところです。

石田　そのときに人文学者としては、夢についてこれまでどんなことが問われたのかということを考えなければならないわけです。たとえば、フーコーの最初の仕事は「ビンスワンガーの『夢と実存』への序論」だよね。これは、ビンスワンガーの『夢と実存』という現存在分析の本にフーコーが序論をつけたもので、ぼくが日本語に訳しました[★67]。

フロイトが『夢解釈』でいまのフロイトになったのと同じように、フーコーがいまのフーコーになったのは、『狂気の歴史』からだと一般的には考えられています。だから、そのあとの人文学者は、「狂気とはなにか」「監獄とはなにか」「権力とはなにか」「性とはなにか」といった問題を、フーコーに倣って考えてきました。

でも、フーコーはそれよりまえに、「ビンスワンガーの『夢と実存』への序論」を世に問うています。二〇世紀にフーコーが立てた知と権力とテクノロジーの問題は、デジタル時代にはさらに強い強度で問われる必要があります。そのときに、フーコーの最初の著作がヒントになるかもしれない。「夢と権力」「夢と資本主義」というあらたな問題設定をする力が、いま人文学者に求められているわけです。

★67　ミシェル・フーコー「ビンスワンガー『夢と実存』への序論」(石田英敬訳)、『ミシェル・フーコー思考集成I　狂気・精神分析・精神医学』、蓮實重彥、渡辺守章監修、筑摩書房、一九九八年、七七－一四八頁。

東　フロイトと同じく、フーコーも読み直す必要があると。フーコーは、その著作以外では夢について語っていないんですか。

石田　『性の歴史Ⅲ　自己への配慮』〔★68〕で、ギリシャにおけるアルテミドロスの夢占いの話をしています。これはフーコーの最後の本ですよね。つまりフーコーの仕事は「夢と実存」で始まり、「夢占い」で終えられている。フーコーってそういうひとなんです。

東　おもしろい。そういうふうにフーコーを見たことはありませんでした。

石田　夢の問いというのは、ある意味で、意識や心の問題よりむずかしい。だって、夢の「エビデンス」はどこにあるのかと考えると、非常にむずかしいでしょう。最近の人工知能論のような「機械は心を持てるか」といった問題は、すべて意識をベースにして考えられています。つまり、いまあなたがどういう意識を持っているかという問いを立てれば、心についての答えが見つかるだろうと考えている。これは、現在、「意識していること」がエビデンスになるからです。でも、夢にはそういう明証性はない。

東　デカルト的な意味での明証性がない。夢には「いまここ」の経験が欠けている。

石田　そう。その場合、たとえばドリームデコーディングが発達したときに、「あなたが見た夢はこれでしょう?」と人工知能が言ったら……。

★68　ミシェル・フーコー『性の歴史Ⅲ　自己への配慮』、田村俶訳、新潮社、一九八七年。

東　反論可能性はないですね。なにを示されても、そうかもしれないという気持ちになる。

石田　同時に、それは実証可能でもない。いま見ている夢ではないから。

東　なるほど。これはまたおもしろい問題ですね。「いまここ」の明証性がないところでの責任……。デカルト的明証性といえば、フッサールは夢についてなにか語っているんですか。

石田　たぶん多くは語っていないけれど、「像意識」とか「想像力」との関連で扱ってはいる。かれはフロイトにはすごい興味を持っているんです［★69］。

東　「過去把持」や「現前性」の概念を展開するうえで、本来なら夢の話は考えるべきものだったはずですね。たいへん刺激的です。ぼくもいままで夢について考えたことがありませんでした。デリダはどうだったかしら。

石田　デリダ・フーコー論争［★70］では、デカルトの『省察』に出てくる夢のステータスが問題になっています。深入りはしませんが、これは、真理のステータスやエビデンスとはなにかということについての論争なんですね。まず『狂気の歴史』のフーコーは、デカルト的な理性は狂気を排除することで成り立つと主張しました。それに対して、狂気と夢との差とはなにか、そんなにきれいに狂気と理性の分割線は引けますかとデリダはかれらしくねちねちと批判しました。それが最初の論争なのですが、

★69　フッサールの現象学ではもっぱら覚醒した意識が考察の対象となる。そのために夢が考察の中心となることは稀である。とはいえ、想像、像意識をテーマとするフッサール全集の巻（*Phantasie, Bildbewusstsein, Erinnerung. Zur Phänomenologie der Anschaulichen Vergegenwärtigungen. Texte aus dem Nachlass*（1898 - 1925）. Husserliana,Band XXIII, Den Haag, Martinus Nijhoff, 1980.『想像、像意識、想起』未邦訳）では、夢における意識の現在がどのような成り立ちをもつのかという「準 - 現前化」に関する考察を随所で読むことができる。夢の問題を発展させたのはフィンクやビンスワンガーら、フッサールの弟子たちの世代である。
　他方、フロイトとフッサールの間には、一九世紀末のウィーン大学で同じようにブレンターノの講義に出席

さらに一〇年後にフーコーが、じつはおれも夢についていては一家言があってねえ、夢と狂気はデカルトにおいてぜんぜんちがうのだよ、というような具合に激辛の反論を加えるという、けっこう泥仕合的な論争です。お互い勝手なことを言い合い、どっちが勝ったというようなことはない。まあ、すべての論争はそんなものでしょうが。

夢の解読はすばらしい研究だし、ぼくもすごく興味を持っています。でもそのつぎに控えているのは、デリダ・フーコー論争で問われていたような夢のステータスであり、真理のステータスという問題です。夢と現実の境はどこにあるのか。夢と現実の決定不可能性とはなにか。

夢は昼の覚醒の世界から不在となった状態で経験し、そして覚醒してから思い出す、というのがこれまでの人類の生活だったわけですよね。つまりは、夢については、それについて忘却したり思い出したり、解釈したりということが、意識の現前性ではなくて、不在から出発して行われる存在だったわけです。だからこそ、人々は夢の意味を幾通りにも解釈したり、忘却したり思い出したりすることができた。夢の解釈は実存の重要な領域を占めてきたわけです。

ところが、マシンが本人の目覚めよりまえに夢をデコーディングし、起きたとたんに夢内容の「エビデンス」を突きつけるようになると、夢内容の遅延とか決定不可能性とかという本質的に解釈学的な次元が消えてしまう。人間は、想像力の本質的な原

し、同じ一九〇〇年を刊行年としてそれぞれ『夢解釈』と『論理学研究』を出版して独自の境地を開き、一方は無意識の問題、他方は意識の問題を究めていったという興味深い平行関係がある。相互の仕事への参照は刊行物について皆無だが、近年のフッサール研究では、想像や像意識のほか、欲動や情動、自我の受動総合に関して、フッサールがフロイトの仕事を念頭に執筆を続けていたことが明らかにされつつある。（石田）

★70　デリダ・フーコー論争とは、デリダの「コギトと狂気の歴史」（『エクリチュールと差異』、合田正人ほか訳、法政大学出版局、二〇一三年、六一‐一二三頁）に端を発する論争のことを指す。デリダはフーコーの『狂気の歴史』における、デカルトの「コギト」が狂気を排除していたとする解釈

動力としての夢の決定不可能性を喪失しますよね。

東　だとすると、人文学はいまのうちに夢の哲学的地位を確定させる必要がある。そうでないと、文学や芸術の領域が本質的に奪われることになる。

石田　そうなんです。だから、これからは、あらためて「夢の文化」を再考する必要に迫られるはずです。根本美作子さんの『眠りと文学』［★71］が源氏物語や谷崎潤一郎を扱いながら述べているように、人間が夢について育んできた文化では、夢と現《うつつ》の区別が不確かで決定不可能な状態を見出すことはむずかしくありません。こうした夢の文化というものから夢の機能を見直すことも、人文知のだいじな役割でしょう。

東　フロイトの再読から、ずいぶん遠くまで来ました。

石田　いや、これこそがまさにフロイト的問題なんですよ。そしてまた前回の講義でも見たような古代人の記号とも関係している。

　フランスの著名な神経科医ミッシェル・ジュヴェが発見したレム睡眠もまた、夢と現という問題系と接続しています。レム睡眠の「レム REM」は、「Rapid Eye Movement（急速眼球運動）」から取ったもので、レム睡眠のあいだは、運動中枢はオフになっていますが、眼球は忙しく動きつづけ、脳も覚醒状態にあります。そして、さきほど言いましたように、夢はレム睡眠時に見ることがわかっています。

　図20は、ラスコーの洞窟に描かれている、有名な鳥男の絵です。この形象がなにを

を誤りとして批判。フーコーは『狂気の歴史』再版に際して反論「私の身体、この紙、この炉」（増田一夫訳、『フーコー・コレクション3』、ちくま学芸文庫、二〇〇六年、三九一‐四四四頁）を加え、両者は長きにわたって決裂することとなる。

★71　根本美作子『眠りと文学――プルースト、カフカ、谷崎は何を描いたか』、中公新書、二〇〇四年。

意味しているのかは大きな謎とされていますが、ジュヴェはこれをレム睡眠の夢として読み解いています。レム睡眠中には勃起することが知られていて、鳥男も勃起しています。したがってこの絵は、クロマニョン人が空を飛ぶ夢を見ているというのです。レム睡眠はまた、眠っているのに脳は覚醒状態にあることから「パラドキシカル・スリープ」とも呼ばれます。つまり、覚醒と睡眠、脳と体、現前と不在、意識と無意識が複雑に捻れて幻覚が起こる状態です。

ここでこそフロイトの問題が回帰します。フロイトは、今日も講義で見たように、最初は神経学的な知見をベースにして、テクノロジックに心の装置をモデル化しようとしていました。しかし、それに続いた夢解釈、そして精神分析の歩みは、まさに人生の意味の決定不可能性とともにあったのではないでしょうか。先述した「無意識はシネマトグラフィーのように構造化されている」という命題を思い出してください。フロイトの心的装置においては、ひとが睡眠に入ると、興奮が運動性と切り離され、感覚末端（知覚）へと向けて「退行」することで、幻覚的な夢の像の投影が引き起こされることになっていました。フロイトのそのような「夢の過程」の理論は、まさにレム睡眠を

図20　ラスコーの洞窟に描かれた鳥男の絵（左）
https://commons.wikimedia.org/wiki/File:Lascaux_01.jpg
Public Domain

説明しているかのようです。

以上のうえで最後に結論を言えば、ぼくには、意識を問うよりも夢を問うほうが、人間の根本的な条件が逆にあぶり出されてくるはずだという予感があります。それは「人工知能とはなにか」を問うこととも深く通底しているはずです。

といったところで、今回もさすがに時間かな？

東 はい、時間です。このやりとりも二回目ですね（笑）。続きは次回に回させてください。

いずれにせよ、今回もまた、「最後にすこし」とおっしゃりながら、最後の最後に、とても大きく、刺激的な課題が投げられました。デカルト的明証性ではなく、フロイト的幻覚から考える主体の理論。無意識への責任やエビデンスなき意識。あまりに新しい問題で、聞き手の立場を忘れ思わず考えこんでしまいました。

この連続講義は「記号論と脳科学の新しい展開」がテーマですが、それは決して「古い記号論が新しい脳科学によってアップデートする」という単純な話ではありません、むしろ、新しい脳科学が、さらに新しくなるために、いったん古い記号論や精神分析に戻ってパラダイムを根本から問い直すという作業でもある。今日は、そのためにフロイトの精密な読み直しが行われました。最初はフロイトをいまさら読むのになんの意味があるのかと訝しんでいた聴衆のみなさんも、そんな「行きつ戻りつ」の学問の魅力を堪能し、最後には納得していただけたかと思います。

次回はいよいよ最終講義ということで、いまから楽しみです。今日も四時間を超える講義となりましたが、長時間ありがとうございました。

第3講義

書き込みの体制《アウフシュライベジステーム》2000

2017年11月24日

東　いよいよ最終講義です。前回から半年ほど時間が空いてしまいましたが、会場の熱気は変わっていません。今日も多くの方に来ていただきました。

石田　しかし、ふしぎだなあ。こんな話がほんとうにおもしろいのかしら。聴衆のみなさんも、これだけ時間が空くと前回の話は忘れてしまったのでは。

東　いえいえ。最近は哲学ブームと言われていますが、やはり、ここまで本格的かつアカデミックに、古い思想家の読み直しをアクチュアルな状況論や科学的知見につなげる講義はめずらしいのだと思います。半年時間が空きましたが、映像も公開されていますので、みなさんきっと復習はばっちりなことでしょう（笑）。今日はついに、来たるべき石田記号論の構想を聞けるということで、ぼくも楽しみにしています。

石田　そのつもりですが、そこまで行けるかどうか……。とりあえず、今日の講義は三章構成でつくってきました。

東　三章構成！　雑談は抜きにして、すぐに始めたほうがよさそうですね。それではよろしくお願いいたします。

フロイトの洞察をアップデートする

石田　さて、第1講義でも言ったように、記号論やメディア論は「文字学」の問題であるというのがぼくの理論的な立場です。

　ドイツのメディア哲学者フリードリヒ・キットラーは、メディアとは「書き込みシステム《アウフシュライベジステーム》」だと言います。かれの著書に『書き込みシステム 1800/1900』［★1］という一九世紀から二〇世紀にかけてのメディア環境の変遷を分析したものがありますが、現在はその分析とも異なった、「書き込みシステム 2000」とでも言うべきものが現れた時代になっています。すなわち、一方に脳神経科学の勃興があり、他方に、メディア・テクノロジーの発達がある。その界面で、iPad のようなデジタルメディアが人間の心や脳と連動している状況をどのように考えればいいか。その手掛かりとして、前回はフロイトを取り上げました。

　フロイトは、ヒトの心が「メディアのかたち／脳のかたち」をしていることを見抜いていました。「心の装置」は脳神経系の回路からなり、信号化された「文字」が書き

★1　Kittler, Friedrich. *Aufschreibesysteme 1800/1900*. München, Wilhelm Fink, 1985. 英訳は *Discourse Networks 1800/1900*. California, Stanford University Press, 1990.

込みと転写を行っている。ぼくたちはその洞察を、さらにアップデートしなければならない。それがこの最終講義の目標となります。

今日の講義では、つぎの三つのテーマについて考えていきます。

1　情動と身体──スベテが「伝わる」とき　スピノザのほうへ
2　記号と論理──スベテが「データ」になるとき　パース／フッサールのほうへ
3　模倣と感染──スベテが「ネットワーク」になるとき　タルド／ドゥルーズ＝ガタリのほうへ

サブタイトルを総合すると、講義の狙いがよくわかるはずです。すなわち、すべてがデータとなりネットワーク化されたとき、なにが伝わっているのか。そのような見通しで、三つのテーマについて整理していきたいと思います。

1 情動と身体——スベテが「伝わる」とき　スピノザのほうへ

フロイトとスピノザ

石田　では、最初のテーマ「情動と身体」に入りましょう。これは、フロイトとスピノザをどういうふうにつなげるのかという話です。このテーマは、最近、世界的にもホットな話題になっています。

フロイトというひとは、自分が大切だと思っていることにはあまり言及しないんですね。前回の講義でも、フロイトがシネマトグラフについてはなにも語っていない、だからこそそれはフロイトにとって非常に重要な問題だったという話をしました。スピノザについても同じです。フロイトはスピノザについてあまり多くを語っていない。それゆえにスピノザは重要なんです。

現在、フロイトがスピノザについて言及している書簡は三通あると言われています。そのなかでもいちばんまとまったことを言っている一節は、つぎのようなものです。

スピノザの学説への私の依拠（Meine Abhängigkeit von den Lehren Spinozas）については進んでお認めしましょう。彼の名前をわざわざ直接に引用しなかったのは、私の諸前提を彼自身の研究からではなく彼によって醸し出される雰囲気（Atmosphäre）から引き出したからなのです。［……］。［……］快の本質についての唯一の有益なものを、私はフェヒナーにおいて見出したのです。［★2］

東　短い言及ですが、ここからはなにが読み取れるのでしょう。

石田　フロイトには、一九二〇年に書いた「快感原則の彼岸」という有名な論文があります。この「快感原則」あるいは「快原則」という概念は、引用に出てくる一九世紀ドイツの精神物理学者グスタフ・フェヒナーから大きな影響を受けています。さらにフェヒナー自身はスピノザの影響を受けているひとで、かれはスピノザについてかなり勉強していたし、書いていた。フロイトは文化的な教養が高かったから、当時の人的交流のなかでスピノザについても十分触れる機会がありました。だから、直接読むことはなかったけれど、間接的にスピノザの影響を認めることはやぶさかではないということをフロイトは手紙で言っているんです。

★2　Hessing, Siegfried. "Freud et Spinoza." *Revue Philosophique de la France et de l'Étranger*, t.167, no.2, 1977, pp.165-180. 訳文は、河村厚「フロイトとスピノザ（Ⅰ）」（『關西大學法學論集』第六四巻一号、二〇一四年）四 - 五頁に訳出された、「フロイトのスピノザ書簡①（フロイトからビッケルへ、1931年6月28日付）」による。引用文中「フェヒナーFechner」が「フェフィナー」と記されているが誤植と思われるので修正した。（石田）

ちなみにこの引用をしているスピノザ書簡については、その翻訳とともに、関西大学の河村厚さんの紀要論文「フロイトとスピノザ（I）」に詳しく書かれています。この論文は、国立情報学研究所のサイトからだれでも読むことができます［★3］。

引用では省略しましたが、フロイトはニーチェについても語っている。ニーチェの思想も、自分と近いように感じたから「ニーチェの研究を差し控えた」と言っているんですね。つまり、フロイトは、スピノザとニーチェをある種の同じ文脈のなかで連想していることがここから読み取れるわけです。

フロイトとスピノザという話題としては、フランスのガリマール書店という主要な出版社から、二〇一六年に『フロイト - スピノザ　往復書簡　1676 - 1938』という本が出ています［★4］。一六七六年と一九三八年——二五〇年を経てフロイトとスピノザが書簡を往復した。もちろんそういうフィクションです。しかし、フィクションの形式を取った厳密な両者の関係の研究書でもある。

フロイトには、晩年の一九二〇年代から三〇年代に、ロマン・ロランと非常に近しくやりとりが続いた時期があります。『幻想の未来』や『文化の中の居心地悪さ』などの文化論の著作を発表しているころです。また、ロマン・ロランがスピノザに傾倒し、その影響を強く受けていたことはよく知られています。

この『往復書簡』を取り寄せて読みましたが、まずはロランが、『人間モーセと一神

★3　同論文は『関西大学学術レポジトリ』にて公開されており、国立情報学研究所が提供する論文検索サービス「CiNii」（URL = https://ci.nii.ac.jp/）からだれでもアクセスすることができる。「フロイトとスピノザ（I）」URL = https://kuir.jm.kansai-u.ac.jp/dspace/handle/10112/8856（二〇一八年一二月一三日アクセス）

★4　Juffé, Michel. *Sigmund Freud - Benedictus de Spinoza: Correspondance 1676-1938*. Paris, Gallimard, 2016.

教』を書いていたフロイトにスピノザを読むことをすすめたという歴史的事実から出発するんです。スピノザは、ユダヤ人でありながらモーセがトーラー［★5］の筆記者であることを否定したり、人格神を否定したりしています。スピノザのそういう点に興味を持ったフロイトが、『神学・政治論』を読んでさらに興味を深め、二五〇年前のスピノザに手紙を出すという設定なわけです。受け取ったスピノザもまたその返信を書いて、最晩年のふたりのあいだに、自然や宗教や理性に関する一六通の往復書簡が始まる。この本は、フロイトの書簡や精神分析の代表的著作を集めた「無意識の認識(Connaissance de l'Inconscient)」叢書というれっきとした精神分析シリーズから出ています。それくらい、スピノザとフロイトのつながりはいま注目されつつあるということです。

東　そんなおもしろそうな本が出版されているのですね！　それは知らなかった。フランスの現代思想もまだまだ健在ですね。

ダマシオ『スピノザを探して』

石田　では、この講義でフロイトとスピノザに着目するのはなぜか。それはフロイトの「エス」の問題に関わっています。前回の講義で述べたように、「エス」とは、第二

★5　英語でTorah。ユダヤ教の聖書（タナハ）における最初の「モーセ五書」のこと。ユダヤ教ではモーセが筆記したと伝えられている。（石田）

局所論で導入された身体的な欲動や興奮のエネルギーがわきあがってくる審級です。そして、このエスについての考察を深めることと、フロイトをスピノザにつなげることは、同じ道を行くことになるだろうとぼくは考えているわけです。

東 すこし補足します。エスは第2講義でも出てきましたが、けっこう厄介な概念ですよね。フロイトと並んで有名な精神分析家にカール・グスタフ・ユングがいますが、かれは「集合的無意識」という概念を提示している。つまり、無意識の記憶（アーキタイプ）は個人を超えてつながっていると言う。これはエスに近い概念なのですが、真に受けるとオカルトになります。エスの解釈にはつねにそういう危険性があって、そういうオカルト化からどうやってフロイトを守るかという問題意識が二〇世紀にはある。

ぼくはアマチュア読者にすぎませんが、二〇世紀の思想家は、じつはそのためにこそ無意識の概念を身体やイメージから切り離し、言語をモデルに考える必要があったんじゃないかと思っています。オカルト化の危険を避けるためにこそ、ラカンは「無意識は言語のように構造化されている」と言わざるをえなかった。言語は、ぼくたちが集団的に共有しているものでありながら、決してオカルト的な存在じゃない。イメージが個体を超えて共有されていると言うとオカルトになるけど、言語をモデルに使えば、無意識の集合性について安全に語ることができる。言い換えれば、ユングのオカルト化の魔力に対抗できる。

いずれにせよ、エスの概念は、扱いをまちがえると精神分析を科学から脱落させ、オカルトにしてしまうとても危険な概念です。

石田　そうなんです。フロイトが提起したエスの問題を、二一世紀の今日的な理論レベルでどう受け止めるべきなのか。そのエスがなぜスピノザにつながるのか。スピノザにつなげるといったいなにが見えてくるのか。

前回話した「フロイトへの回帰」は、一方では、フロイトをメディア・テクノロジー問題との界面で読み直すという、フロイトの「メディア論化」の試みであると同時に、他方では、神経学者としてのフロイトを復権させようという、フロイトの「再ニューロサイエンス化」の企てでもありました。

今日の講義では、それを発展させて、フロイトの「スピノザ化」へとさらに一歩進みたいのです。なぜなら、二一世紀のコミュニケーションを考えるためには、フロイトが定式化した無意識の成立条件を一定ていど書き換えるべきと思うからです。フロイトの無意識は、ややもすると、「無意識は個人的で表象的で言語的なものだ」という前提のうえに理解されてきたと思うのですが、その前提を覆して、「無意識は集団的で情動的でメディア的なものだ」という別の定式に書き換えたいというのがここでの狙いです。そうすることで、情動の記号論、症候や感染のメディア論といった今日的な視点が浮かび上がると考えるからです。

東　なるほど！　その狙いは明確ですね。
石田　ただし、フロイトとスピノザには二五〇年の隔たりがある。そこで、フロイトとスピノザをつなぐための媒介として、アントニオ・R・ダマシオというポルトガル出身の脳科学者の議論を紹介したいと思います。
東　おもしろい。フロイトとスピノザをつなぐだけだと精神分析を神学化＝オカルト化しているように見えるので、脳科学で媒介するということですか。
石田　そう言ってもいいかもしれません。かれの著作に、『スピノザを探して *Looking for Spinoza*』（邦題『感じる脳』）という本があります。この本には、「ダマシオの樹 Damasio's Tree」と呼ばれるようになった図が載っています［図1］。［★6］
　そこには「感情とは、ホメオスタシス調節の他のすべてのレベルが心的に表出したものである」というキャプションが添えられています。このキャプションからわかるように、この図は、ダマシオの考える「ホメオスタシス機構」、つまり生物の自動的な生命調節機構を説明したものです。代謝調節、基本的反射、免疫反応といった幹のおもとから、苦と快の行動（接近反応や退避反応）、動因と動機（欲求と欲望）、情動、感情

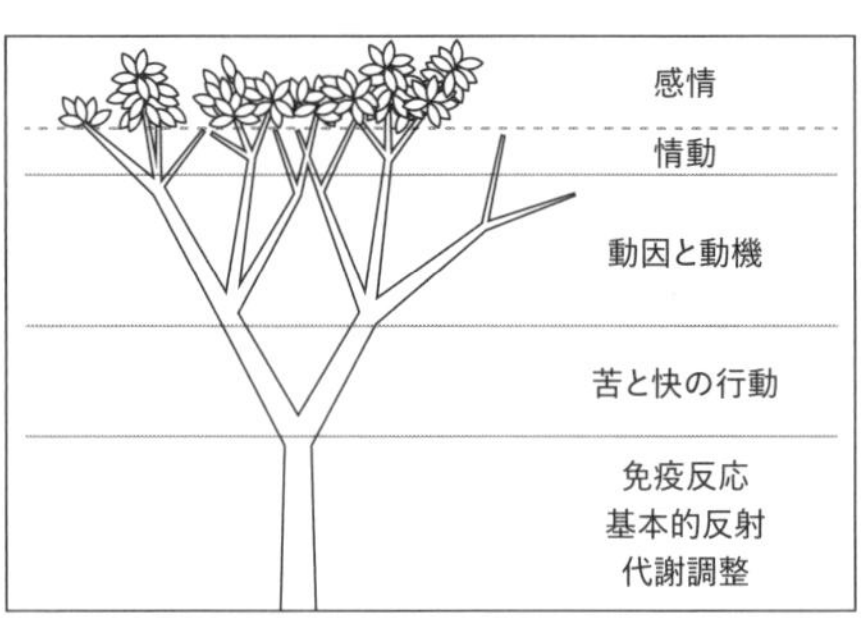

図1　ダマシオの樹
アントニオ・R・ダマシオ『感じる脳——情動と感情の脳科学　よみがえるスピノザ』、田中三彦訳、ダイヤモンド社、2005年、p.63をもとに制作

★6　図のなかのダマシオの樹の最上位のレベル「感情」は、邦訳では「狭義の情動」と訳されているが正確ではない。おそらく同書のひとつまえの「図2・1」と混同したと思われる。そのために図がキャプション

というかたちで、生命の調節は複雑化して枝分かれして高度化していく。そういうことを示している。

ここで注目したいのは、「情動 emotions」と「感情 feelings」のあいだに切れ目があるということです。ダマシオは、「情動は身体という劇場で演じられ、感情は心という劇場で演じられる」と述べ、ここに身体と心の区別を見ています。

東　emotionとfeelingを区別するのですね。情動はあくまでも身体の反応で、感情はそれを心のなかに位置づけて出てくるものなのだと。おもしろいですね。

石田　だから「ダマシオの樹」では、幹から情動までは、身体的なホメオスタシス調節になっていて、「感情とは、ホメオスタシス調節の他のすべてのレベルが心的に表出したものである」というわかりやすい言い方をするわけです。免疫反応から情動までは、生命維持機能が安定しているか不安定かを察知して自動調整されるものである。それがいわば「なんとなくだるい」とか「なんかうきうきする」というような背景的気分としてモニタリングされて、感情として心に表れるという順序ですね。

フロイトとダマシオ

石田　このダマシオの樹に、フロイトの心の装置を突き合わせてみると、非常によく

の説明と対応しなくなっている。そこで、原典に戻って文言を訂正しキャプションとの対応を回復した。この図で「感情」と訳した語は、英語版ではfeelings、フランス語版ではsentimentsである。Damasio, Antonio. *Looking for Spinoza: Joy, Sorrow, and the Feeling Brain*. London, William Heinemann, 2003, p.37 Figure 2.2; Damasio, Antonio. *Spinoza avait raison: joie et tristesse, le cerveau des émotions*. Paris, Odile Jacob, 2003, p.44 Figure 2.2を参照。（石田）

似た構図が現れてくる。それは大きく三点あります。

一点目は、フロイトの情動や欲動という問題です。ダマシオの「情動／感情」という区別にフロイトを重ねるとどうなるか。まったく同じではないけれど、近似的には「情動／感情」は、「エス／自我」という区別に対応します。

他方、フロイトは情動をどのように考えていたのか。フロイトの用語では、情動はAffekt、英語で言うaffectですが、ラプランシュとポンタリスの『精神分析用語辞典』では、情動はつぎのように説明されています。

ドイツ心理学用語より精神分析に採用された語であり、苦痛なものであれ快適なものであれ、曖昧なものであれ明確なものであれ、激発的なかたちであらわれるものであれ漠然とした雰囲気としてあらわれるものであれ、あらゆる感情状態を意味する。フロイトによれば、すべての欲動は情動と表象の二つの領域で表現される。情動は欲動エネルギーとその変化物の量の質的表現である。［★7］

この引用では、欲動が情動と表象のふたつの領域で表現されると、微妙な言い方をしています。そこで同じ事典から、欲動の項目も引いておきましょう。

★7　ジャン・ラプランシュ、J－B・ポンタリス『精神分析用語辞典』、村上仁監訳、みすず書房、一九七七年、二三二－二三三頁。

人の心を駆り立てる心迫に存在している力動過程（エネルギー充填、運動要因）のことであって、この過程が有機体をある目標へ向って努力させている。フロイトによれば欲動の源泉は身体刺激（緊張状態）であり、欲動の目標はその源泉を支配する緊張状態を解消することにある。欲動がその目標に到達するのは、対象においてか、あるいは対象をとおしてである。［★8］

★8　同書、四六七頁。

フロイトにおいても、身体と心の境目は大きな問題でした。どこまでが本能で、どこからが表象化される欲望なのか。この切れ目のところには、情動と欲動という概念が関わっている。そういうことが、このふたつの引用からわかると思います。

東　混乱する聴衆の方もいると思うので、すこし整理しておきます。「欲動 Trieb, drive」は、二回目の講義でも一瞬だけ出てきたのですが、フロイトに親しんでいないひとにとっては、ちょっと耳慣れない言葉かもしれません。

ぼくの理解では、この言葉は、フロイトが流体力学的なモデルで考えた、人間の心的なエネルギーを指す概念です。つまり、フロイトは、欲動がニューロンのなかを流れ、行ったり来たりすることによってひとの心が動くと考えた。だから、この概念は、ある解釈をすれば神経生理学的な概念になるし、別の捉え方をすれば言語学的、記号学的な概念にもなる。だから、それは両者をつなぐ概念として捉えるべきだ、というのが石田さんのお話ですね。
欲動は、一方では脳科学的な概念だけど、他方では記号論的な概念である。このことを精神分析の言葉で表現すると、「すべての欲動は情動と表象の二つの領域で表現される」となる。欲動は、身体を流れるエネルギーでありながら、記号や表象を生み出すものでもある。

石田　そう。ダマシオが設定する情動と感情の境目は、フロイトでは情動と表象の境目に対応していて、欲動がそのあいだを行き来しているわけです。

東　身体と記号の境界を考える思想家として、フロイトとダマシオを並べて読んでみるということですね。

石田　それだけではありません。フロイトとダマシオの類似性は三点あると言いました。二点目として、フロイトもまたホメオスタシス的な発想をとっている。前回の講義でも見たとおり、フロイトは一貫してエネルギー則を使ってモデルを組み立てています。「心理学草案」以来、生命のあり方をエネルギーの調整から説明するわけです。
そして三点目が「心身平行説」です。心身平行説は、平凡社の『世界大百科事典』（第二版）ではつぎのように説明されています。

精神と身体、心的事象と物的事象という二つの系列は相互に平行し対応するが、因果的に一方が他方に影響するのではないとする立場。物的事象はあくまで他の物的事象とのみ、心的事象は他の心的事象とのみ因果連関をなし、両系列の間には相互作用はないとみなす。〈平行論 Parallelismus〉という用語はフェヒナーのころから用いられたが、哲学史上、平行論の立場をとったのはまず17世紀の機会原因論者である。彼らは物心二元論に立ち、物心対応の真の原因を神に帰した。すなわち、刺激に対して感覚が、意志の発動に対して身体運動が起こるとき、刺激や意志は神が感覚や身体運動を生じさせる機会原因にすぎないと考えた。スピノザは、思惟と延長を同一の実体（神）の二つの表現にすぎないとみる一元論の立場から、心身の平行を主張した。フェヒナーはスピノザの思想を心理学の領域に移し、汎心論の立場から平行論を唱え、精神物理学を創始した。心身平行論はシュライエルマハーやショーペンハウアーにも見られる。［★9］

ここにあるように、心身平行説はスピノザ以来連綿と続く思想的立場で、心の事象と身体の事象は同じ事柄を別々に表現したものであり、ふたつは平行しているという考え方です。そしてダマシオもフロイトも、スピノザに始まる心身平行説を継承しているんです。フロイトの場合、書誌学的には一八九一年の『失語症の理解にむけて』あたりから、心身平行説に依拠した理論をつくりあげてきています。

★9 「心身平行論」（項目執筆者＝竹内良知）、『改訂新版 世界大百科事典』第一四巻、平凡社、二〇〇七年、三五九頁。

東　これもすこし補足したほうがいいかもしれません。
　心と身体の関係を考える場合、心が身体を規定しているという考え方と、身体が心を規定しているという考え方がありえます。近代科学のパラダイムだと、基本的に身体が心を規定していることになっている。特定の脳内物質が足りないので鬱になるという考え方ですね。他方、「病は気から」というように、心が身体を規定しているという考え方もある。ふつうはこのどちらかなのですが、けれどもじつは第三の立場として、哲学の世界では、身体は身体の論理で動いていて、心も心の論理で動いていて、両者に直接の因果関係はないのだけど、たまたま関係して見えるのだという考え方が昔からあるのですね。それが心身平行説で、スピノザ、フロイト、ダマシオに共通して見られるというわけです。
石田　おっしゃったとおりです。さきほど引用した事典の文章のなかに、「スピノザは、思惟と延長を同一の実体（神）の二つの表現にすぎないとみる一元論の立場から、心身の平行を主張した」という一節がありました。ここは踏み込むと複雑な議論になるけれど、たとえばデカルトは心身二元論の哲学を打ち立てて、それに対する批判としてスピノザの一元論がある。事典ではさらに、フェヒナーについても触れられています。フェヒナーは、じつはスピノザの思想の延長で精神物理学を開始していた。そして、さきほども紹介したように、フロイトはこのフェヒナーから大きな影響を受けている。スピノザからフェヒナーへ、フェヒナーからフロイトへという、そういう思想の流れがある。

　このように、ダマシオとフロイトを突き合わせると、非常に重なるところが多い。さらに、もうひとつ補助線を引いておきます。

東　まだあるのですか。

石田　はい。このダマシオの樹と、今日このあとで詳しくお話しする「記号の正逆ピラミッド」、そして前回「不思議メモ帳」をモデルとして示したフロイトの「心の装置」モデルを重ねたイメージ図をつくってみます［図2］。

　このイメージ図は、現代の情報テクノロジーによってネットワーク化された人間集団の身体と心の問題を考えるためのものです。

　ダマシオの樹は、フロイトの心の装置と同じく、身体と心の関係を示そうとする模式図ですね。ダマシオの図（図中下）もフロイトの図（図右下）も、じつは、厳密に言えば、個人としての心身の関係を表しているとも、集団

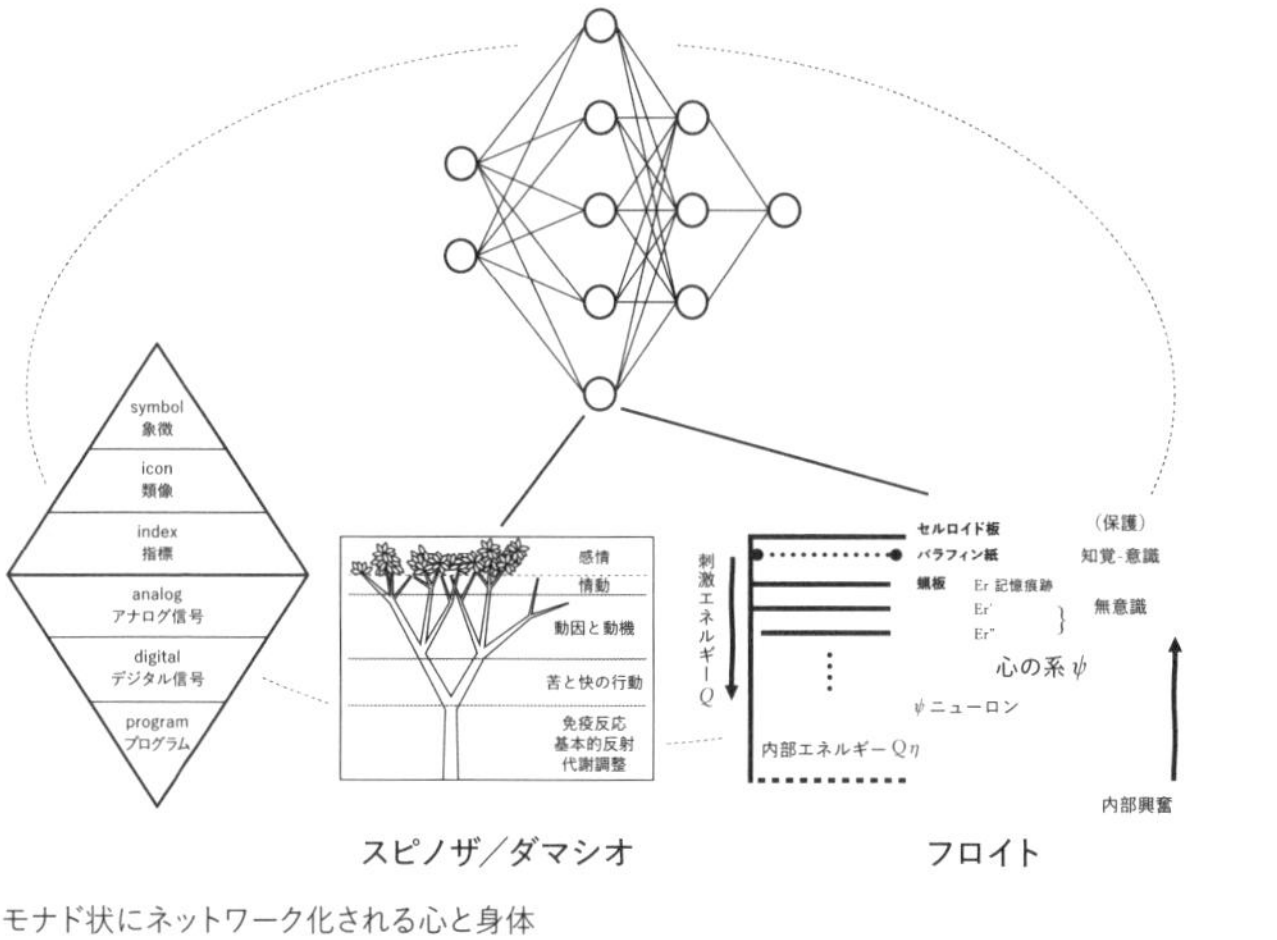

図2　モナド状にネットワーク化される心と身体
個人としてのモナドはメディア・インターフェイスの「記号の正逆ピラミッド」をとおして技術的にネットワーク化されている。個人としての心と身体は、フロイトの「心の装置」や「ダマシオの樹」の構造をもちながらメディア端末をとおして社会的に集団化されている

としての心身の関係を表しているとも、どちらとも取ることができるものです。でも、通常は、個人における身体と心をモデル化していると理解されている。

東　なるほど。

石田　まずは個人のモデル化から説明します。ダマシオの樹は、かれの言う「情動」以下の部分の活動が、脳の深い部分つまり脳幹を通り、さらに脊髄以下の神経系へと向かい、人間の心の活動が身体のホメオスタシス機構と結びついていることを示すものです。繰り返しますが、「感情」は心の動きですが、「情動」以下は身体の動きであり、生命のホメオスタシスの原理にしたがって自律調整しているというのがダマシオの考えです。

つまり、心は心で自律的に動いていて、喜んだり悲しんだり、意志の自由を拡げたり狭めたりしている。心も身体も同じホメオスタシスのシステムだが、平行してばらばらに動く。ただし、心の劇場と身体の劇場の境目は、感情／情動の区別にあたるというのが、ダマシオの樹が意味していることです。

他方、フロイトの心の装置は、前回の講義で第二局所論が大脳皮質を下図にしていることを見たように、まだ脳のかなり上位の活動（表象や意識）を基本にして考えられています。ただ、エスの部分（あるいは、第一局所論で言えば「運動末端」へと開かれていた部分）を通して、情動や本能という身体の奥深い次元へと通じる可能性もある。それがぼくがこの連続講義で提示したいフロイト像です。
前回かなりマニアックにフロイトの局所論の読み解きを行いましたが、ひとつ補足しておきます。第二局所論の一九二三年の図［★10］で、エスの下が開いていますが、そこはフロイトとしては、心の装置が大脳皮質からさらに下の神経系へ開かれていることを示す意図で、わざわざ開けたのだと思います［★11］。つまり、心の装置はエスを通して身体の次元へと開かれている。ここでダマシオとフロイトは重なるわけです。
ここまではよいでしょうか。

東　はい。聴衆もついてきていると思います。よい復習になりました。

集団としての心身の関係

石田　けれども、ぼくが今回提起したいのは、ダマシオの樹もフロイトの心の装置も、現在のＩＴ化したコミュニケーション状況では、メディア装置を通してネットワークに接続されて集団に結びついて成立しているという問題です。

東　それが「集団としての心身の関係」の図ということですね。

石田　そうです。そしてそれはまたメディア・インターフェイスの問題でもあります。現在のメディア・テクノロジーは、ますます身体の部分でヒトと接触するように

★10　第2講義一六二頁図15を参照。

★11　ここにもフロイトの出版に関わる問題が介在している。ドイツ語全集（Gesammelte Werke XV, S.85f）では印刷の都合により便宜的に横向きに図式が印刷されてしまっており、日本語岩波全集（『フロイト全集21』、一〇三頁）もそれを踏襲して印刷している。しかし、フロイトの意図は大脳皮質にマッピングされた心の装置が身体の神経系のほうへと開かれていることを示そうとしたもので、縦向きにするのが正しい。この図の作図過程については、Grubrich-Simitisの草稿研究から解明されている。以下の文献を参照。Grubrich-Simitis, Ilse. *Zurück zu Freuds Texten: Stumme Dokumente sprechen machen*. Berlin, S. Fischer, 1993, S.201f.（石田）

なってきている。インターフェイスは、リアルタイムになり、インタラクティブになり、タッチパネルのように接触型になり、VRのように身体全体が没入し……というように、すべてが身体に、あるいは、身体で伝わるようにどんどん変わってきています。

そして、他方、センシング技術の発達によって、あらゆる人間の活動の痕跡は、リアルタイムで丸取りされてデータ化され、人間の生活世界はすべてがデータになるような環境になってきています。だから、さきほど冒頭で言ったように、「すべてがデータとなりネットワーク化されたとき、なにが伝わるのか」というのがここで問題になってきます。フロイトの「心の装置」や「ダマシオの樹」が、デジタル・ネットワーク化された環境に置かれたとき、心と身体のなにがどのように伝わるものとして解釈できるのか、ということを考えてみたいわけです。

東　フロイトとダマシオが解明した脳の問題を、メディア論へつなげるということですね。

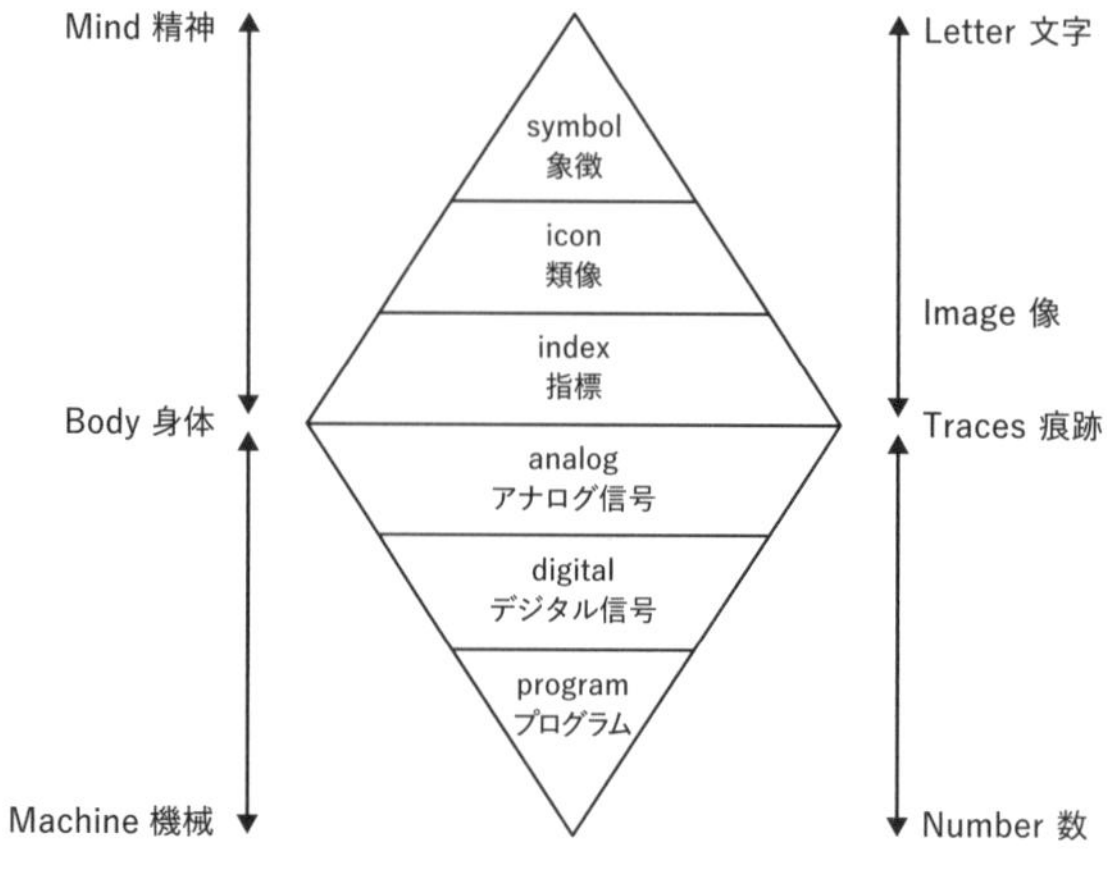

図3　記号の正逆ピラミッド

石田　まさにそのとおり。そこで、このような条件における、メディア・コミュニケーションの問題系を記入するのが、これからお話しするメディア・インターフェイスとしての「記号の正逆ピラミッド」の図式です。この図についてはのちほど詳しく説明しますが、ここでも基礎的なことを紹介しておきます［図3］。

東　あ、ようやく出てきました！　ぼくはこの図がたいへん好きなんです。今日の講義はなかなかハードですが、聴衆のみなさんにも、せめてこの図だけは記憶して帰っていただきたいと思っています。

石田　ほかも記憶してくれないと悲しいけれどね（笑）。

記号過程と情報処理の組み合わせ

石田　ぼくの記号論では、基本的に、メディアとは記号をやりとりするコミュニケーションだと考えます。

そのメディアのテクノロジーは、最初の講義で話したように、文字や絵や図という記号をやりとりする段階から、フォノグラフや映画などの音響や映像によるアナログメディア記号、あるいは触覚をふくめた接触の経験そのものをVRのようにやりとりする段階にまで進化してきました。そういう前提のもと、メディアによって可能になる記号活動——「記号過程《セミオーシス》」と呼びます——を三つに分類して整理するのが、この図の上半分「記号の正ピラミッド」です。ここはパースの記号論の枠組みを借りています。パースについては、あとで詳しく紹介します。

東　インデックス、アイコン、シンボルというこの三つが、パースの概念なんですよね。

石田　それもあとで説明するから、慌てないで（笑）。

いずれにせよ、これも最初の講義で説明したことですが、たとえばぼくの記号論では、クロマニョン人が「手」＝技術で動物の「像」＝イメージを洞窟の「壁面」＝メディアに描いたときに、「絵」という記号が生まれたと考えます。このように発想するので、石田記号論では、記号論はいつもメディア・テクノロジーと表裏の関係にあります。

とりわけ、現代のメディア生活を考えるうえで、メディア・テクノロジーについての考察は必須です。最初の講義で「テクノロジーの文字」と「技術的無意識」の関係について話したように、現在のメディア・テクノロジーは、人間の無意識に働きかけることで意識や感覚までも生み出すようになっている。二〇世紀以後の人間の意識生活は、メディア・テクノロジーに全面的に媒介されて成立するものになったわけです。

そこで、この「社会における記号の生活」（ソシュール）を支えるメディア・テクノロジーを図式化したのが、図の下半分「記号の逆ピラミッド」ということになります。

メディアがどんどん人間の活動の痕跡をデータとして記録するようになった。それがデジタル信号に変換されて、コンピュータにより計算されるようになった。これが「情報処理」のプロセスです。二〇世紀のふたつのメディア革命を通して、人間の「記号過程《セミオーシス》」を、情報処理が支える構造が組み上がった。記号過程と情報処理の組み合わせが、ともに普遍的なメディア圏のなかで営まれるようになったと考えるわけです。

東　ぼくが最初にこの図を見たときに、感銘を受けたのがまさにその点でした。一般に記号学といえば人間にとっての記号を扱うものなのに、石田さんの図式では、人間にとっての記号と機械＝コンピュータにとっての記号が平等に扱われている。言い換えれば、人間と機械が、記号を媒介＝メディアとしてコミュニケーションするような世界が考えられている。簡潔ながらも、二一世紀の新たな記号論の出発にふさわしい重要な図式だと思います。

記号の正逆ピラミッドにフロイトとダマシオを位置づける

石田　ありがとう。けれど、ここではフロイトとダマシオとの関係に戻りましょう。さて、そのような普遍的なメディア圏のなかで、それではフロイトとダマシオの理論はどう位置づけられるのか。それを示したのがさきほどの図2です。フロイトが描いた個人それぞれの「心の装置」は、メディアを通してお互いに接続している。個人のホメオスタシス機構を成り立たせている「ダマシオの樹」もまた、お互いにつながり合っている。

ぼくはこの図では、メディア端末が結びついたネットワークを、球体で表した無数のモナドの連結として描いています。ダマシオの樹やフロイトの心の装置は、技術的には、前回の講義で検討した「不思議メモ帳」のような構造を持つメディア端末——つまりiPadのような電子インターフェイス——を通して、モナドとしてネットワーク化されて相互にコミュニケーションしているわけです。ダマシオの樹は、じっさいはモナド状に連結して熱帯樹林みたいになっているわけですね。

現代社会の個人は、メディア生活において、それぞれがアカウントを持ち、それを通してWWW（ワールド・ワイド・ウェブ）のようなネットワークのなかに位置づけられて相互に結びついています。ぼくはそこでは、人間とコンピュータ、それぞれの「記号の正逆ピラミッド」が紡錘形のようなかたちになって、相互リンクによって結びついていると考えます。つまり、現代のメディアは、記号過程と情報処理の双対的プロセスとしてネットワーク化されて成立している。みんながiPadやスマホを端末として、身体も心もWWWで相互に結びついている今日のコミュニケーション状況を思い浮かべてください。

東　現代人には、実感としてよくわかるイメージだと思います。

石田　そこでは、すべてがデータ化されて、すべての個人がネットワーク化された普遍的なメディア圏が生まれつつある。まえにも述べたように、さて、このときに、「なに」が伝わるようになるだろうか、というのがこの講義での問いです。

このときダマシオの「情動／感情」の境目は、「記号の正逆ピラミッド」のふたつの三角形の境界＝インターフェイスに位置づけられると考えられます。

なぜかというと、ダマシオは、まず一方で、感情は「心の劇場」で演じられると言っています。それは、感情が心の活動のボトム（底）だという意味です。つまり、そこをベースとして、より複雑な心の表象作用が組み上がり、心の劇場での人間の劇——記号過程《セミオーシス》——が演じられていくというわけです。

他方、メディアは、それがリアルな身体感覚と密にシンクロすればするほど、表象の劇場にあがるよりまえの「身体の劇場」すなわち情動が浮かび上がってくる表面＝インターフェイスとなります。つまり情動が活性化する表面にもなっていくわけです。とりわけ、ソーシャルメディアのように、メディアが閉じておらず、好き嫌い（like/dislike）でどんどんと情報をソートするようなメカニズムが高速で働くようになると、メディアは、情動と感情が接する界面へと、人々のコミュニケーションを引き寄せていく存在になります。つまり、メディアは、たんなる表象の媒介ではなく、感情と情動が活性化して渦を巻く表面になっていくというわけです。

東　なるほど。

石田　ではフロイトはどうか。フロイトの心の装置との関係で言えば、前回、バイアスのコミュニケーションが拡がる、という二〇世紀以降のメディア条件の話をしました。人間の記号過程《セミオーシス》を高速で情報処理し、人々をソートして結びつけるテクノロジーが発達すればするほど、フロイトの言う抑圧も、表象の抑圧ではなくて、欲動の放出とか、情動（フロイトの意味で）の湧出というような方向へドライブがかかっていく。現代のメディア環境は、人々を、エレメンタリー（原初的）な感情のレベルで結びつけ、情動のコミュニケーションを活性化していくものになっているということなのです。

東　待ってください。いまの話も、メディアについての印象論としてはわかるのですが……。それが、さきほどの「記号のピラミッド」の図とどうつながるのか、よく理解できません。混乱してきました。

石田　それはこういうことです。メディア・インターフェイスに「情動／感情」が位置づくということは、人々の情動や感情の次元が、人間の側では記号生成のボトムであると同時に、テクノロジーの側では情報処理のボトムでもあることを示しています。

東　はい。

石田　そして、ネットワークを通して刺激のエネルギーが流通している。そこは心と生物のエネルギーが流れる場であると同時に、電子のエネルギーが流れる場でもある。ここが東さんの言うフロイトにおける流体力学モデルのエネルギー論に関わっているわけです。

ダマシオの樹に、フロイトの心の装置を重ねてみます。すると、下から上への矢印が示すエスの「内部興奮」の流れは、ダマシオの樹が表しているホメオスタシスの構造とよく似ていることがわかります。そのうえで、さらに、ぼくらはiPadやスマホを身につけて、エネルギーを送受信しつつ行動しています。それらの技術的装置は、心の補助具であると同時にいまや身体の補助具でもある。とすると、iPadやスマホのようなものもまた、ふたつの三角形の境目である情動・感情、あるいはフロイトの言う欲動エネルギーの問題と深く関わってくるわけです。

東　うーん。こういう理解でいいでしょうか。ダマシオの樹とフロイトの図は、あくまでも個人のなかでの記号生成を表現している。それは「記号のピラミッド」の図では、プログラムがデジタル記号を生成し、アナログ図像を生成するという下半分の「記号の三角形」に相当する。他方でモナドのネットワークは、前回の講義で言えば、ソシュールのラングの領域、「集合脳」の領域に相当する。それが上半分の「記号の三角形」に相当し、記号は抽象度が上がるごとに「インデックス」「アイコン」「シンボル」と推移していく。でもそれだと、人間と機械の関係が逆のようにも見えるのですが……。

石田　いやいや、そうではありません。上の三角形から見れば、情動や感情という領域が記号のボトムになっている。ただ、それは同時に、ネットワークやコミュニケーションを表す下の三角形にも通じている。ふたつの三角形の交わる面＝インターフェイスに、欲動エネルギーが流れ、情動や感情の問題系が記入されているということです。問題の次元としては、心の次元、身体の次元、そしてメディア・インターフェイスの次元という三つの次元がある。

東　ああ！　なるほど。ようやくわかりました！　ダマシオの樹とフロイトの図が、さきほどの「記号のピラミッド」のふたつの三角形の片方に重なるということではないんですね。むしろ、両方に重なっている。あるいはより正確には、このふたつの三角形の底辺が交わった面、「記号の三角形のボトム」に対して、横から、つまり三次元的にダマシオの樹とフロイトの図がくっついているかんじでしょうか。情動（物表象）が記号化し、分節化して感情（語表象）に変化する、それが一方では個人単位で身体内で起きており、他方では集団単位で社会のなかで起きていると考えている。

石田　まさにそのとおりです。

東　聴衆のみなさんにも、これで伝わるとよいのですが。

スピノザの「コナトゥス」

石田　ここまでは、ダマシオとフロイトをつなげてきたわけですが、スピノザはそこにどう関わるのか。それをスピノザの『エチカ』を参照しながら考えていきます。

東　そうでした！　スピノザについて考えるために、補助線としてダマシオの話をしていたのでした。

石田　そうです。本題に戻りましょう。さきほど、フロイトとダマシオの類似性には、心と身体の境界という問題、ホメオスタシスの問題、心身平行論の三つがあると言いました。これらについて、それぞれスピノザで見ていきます。

さて、スピノザの哲学には、「コナトゥス conatus」というキーワードがあります。このコナトゥスに関連するくだりを、『エチカ』からいくつか抜粋しましょう。

（第三部）定理六　おのおのの物は自己の及ぶ限り自己の存在にとどまり続けるように努める。

（第三部）定理七　おのおのの物が自己の存在にとどまりつづけようと努める努力はその物の現実的本質にほかならない。

（第三部）定理八　おのおのの物が自己の存在にとどまりつづけようと努める努力

は限定された時間ではなく無限定な時間を含んでいる。［★12］

ここで「努力」と訳されているものがコナトゥスです。ただ、努力といっても、個人の意志や選択ではないんです。ここは、ダマシオが指摘するように、生命体がつねに安定状態を保とうとする動きであるホメオスタシスについてスピノザが語ったと読み込める箇所です［★13］。そしてそれは、フロイトで言えば、初期の仕事でのエネルギー恒常則や自己保存則、その後の快感原則とその彼岸をめぐる仕事、エロスとタナトスをめぐる晩年の文化論へといたる、生についてのかれの根幹となる思考にまっすぐに通じています。

つぎに、スピノザが「心身平行論」について記した箇所を挙げます。

(第二部) 定理七　観念の秩序および連結は物の秩序および連結と同一である。

(第二部) 定理一三　人間精神を構成する観念の対象は身体である。あるいは現実に存在する延長の様態である、そしてそれ以外の何ものでもない。

(第三部) 定理二　身体が精神を思惟するように決定することはできないし、また精神が身体を運動ないし静止に、あるいは他のあること (もしそうしたものがあるならば) をするように決定することもできない。［★14］

★12　スピノザ『エチカ 倫理学』上、畠中尚志訳、岩波文庫 二〇一二年、二一四-二一五頁 (訳文を一部修正)。

★13　アントニオ・R・ダマシオ『感じる脳——情動と感情の脳科学 よみがえるスピノザ』、田中三彦訳、ダイヤモンド社、二〇〇五年、六一頁。

★14　『エチカ 倫理学』上、一一九、一三〇、二〇五頁。ルビを削除。

第三部定理二には、身体と精神とが平行であるという主張がはっきりと述べられています。これが心身平行論の出発点にある考え方です。

東　この第二部定理七と定理一三は、ヨーロッパの哲学の発想に慣れていないと、なにを言っているのかわからないかもしれません。すこし補足します。

ヨーロッパの哲学というのは、とにかく観念と物、精神と物質を分けるのが好きなんですね。定理一三には「現実に存在する延長の様態である」と書いてありますが、この「延長」というのが曲者です。延長とは「拡がり」のことですが、端的には物質の性格を意味しています。観念、つまり精神のなかにあるものは、現実には存在しない。ですから拡がりはありません。でも物質はすべて現実に存在する。見たり触ったりできる。つまり拡がりがある。こういう発想のもと、「延長」というのは、ヨーロッパの哲学では現実に存在するものなのかしないものなのかを区別する重要な概念となります。言い換えれば、ヨーロッパ哲学は、すべての存在者を延長があるもの（＝物質）と考えられるもの（＝観念）のふたつに分けることになる。

ところが、そのうえで、この定理七は、観念と物、あるいは精神と物質について、それらは同じ事柄がそれぞれちがったかたちで現れたものと考えるのだと主張する。それが、一元論だということです。

石田　補足ありがとう。

いずれにせよ、この心身平行論を取ると、パラレルに動いている心と身体がどんなふうに結びついているかを解釈し読み解くことが必要になります。スピノザの第二部定理一三は一見、観念が身体を表すといったように、表象＝代理の理論として読めそうに見えます。でもそうではなくて、スピノザがほんとうに展開しているのは、観念は勝手に「表出」していて、それが勝手に身体や延長の様態を表しているんだ、というふしぎな論法なのです。この「勝手に表出」というところが、じつに精妙です。じつはドゥルーズの博士論文『スピノザと表出の問題』は、まさにこの問題を扱っています[★15]。ぼくとしては、こういうところを手掛かりに記号論やメディア論をどうつくり替えなければいけないのか、ということを考えてみたいんですね。

記号論やメディア論は、なんといっても、長いあいだ表象の理論としてやってきました。けれども、身体の問題、フロイト的に言えば情動や欲動を扱うためには、表出の理論のほうを向く必要があります。心身平行説は、心は身体の表象であるとか、心は身体を表象する、みたいなことを言わせないための強力な認識のカードなのです。

★15　ジル・ドゥルーズ『スピノザと表現の問題　新装版』、工藤喜作ほか訳、法政大学出版局、二〇一四年。原書はDeleuze, Gilles. *Spinoza et le problème de l'expression*. Paris, Minuit, 1969. だから翻訳タイトルに問題があるわけでは決してない。ただ、これに続けて述べたように、スピノザの expression はなにかを表象するのではなく、観念を絶対的に表出するという強い意味であるから「表出」という語をここではあえて使った。（石田）

スピノザは感情をどう考えたか

東　ところで思いつきですが、いまのお話を聞いていて、つぎのようなことを思いました。たとえば、同じ映像作品でも、小さいモニターで見るのと3Dや4DXなどさまざまな効果がついた大画面で見るのとでは体験はまったくちがうわけですよね。しかしこのちがいはあまり批評や研究の場では意識されない。八インチのスマホのモニターで見ていようがシネコンのスクリーンで見ていようが、映像作品の「中身」は変わらないはずだという暗黙の前提があるわけです。

その前提は、いまの話で言えば、物の連合とはべつに観念の連合があって、前者は後者に影響しないということを前提としている。しかしほんとうにそうなのか。怪しいですよね。でもそこを議論しようとすると、ヨーロッパの哲学のパラダイムの奥底にまで降りていかないといけない。そういう点をふくめ、新しい記号学が必要とされているということかと思います。

石田　はい、まったくそうなんです。スマホもシネコンスクリーンも勝手に「表出」している。でもそのことによって、見る身体の「延長の様態」が異なります。そして、人々の身体と身体の結びつきのあり方の「様態」も変化する。多数の人々が、同時にいろいろな場所でスマホをかかげて勝手に「表出」する。すると人々の「身体」と「身体」の結びつきが刻々と変化していく。スピノザがスマホを持ったらどう言っただろうかと考えることが、いま「スピノザを哲学する」ことだと思うんです。

以上、『エチカ』から、ホメオスタシスの問題と心身平行論に対応する抜粋をしました。そこで最後に、欲動や情動について、スピノザがどのように表現していたかを見ておきましょう。

（第三部）定理九　精神は明晰判明な観念を有する限りにおいても、混乱した観念を有する限りにおいても、ある無限定な持続の間、自己の存在にとどまり続けようと努め、かつこの自己の努力を意識している。［★16］

（第三部）諸感情の定義

一　欲望とは、人間の本質が、与えられたおのおのの感応（affectio）によってあることをなすように決定されると考えられる限りにおいて、人間の本質そのものである。

説明　［……］欲望とは意識を伴った衝動であり、また衝動とは人間の本質が自己の維持に役立つことをなすように決定される限りにおいて人間の本質そのものである［……］［★17］

★16　『エチカ　倫理学』上、二一六頁。訳文を一部修正。

★17　同書、二八六頁。強調を削除。

（第三部）定義三　感情（affectus）とは我々の身体の活動能力を増大しあるいは減少し、促進しあるいは阻害する身体の感応（affectio）、また同時にそうした感応の観念であると解する。［★18］

以上を見ればわかるように、スピノザは、欲望や感情を、自己保存則やホメオスタシスに関係づけて定義していることがわかります。affectio は訳によっては「触発」とか「影響」とか訳されている言葉です。けれど、ぼくは、この言葉は「感情 affectus」とセットになったほうがわかりやすいと思うので「感応」と訳します。ここで、感情は、身体の「感応」だと言っていることが重要です。

東　すこし整理させてください。スピノザにおいては、「感情」は、身体と身体のあいだの「感応」として考えられていた。それは近代の言葉で言えば、主体と主体のあいだの――主体というのはスピノザらしくない言葉ですが――関係を指す言葉のように解釈することができる。したがって、フロイトの欲動の概念を、ダマシオを通ったうえでスピノザ的に解釈すると、情動が記号化されて感情になるだけでなく、その感情は人間と人間をつなぐ＝感応するメディアにもなる。そういうふうに読み取れるのではないかと。そういう理解でよろしいでしょうか？

★18　同書、二〇二頁。訳文を一部修正。

石田　そういうふうになるだろうと思います。そして、その問題は、のちほど話題になる模倣とか感染の問題につながるのですが、これもまたスピノザのなかにその理論の原型を見出せます。それについては、今日の三つ目のトピックで話しましょう。

スピノザの「感情」はいま言ったようにラテン語でaffectusですが、これは、英語とかフランス語に訳すとaffect、ドイツ語だとAffektだから、そもそも「情動」と訳すこともできます。さきほどから、フロイトにしてもダマシオにしても、そしてこのスピノザにしても、ぼくたちの議論は感情と言ったり情動と言ったり、心と身体のあいだを行ったり来たりしていますね。それはまさしく、問題の所在が、その本質的にあいまいなゾーンにあるからです。

「神経学的判断力批判」の可能性

石田　さて、ここまでが最終講義の第一のテーマ「情動と身体」に関する話です。フロイトとスピノザ、ダマシオという三つの議論をつなげられることはおわかりいただけたと思います。

東　はい。それらが思想史的につながっていることもわかりました。

石田　それでは、最後に、なぜスピノザとフロイトだけではなくて、ダマシオのような神経科学的な議論を導入したのかという点について、もうひとつ理由を説明しておきます。その狙いは、現在のぼくたちの知の状況のなかで、「判断力批判」のあり方を考えることにあります。

判断力批判とは、判断力を吟味する、点検するということです。人文学で判断力批判といえば、カントの『判断力批判』[★19]がまっさきに思い浮かびます。当然のことですけど、カントの時代、判断力批判は活字で書かれていた。つまり、判断力を成り立たせている能力、カテゴリーとはなにかということが、本のなかに活字で表現されていたわけです。

東　言い換えれば、概念だけで議論していた。

石田　しかし現代のぼくたちは、ものごとを判断する際に、どういうふうに神経が働いているのか、どういう脳の部位が関与しているのか、どういう脳内の活動のマップのなかでその活動が行われているのかという知見を持っています。さらに、ひとが文字を書くだけではなく、いろいろなメディアやテクノロジーがいろいろな文字を書いているという現実があります。つまり、テクノロジーの文字を読み書きしながら、神経的にいろんな信号が働いて、判断が決定されているのです。

ならば、ぼくたちは「神経学的判断力批判」の可能性を考えなくてはなりません。ダマシオの議論は、そのための大きな手掛かりになるものです。

★19　『判断力批判』（一七九〇年）は、『純粋理性批判』（第一版一七八一年、第二版一七八七年）、『実践理性批判』（一七八八年）と並び、カントの「三批判書」のひとつに数えられる著作。理性について論じた前二著に対して『判断力批判』は美的な判断力を取り扱い、快を生じせしめるものとしての「美」と、快の埒外にある「崇高」とを区分したことで知られる。

東　なるほど。

石田　さきほど紹介したダマシオの情動と感情の関係は、かれの別の本では、「ソマティック・マーカー仮説」としてまとめられています［★20］。これは、平たく言えば、ある判断や意思決定が行われるとき、過去の経験にもとづいて身体が判断をまず決めていて、そのあとにじっさいの意識的な判断が起こるという仮説です。

たとえば、わたしたちは、ほんとうに笑っているひとの顔と、つくり笑いをしているひとの顔のちがいを感じ取ることができます。それはなぜかというと、両者では働いている脳の部位もちがうし、動かす筋肉も異なるからです。そして両者のちがいを生み出す信号を捕捉できる脳神経科学的知の条件はすでにあるわけです［★21］。

ソマティック・マーカー仮説の具体的なメカニズムを示したものが図4です。外部から信号を受け取ると脳はそれをまず情動として身体のほうのループで処理し、そのつぎのループで感情や判断が生まれるようになっている。

東　これはおもしろいですね。まず外界からいったん刺激が入る。その刺激によって脳を通じて身体が動く。そこまでの過程がいちど終わったあと、その身体の動きをあとからモニターすることによって、感情が生まれる。前回紹介されたフロイトの理論を思い出しますね。

石田　そうです。ダマシオは、最初に身体が動くループを「身体ループ body loop」、

★20　アントニオ・R・ダマシオ『デカルトの誤り——情動、理性、人間の脳』、田中三彦訳、ちくま学芸文庫、二〇一〇年。とくに第八章「ソマティック・マーカー仮説」を参照。

★21　「『私』が奪われる（3）」（日本経済新聞、二〇一八年七月一八日付朝刊）では、米連邦準備制度理事会（FRB）のパウエル議長の記者会見中継動画をAIが解析して、その表情を〇・二秒ごとに分析し経済予測に役立てるというベンチャービジネスの事例を紹介している。パウエルFRB議長の記者会見の動画に対して、ヒトの目では見逃してしまうミクロな表情の変化をAIのデータ分析で捉えて解析する。驚き、喜び、悲しみ、嫌悪、軽蔑、怒り、恐れという基本的な「感情」の徴が、会見のどの時点で何度出現したのかをタイムラ

モニターするときのループを「あたかもループas if loop」と言っています。じっさいに起こっている「かのようにas if」仮想的なフィードバックをかけるループがあって、こちら側は事後的に働くと言うんです。

つまり、コミュニケーションというのは、まず身体で伝わるわけです。面と向かってひとの顔を見る場合でも、テレビのようなメディアを通じてだれかを見る場合でも、わたしたちは身体のコンタクトでまずつながり、そのつぎにそれが表象的に解釈される。現代のように、メディアが接触を重視するようになった時代においても、身体のほうがまず伝わる。さきほどの「記号の正逆ピラミッド」の境目には、そういう情動的なつながりがある。

ぼくたち人文科学の議論は、コミュニケーションを、まずは表象や言語のレベルで説明しようというパラダイムでずっとやってきました。けれども、こういう時代になると、身体で接するというところまで理論が降りていかないと、現実のコミュニケーションに対応することはできない。

東　そして、そのヒントこそが、スピノザの「感応」にあるのだということですよね。だんだん石田さんの構想がわかってきました。

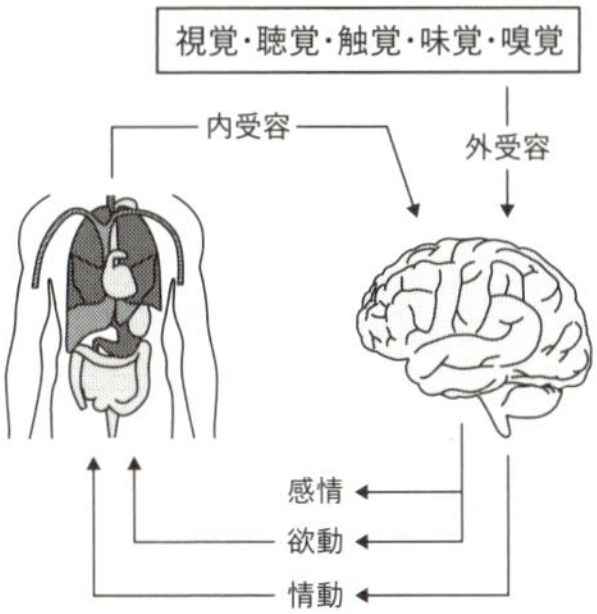

図4　ソマティック・マーカー仮説のメカニズム
Damasio, A. and Carvalho, G. B.: The nature of feelings: Evolutionary and neurobiological origins, *Nat Rev Neurosci*, vol. 14, 2013, pp.143-152のBox1の図をもとに制作

インでマッピングして、言語メッセージと突き合わせて、議長の「真意」を分析して金融ファンドに売り込むビジネスの事例である。ヒトの判断力を逃れてしまうミクロな兆候を、AIを使ったメディア分析で捉えるというアプローチが可能なのも、ダマシオが言うような「ソマティック・マーカー」が人間の身体レベルで働いているからだ。AIによる「神経学的判断力批判」の例

笑いとはなにか

東　ところで、これはあとで説明されるかもしれないのですが、「記号のピラミッド」の図では、上の三角形が「人間の記号のピラミッド」を表し、下の三角形が「機械の記号のピラミッド」を表しているのですよね？

石田　はい。

東　そして、いま石田さんは、フロイトとスピノザとダマシオを参照することで、その両者が接している場所、すなわち「人間と機械が共有する記号の領域」の話をしようとしている。

石田　そうです。

東　となると、石田さんの考えでは、記号の領域は、個体から生み出されつつも、個体を超えた集合的なものになるということなんでしょうか。

石田　正確に言えば、つねにすでに、記号が象徴のほうから身体的接触のレベルまで降りてきているということになると思います。

東　身体的接触のレベルに降りることによって、複数の主体が共有する場所になる？

石田　そうですが、そのときに「集合的」とはどういうことかも問い直される必要があります。タッチパネルの時代では、どんどん身体が接触するようになっている。映

である。なお、右記の研究は以下のサイトで閲覧できる。"Federal Reserve Chair Powell News Conference," Emotics. URL＝https://prattle.co/powell-press-conference（二〇一八年八月一五日アクセス）（石田）

画やテレビの場合は、見るとか読むというコミュニケーションのパラダイムなので、離れているわけです。だけどいまはそうではありません。

東　具体例があるとわかりやすいのですが。

石田　そうですね。たとえば、さっきの「笑い」という接触のコミュニケーションの問題を知っていると、テレビではなぜいつもひとが笑っているのかが説明できる。

映画とテレビはちがっていて、テレビもたしかに見るコミュニケーションではあるのですが、「同時に接触する」コミュニケーションでもあるのですね。テレビは指標的メディアである、などと言われるときに問われているのがこの問題なのです。この「指標」というパース記号論の概念はあとで説明するんだけど、テレビは接触型のメディアだ、という意味です。画面のあっち側と画面を見ているこっち側が、テレビではつねに同時的に触れている。テレビにおいては、出演者がむこうから笑いかけてきたり、バラエティーでおしゃべりして談笑したりしていて、その延長上に、昔はお茶の間と呼ばれていたこちら側の空間が存在している。つまり、テレビでは、話すより先にひとは笑っているわけで、笑いによるコンタクトが打ち立てられたうえでコミュニケーションが起こるという順序になっている。この点については、マクルーハンが「メディアはマッサージ」と言っていたとおりです[★22]。

東　なるほど。「笑い」から記号論を考えるということでもありますね。そうするとた

★22　マクルーハンは『メディア論』（栗原裕、河本仲聖訳、みすず書房、一九八七年。原著刊行一九六四年）において、どのメディアによってメッセージを伝達するか、それ自体がメッセージとなることを、「メディアはメッセージである」という命題で表現した。その後かれは、自身のこの命題をもじった『メディアはマッサージである――影響の目録』（門林岳史訳、河出文庫、二〇一五年。原著刊行一九六七年）という書籍を出版。メディアがいかに人々の身体に（マッサージのように）影響を与えているかを、写真やタイポグラフィーを多用した書面で表現している。

しかに、集合的身体の観点が入らざるをえません。

石田　はい、たぶんボードリヤールだったと思うのだけど、テレビにラフ・トラック、つまり録音した笑い声がつけられるようになって、テレビはポストモダンなメディアとなったということを言っていた[★23]。ぼくはテレビ記号論というのも長いあいだ研究室でやっていたのだけれど、いま書いている「一般記号学講義」という本を書き終えたら、つぎは、「一般笑い学講義」という本を書こうと思っている。

東　えっ。

石田　ほんとうですよ。ぼくがそう言うとみんな冗談だと思って笑うわけですが、でもこれはまったくマジメにそう考えているのです。

ちょっと脱線しますけど、言語系の大学院では、入試面接をすると「笑い」をテーマに研究したい、という受験生がときどき試問にやってきます。ベルクソンやバフチンの笑いを研究したいとか、モリエールや落語を研究したいとかです。そういうとき、ぼくはだいたい「ウマは笑いますか」って質問することにしている。そうするとまず同僚たちが失笑する。受験生も困惑する。

東　それはぼくも困惑しますね。答えはなんなんですか。

石田　答えは、ウマは笑わない、チンパンジーなら笑う、なのですが、これはなぜかというと、四肢の歩行運動と横隔膜筋の運動がずれたときに笑いが動物に生まれたか

★23　ボードリヤールは『アメリカ』（一九八六年）において、ヨーロッパと対比したアメリカのポストモダン性を紹介している。そこではテレビに挿入されるラフ・トラックについて、以下のような記述がされている。「アメリカのテレビでの笑いは、ギリシア悲劇のコーラスの代わりだ。その笑いは容赦ないものであって、笑いが入らないのは、およそニュース、株式市況、そして天気予報くらいのものである。［……］他の国ぐにでは笑うように気をつけるのは視聴者に委されている。しかしここでは、視聴者の笑いはテレビ画面に注がれ、見世物と同化している。まさにテレビ画面が笑い、テレビ画面が楽しんでいるのだ。あなた方には茫然自失しか残されていないのである。」（『アメリカ』、田中正人訳、法政大学出版局、一九八八年、八一頁）。

らです［★24］。つまり、第1講義で述べた直立二足歩行への進化の問題と関係している。笑いは、直立二足歩行によって呼吸と運動が脱‐分節化（脱臼）したときに発生するんですね。だから、ウマは笑わないわけです。

東　そうなんですか！　それは知らなかった。おもしろいですね。

石田　おもしろいでしょう。さらに言うと、ヒトの場合、笑うかしゃべるかは、そこで進化論的に分岐した別のふたつの活動なのです。じじつ、ぼくたちは笑っているときしゃべれないし、しゃべるまえとかあととか合間に笑うわけです。

東　たしかに。

石田　したがって笑いは言語の問題でも表象の問題でもない。だから、言語や表象を研究する大学院では、笑いの研究は残念ながらできないんだよ、とぼくが言うと同僚たちは凍りつく（笑）。

　しかし、まあ、文学とか表象とかは、笑いを準備する「前戯」まではできるので、それで「笑いと文学」とか、「笑いと表象」とかのテーマが設定できることはできるとか、まあそういうところで妥協するわけですが、その意味でも、笑いは言葉と並んで最も根源的な人間の次元で、もし一般言語学が成立するのであれば、「一般笑い学」もまた当然「存在すべき権利を有し、その位置はあらかじめ決定されている」（ソシュール）わけです［★25］。それは、いましがた見たような内臓的な「身体ループ」レベルの

★24　Provine, Robert R. *Laughter: A Scientific Investigation.* New York, Viking Press, 2000.

★25　本書三四頁、第1講義★15を参照。

コミュニケーションに関わる研究で、これからのメディア文明においてますます重要になるはずです。吉本興業とかからお金を出してもらって東大に世界初の「一般笑い学」講座がつくれないかな、などと考えたりした時期もありました。

東　そんなことまで考えていらっしゃったとは！

石田　いろいろ考えているんです。

とはいえ、余談はこれくらいにして、そろそろつぎの話題に移りましょう。記号コミュニケーションが「触れる」というところまで降りてきたときに、どんな理論が必要になるか。それを考えるのが、第二のテーマ「記号と論理——スベテが『データ』になるとき」です。

東　十分すぎるほどの内容でしたが、じつはまだ半分も終わっていないんですよね。たいへんな講義だ……。

2 記号と論理――スベテが「データ」になるとき
パース／フッサールのほうへ

記号のピラミッドと逆ピラミッド

石田　まず、ここまで何度か参照してきた「記号のピラミッド」についてあらためて解説していきます。

東　よろしくお願いします。

石田「記号のピラミッド」は、当初、フランスのコミュニケーション学者ダニエル・ブーニュー［★26］がパース記号論による三分類「類像（アイコン）」「指標（インデックス）」「象徴（シンボル）」に独自の解釈を加えて、メディア・コミュニケーションを理解するための図式として提案したものです。ブーニューの『コミュニケーション学講義』［★27］という本にこの図が出てきます［図5］。

ブーニューは、コミュニケーションにおいては、まずはじめに「指標」が成立する

★26　ダニエル・ブーニュー（一九四三‐）は、フランスの哲学者。『カイエ・ド・メディオロジー』、『メディウム』の編集長を務め、レジス・ドブレとともにメディオロジーの旗手として知られる。

★27　ダニエル・ブーニュー『コミュニケーション学講義――メディオロジーから情報社会へ』、水島久光監訳、西兼志訳、書籍工房早山、二〇一〇年。

と考えます。人間の文化を成り立たせる記号圏というものがあって、「記号圏の基礎には、感性的痕跡あるいは現象のサンプル」があり、「モノによって直接触発され」て成立するからです［★28］。ここでいう「感性的痕跡あるいは現象のサンプル」は、先述した情動的なコミュニケーションに通じています。たとえば、医学的な兆候（顔色が悪いのは病気の徴）や気象兆候（風が吹くと天気が変わる徴）から、指紋や声紋、足跡、指差し、さらに、光や音の反映反響、物理的・メディア的なシグナル伝達にいたるまで、指標は、コミュニケーションが成立するヒトとモノの〈接触〉の界面に、記号の次元を生み出すものとして存在するわけです。

こういうコミュニケーションがまず最初に成立して、つぎに絵画やデッサン、写真、その他のさまざまな像などが生み出されて、イメージの次元である「類像」が成立します。そして、さらに高次のレベルに、記号を法則化した言葉や文字や数式といった「象徴」の次元が成り立つわけです。

じつはパースは、独自のカテゴリー論にもとづき、「類像→指標→象徴」という順番で理論化していました。けれどもブーニューは最初のふたつをわざわざひっくり返して、「指標→類像→象徴」と順番を変えています。

なぜそうしたのかという明示的な説明はしていませんが、ブーニューは、「時間的かつ論理的に」この順番で記号コミュニケーションが成立すると述

★28 同書、五六頁。

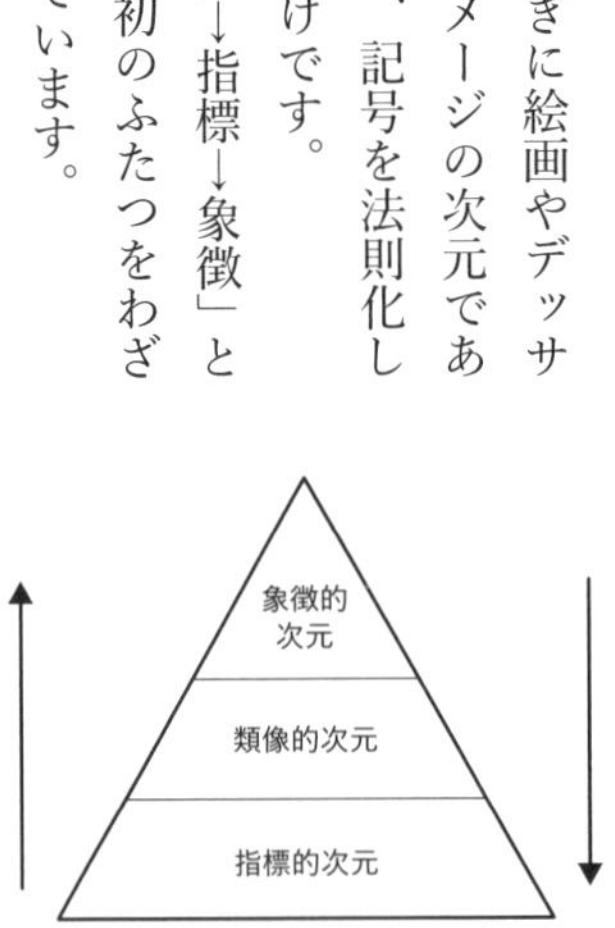

図5 ブーニューの記号のピラミッド
ダニエル・ブーニュー『コミュニケーション学講義——メディオロジーから情報社会へ』、p.60をもとに再制作

べています。つまり、自然的な物や接触というレベルのコミュニケーションから、絵や図のコミュニケーション、そして法則的なコミュニケーションという順番で、記号コミュニケーションが生み出されていくということです。かれの記号ピラミッドの図式につけ加えられた左右の矢印は、上昇の矢印が指標から象徴へという文化における昇華のベクトル、逆の下降矢印が退行のベクトルを表しています。

この図式は、メディア・コミュニケーションを考えるときの手掛かりとなるものです。いままでのメディア・コミュニケーションは、たとえば、郵便での手紙のやりとりのように、おもに象徴の部分で成り立っていました。文字で言葉を記した手紙は象徴記号を使っています。

しかしアナログメディアのテクノロジーにより、あらゆる現象を撮影録音して、映像も音声も物理的痕跡を送受信することができるようになった。これは、物理的かつ化学的な接触の痕跡で、指標記号におけるコミュニケーションです。さらに、デジタルメディアのテクノロジーにより、メディア・コミュニケーションはいま、音像をふくむ、あらゆるイメージの痕跡、すなわち指標の伝達にまで拡がっている。これは、抽象的な「精神」の活動のコミュニケーションであったものが、感覚情報をふくむ「身体」もふくめたコミュニケーションにまでレベルを下げていくことを意味している。

以上はぼくの考えですが、こうした石田記号論の解釈をブーニューのピラミッドに書き加えたものが図6です。

第1講義で取り上げたソシュール記号学は、あくまで「言語」という象徴のレベルに重点を置いていました。それに対して、パースとブーニューにもとづいたぼくの記号論では、類像から指標へとより広い範囲にわたってあらゆる記号を扱うことが射程に入ってくる点が大きく異なります。つまりぼくの記号論では、絵・像になるようなアイコンも、声・イメージのわずかな痕跡、つまりインデックスも記号論の対象に入れて人間の文化全体を捉えることができます。

メディア技術の点から見ても、機械によって書かれた「テクノロジーの文字」のメリットは、すべての記号を扱えるようになったことにあります。映画や蓄音機のようなメディアが発明されなければ、どんな声なのか、どんな表情なのか、どんな色なのか、言葉だけでは具体的に伝わりませんでした。アナログ革命、引き続いてデジタル革命によって、メディアが指標すなわち痕跡のコミュニケーションを可能にしたので、いまやあらゆる記号を身体的なレベルをふくめて伝えることが可能になっ

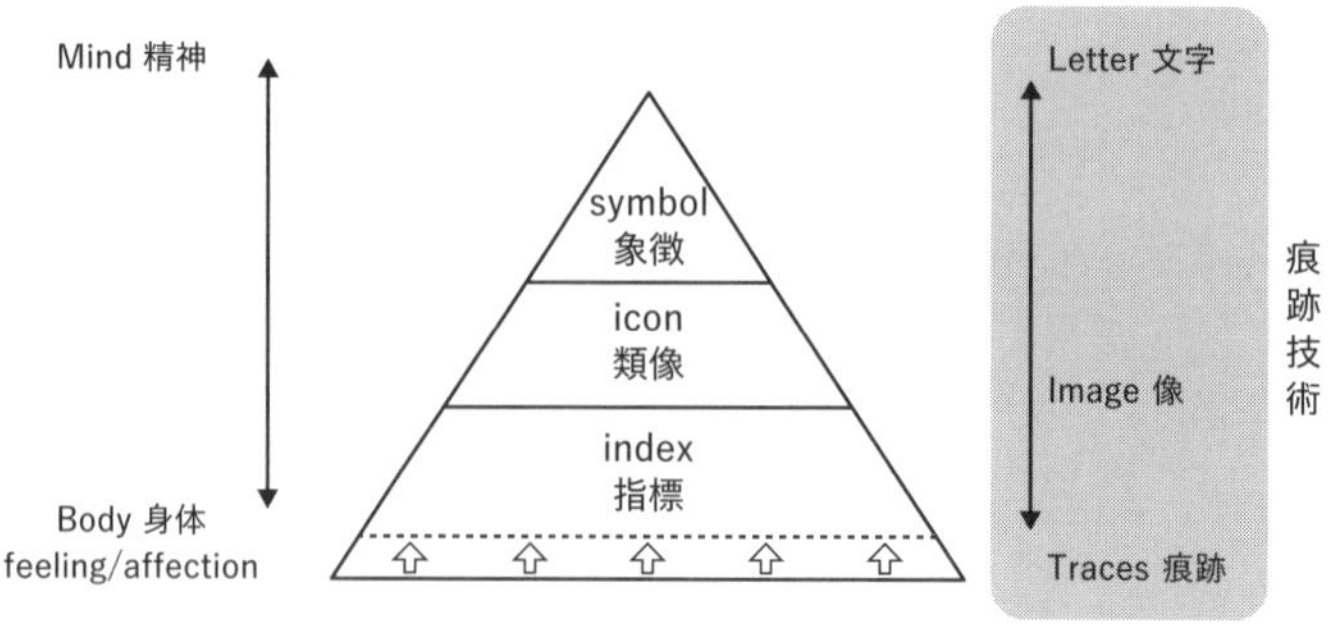

図6　「記号のピラミッド」の再解釈
ブーニューの「記号のピラミッド」は、象徴、類像、指標を扱う痕跡技術と対応し（右軸）、コミュニケーションの精神/身体レベルとの相関も表している（左軸）。メディア・テクノロジーの発達は、ピラミッドの基底部が情報処理と接する普遍的なデータ化を生む。底辺の矢印はすべてがデータ化した時代におけるインターフェイス問題の露呈を表している

たのです。

東　石田さんの記号論は、マルチメディアが所与になった現在の記号環境を前提につくられているということですね。

パースとデリダのちがい

石田　そのとおりです。ところで哲学的に見ると、問題は、ブーニューがなぜパースの順番を入れ替えたのかということです。パースが知っていたら、おそらくこれには同意しなかったでしょう。

ぼくの考えでは、ブーニューはデリダを意識していたから順番を入れ替えたのだと思います。ブーニューはデリダよりすこし下の世代であり、一九九〇年代のフランスでメディオロジーという学問を立ち上げた中心人物として知られています。したがってブーニューの立論の基礎には、デリダ流の「痕跡の一般理論」がある。つまり、痕跡が最初にあって、そのあとに絵画やシンボルがあると考えるわけです。

東　あ、なるほど。その話はたいへん納得できます。ぼくはじつはパースが苦手で、石田さんの本を読んではじめて興味を持ったくらいなんですね。いまの「痕跡」の話を聞いて、逆にぼくが苦手だった理由もわかりました。

いまデリダの名前が出ましたが、デリダの世界観においては最初はばらばらなデータ（エクリチュール）しかないことになっていて、つねにその観点から哲学批判をやっているというのがぼくの考えです。痕跡と断片しかない。そこから記号（シニフィアン）が立ち上がっていく。これがぼくの解釈で、だからコンピュータが好きなオタクだった二〇代のぼくにはわかりやすかった（笑）。これは言い換えれば、最初は主体がないということです。まずは主体以前の断片があり、つぎにそれが組み合わさって主体の「いまここ」＝現前ができる。

だけどパースの記号論は、最初に主体の現在があって、それがなにを受け取るかという順番で考えられているようにぼくには思えたんですね。最初に現在があるからこそ、類像すなわちイメージがいちばん先に来て、つぎにインデックスとシンボルが派生するという順番になっている。そこがよく飲み込めなかった。だから、ブーニューがデリダの影響で記号の順番を変えたのは納得できるし、逆にぼくがパースに抵抗感があった理由もわかった気がしました。

どうでしょう。この整理で正しいですか。

石田　部分的に不同意です（笑）。というのは、パースは主体という言葉を……。

東　あ、それはもちろん使いませんね。

石田　使わない。

東　では、主体という言葉ではなくてもいいんですが、ぼくの言いたいことはつぎのようなことです。いまのお話をぼくなりに理解して、パースは、脳科学でいう「クオリア」というか、感覚から印象を受け取りそれを総合する面を最初に考えていたんだと思ったんです。それは「現在」があるということです。でもデリダの理論には現在がない。現在はデータから事後的に生成することになっている。

ぼくは、この問題は二一世紀のメディア環境を考えるとかなり具体的なものだと思います。たとえば、いまは監視カメラでさまざまな映像が撮られている。いまこの講義だって撮影されて放送されている。そのときぼくたちの「現在」は、いまぼくたちが知覚するものだけではなく、事後的に生成するものになる。「あのときは問題にならなかったけど、じつはこんなものが映ってるじゃないか!」というのが事後的に指摘され、責任として降りかかってくるような世界になっている。それがデータベースあるいは検索というものの本質で、「いまここ」でぼくたちがなにをやっているかは、いまここでは決定できず、未来が決定するわけです。それがぼくたちの世界の本質、少なくともいまの時代に必要な「現在」に関する議論の本質です。そういうことを考えると、デリダの影響を経たうえでのブーニューと石田さんによるパースのアップデートは、とてもアクチュアルと言えると思うんです。

石田　よかった(笑)。

東　とはいえ、二一世紀のようなデータベース・検索社会になるまえであれば、パースの発想のほうがあたりまえです。二〇世紀に「痕跡の一般理論」を考えていたデリダは、むしろあまりに予見的だったと言うべきかもしれません。

「記号」接地問題

石田　これで、記号のピラミッドについては、だいたい理解できたと思います。繰り返しになるけれど、情動や感情というのは、この三角形のボトムに接しています。そして、痕跡やデータもまたこのボトムに触れているわけです。

ひとことつけ加えると、このボトムのところには、感覚経験、現象学の生活世界、データなど、さまざまな議論や言葉遣いが折り重なっている。こういうボトムの界面には、はたしてどんなパラダイムがあるのか。ぼくはそれを、人工知能などでよく問われる「記号接地問題 symbol grounding problem」に対して、「『記号』接地問題 sign grounding problem」と呼んでいるんです。

東　む。これはわかりにくいかもしれません。もうすこしかみ砕いていただけますか。

石田　情報科学では、日本語で「記号」とか「記号主義」とか言う場合、対応する英語はsymbolあるいはsymbolismですね。情報科学だけでなく「記号論理学」と言う

★29　スティーブン・ハルナッド（一九四五－）はハンガリーの認知科学者。かれが命名した「記号接地問題 symbol grounding problem」は、システム内の記号（シンボル）が現実の対象といかにして結びつく（接地する）のかという、人工知能における難問のひとつ。かれの用いる例によれば、人間は「シマウマ」という言葉が指す実物を知らずとも、それが「シマウマ」だということを知っていれば、実物を見たときに「シマウマ」として認識できる。しかしコンピュータにとって「シマシマのウマ」は単なる文字列

ときにも、もとの言葉はsymbolic logicです。これには一九世紀以降の論理学の形式化の歴史が絡んでいるのですが、こうした場合に使用されている「記号symbol」は、論理式や数式のような人工記号をまず指しています。自然言語を扱うにしても、論理主義的な観点から扱われる。「記号接地問題symbol grounding problem」は、認知科学者のハルナッド［★29］が提起したものですが、コンピュータの世界と実世界をどのように一致させるのかという問題です。つまり、記号とはシンボルのことです。

東　はい。

石田　それに対して、記号論の言う「記号」は、一七世紀のロックによるセメイオティケー（記号論）［★30］以来、英語ではサイン（sign）です。ここで話しているパースの記号論はその系譜で、パースの立場から言うと、シンボルは、記号のなかのあくまでもひとつのあり方で、その成り立ちが約定的で法則化されているものという定義になります。だからそれは、記号論では、記号ではなく「象徴」と訳されています。これは日本語の訳語の問題で、英語が混乱しているわけではありません。情報科学の言うsymbolはパースのsymbolそのものです。ただそれが、日本語では別々に訳されてしまっているわけですね。

東　整理します。つまり、まず第一に、情報科学で言う「記号」と記号論で言う「記号」は異なるのだと。そして第二に、それは単純に日本語の訳語の問題なのだと。そ

にすぎず、実物を見ても「シマウマ」とは結びつかない。二〇一〇年代に登場したディープラーニングは、この問題に対するブレイクスルーとなった。

★30　ジョン・ロックは『人間知性論』（一六九〇年）の最終章である第四巻第二一章「学の区分について」において、「人間知性の範囲に入ることのできるいっさい」を、「ピュシケー」「プラクティケー」「セーメイオーティケー」の三つに区分する。ピュシケーが事物を、プラクティケーが人間の行動を扱うのに対し、セーメイオーティケーは「物ごとを理解したり、物ごとの知識を他の人たちに伝えたりするために、心が使う記号の本性を考察する」こと、すなわち「記号論」だとする（ジョン・ロック『人間知性論』、大槻春彦訳、『世界の名著　32　ロック　ヒューム』、中公バックス）。

して第三に、記号論はサインを扱う学問である一方、情報科学はその一部であるシンボルを扱う学問で、その論理水準の異なるものをともに「記号」と呼んでいるので混乱が生じるのだと。このような整理でよろしいでしょうか。

石田　はい。情報科学はシンボルのほうの記号接地問題を扱うけれども、記号論はサインのほうの「記号」接地問題を扱うということですね。しかし、より本質的には、人工知能で言われる「記号接地問題」も、テクノロジーでどこまで実世界の経験に迫れるのかという問いではあるわけです。その場合の「実世界」というのは、具体的には、メディアの（いまのところはまだ）こちら側にいるぼくたちの世界のことであるので、要するに、インターフェイス問題をどう考えるかに関わっている。

東　そして、インターフェイスは、まさに類像や指標の世界なので、そこで情報科学もシンボル以外の記号＝サインの問題に接するはずだと。

石田　まさにそのとおりです。そしてそれだけではなく、他方でぼくが話してきたようなメディア論や記号論の関心は、いま、人々がメディア・インターフェイスにおいて情報処理と接する生活をするようになったときに、機械による情報処理の上に人間の記号過程《セミオーシス》はどのように接地するようになるのかという、機械への接地の問いを提起しているわけでしょう。その意味で、シンボルのほうの記号接地問題を、逆方向から、人間の記号過程《セミオーシス》の問題として問う立場もありえるわけです。

人工知能についてはまたのちほど詳しく議論しますが、サインのほうの「記号」接地問題に取り組まないと、情報科学も人文科学も、シンボルのほうの記号接地問題を相対化して考察することができないとぼくは思っています。さきほど導入した「記号の正逆ピラミッド」の図式でいうと、ちょうど記号のピラミッドと逆ピラミッドが向き合うところで、ふたつの問いが出会うことになるわけです。

東　ありがとうございます。よく理解できました。

メディア・テクノロジーと「記号の逆ピラミッド」

石田　ありがとう。それでは、「記号のピラミッド」を見たので、こんどは「記号の逆ピラミッド」について考えていきましょう。すでに何度か触れたように、「記号の正逆ピラミッド」の図式は、メディア・コミュニケーションにおける〈記号過程〉と〈情報処理〉の界面を概念化した見取り図です［図7］。

東　上向きのピラミッドは記号論の記号分類（記号過程）を表しており、下向きのピラミッドは情報科学にもとづいた記号分類（情報処理）になっているというわけですね。

石田　そうです。ではなぜ、こういう逆ピラミッドができあがるのかという

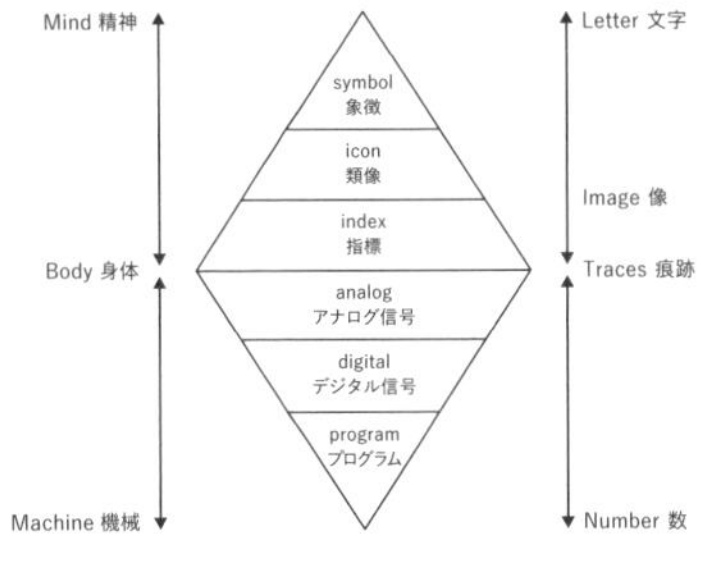

図7　記号の正逆ピラミッド（図3を再掲）

からです。

と、メディア・コミュニケーションとは、パースの記号論の枠組みを借りれば、メディアの媒介作用を通した「述定」である、と論理学的に仮説を立ててみることができるからです。

東　どういうことでしょうか。

石田　わかりやすく説明すると、こういうことです。パースのフレームワークでは「これは○○である」ということを言うのがメディアなんですね。たとえば、テレビにある場面が映し出されている場合、テレビはなにをしているのか。それは論理学者の言葉で言えば、「○○である」という述部の生産だとパースは考えたわけです。これを論理学では「述定 predication」と言います。主語に述語をつける（predicate）ということです。

パースは論理学者なので、イメージとして差し出すとか、いい天気だと感じるとか、文字として書くとか、さまざまな述定のやり方を考えて、そこからかれの記号論をつくっていきました。そうやって述定のプロセスにはどんなものがあるかと考えるのが、パースの哲学、論理学から出発した記号学というものです。

東　なるほど。さきほどの話に戻しますが、たしかにその枠組みでは「主体」は出てこないのかもしれないですね。記号と記号のあいだの述定関係だけで記号学を考える……。

石田　そうなんです。いずれにせよ、このパースの枠組みをさらに発展させることで、記号過程とメディア・テクノロジーとの界面を概念化することができます。それを示したのが「逆ピラミッド」になります。

人間が指標として捉える痕跡を、機械のほうはいったんアナログ情報として受け止める。そのうえで、デジタル情報に変換する。さらに、そこから有意な情報、つまりかたち・色・日付・場所・撮影者など応用可能な情報を取り出すため、任意のプログラムによる計算にかける。記号はこのようにして機械によって処理されるようになるわけです。

図の右側のところには、上から、「文字 Letter」「像 Image」「痕跡 Traces」「数 Number」というふうに、それぞれの領域で扱う「文字」＝記号の例を書き込んでいます。記号論やメディア論が「文字学」であることも、これを見るとおわかりでしょう。

東　ありがとうございます。さきほども言いましたが、石田さんの本ではじめてこの図を見たとき、たいへん興奮しました。現代記号論と情報科学の統合という石田さんのビジョンが、ここにはきわめてクリアに示されています。

あらためて整理すると、上向きのピラミッドは、人間の記号の入出力を模式化しています。人間はまず視覚的な痕跡を受け取る。たとえば、第1講義で、チャンギージーが分析したような文字の構成要素です。それをイメージとして統合し、最終的にはシンボルに抽象化して記号＝文字として理解する。イメージからシンボルへの移行は、第2講義の言葉で言えば、「物表象」から「語表象」への移行ということになります。
他方で下向きのピラミッドは、同じ痕跡をコンピュータがどう処理するかを表現している。紙に書かれた文字は、情報機械にとってはアナログデータです。機械はそのイメージを情報処理し、デジタルデータに変え、最終的にはプログラムのなかで数値として処理する。そして、そんな人間と機械が、「痕跡」を通じて接し合っているのがいまのメディア環境なのだと。
いや、ほんとうにすばらしい図です。石田さんの記号論が、人間と機械の記号を通した出会いについて考えていることがよくわかる。

石田　ありがとう。たしかに人間と機械が接しているというのがポイントです。これからの時代においては、人間の心（Mind）は、身体（Body）のレベルで、機械（Machine）が行う情報処理のプロセスと接する生活を営むようになる。つまり、人間の知覚が世界を読み取り、心に意識や意味を生み出しているあいだにも、機械のほうでは、人間の感覚経験や行動パターンや思考を解析して情報処理を刻々と進める時代になっていく。「人間が記号過程《セミオーシス》しているあいだに、マシンは情報処理している」[★31]。このふたつのピラミッドの関係を扱うのがぼくの言う「情報記号論」なんです。

東　いま「物表象」「語表象」にも触れましたが、この図を導入すると、ここまでの議

★31　コンピュータをメディアと捉えてコンピュータに媒介された記号の生活を研究する記号論の研究は、コンピュータ記号論、サイバー記号論などの呼称で二〇世紀末から研究が進められてきた。その系譜は、ジェイ・デイヴィッド・ボルターの『ライティング スペース』（黒崎政男、伊古田理ほか訳、産業図書、一九九四年、原著刊行一九九〇年）あたりを出発点にして記号論やポス

論の見通しもぐっとよくなりますね。たとえば、前回の講義の最後に出てきた夢の話。夢というのは、この図で言えば、上向きのピラミッドのなかで、いちどシンボル（語表象）になったはずの記憶が、もういちどイメージ（物表象）として降り直すことでつくられるものだと言えます。そしてフロイトの『夢解釈』は、まさにそれをもういちど上向きに差し戻す分析技術として存在した。

他方で現在開発されているという夢のデコーディング技術は、下向きのピラミッドのなかで、脳の電流という痕跡を取り出し、プログラムによって処理したうえで、その結果をもういちど上向きのピラミッドの頂点に差し戻す作業として存在している。

石田　iPadをいじっているときも、人間はシンボルやアイコンを書いたり、いろんな痕跡を残したりしているわけだけど、下の三角形では、そのすべてについて情報処理をして、アルゴリズムに送り出しているわけですね。精神、身体、機械が連続して成り立つようなインターフェイスのなかにわれわれは生活しているということです。

東　とても大きな見通しを与えてくれる図です。あえて杜撰な話に落とせば、上のピラミッドは文系学問の領域、下のピラミッドは理系学問の領域を表しているとも読める。これこそ文理融合の図であって、東大駒場の一年生に教科書的に教えたほうがいい。これが東大駒場の理想なのだと。

石田　ちょっと褒めすぎじゃないかな（笑）。

ト構造主義を援用しつつ発展し、Peter Bøgh Andersen の *A Theory of Computer Semiotics* (Cambridge, Cambridge University Press, 1991) がコンピュータをメディアとして扱う記号論としてその方向を初期に明確に打ち出した代表的著作である。人とマシンのインターフェイスに情報記号論の問いを設定しようという石田の情報記号論はこうした系譜から出発している。

他方、プログラミングを対象にコンピュータの言語自体を記号論的に説明する研究に、田中久美子『記号と再帰――記号論の形式・プログラムの必然』（東京大学出版会、二〇一〇年）およびその英語版 Tanaka-Ishii, Kumiko. *Semiotics of Programming* (New York, Melbourne, Cambridge University Press, 2010) がある。（石田）

人工知能の原理——アブダクション

石田　ここまでを踏まえると、人工知能というのは、パースの言う述定を学ぶ機械だと考えることができます。つまり、人工知能の機械学習というのは、あるデータに対して、これは女のひとの顔であるとか、さらに踏み込んで笑っている楽しい顔であるといったことを、どうやって述定できるかを学んでいるわけです。同じように、データだけを与えられた人間がどう処理しているかというロジックを理論化しようとしたのがパースの記号論だと思うんですね。

東　なるほど。記号論を述定の学だと捉えることで、人間も人工知能も等価に扱うことができるわけですね。

石田　そうなんです。だから非常に現代的なテーマなんです。パース以前の論理学は、カリカチュア的な言い方をすると「アリストテレスは人間である、人間は死すべきものである、だからアリストテレスは死ぬ」という三段論法ばかりをやっていた。それに対してパースは、この写真に写っている顔は、こういうシーンだというところまで述定のレベルを下げていく。そのロジックを考えるのがパースの記号論です。述定は必ずしも文字だけでできているわけではなく、写真や映像でできているかもしれない。こういうロジックを、カテゴリーを立て直すことでつかまえようとしたのがパースなんです。

フッサールの現象学も、似たような述定のロジックを考えていました。なぜ人間は、さまざまに見えているものの本質を「これは◯◯だ」と述定できるのか。そういう問題を「志向性」という概念で説明しようとしたのが現象学だったと思います。

そうすると、人工知能分野で問われているシンボルのほうの記号接地問題は、ぼくたちのような人文学者にとって、おもしろい例題をいろいろ突きつけてくれます。そちら側の学問はどこまでやれますかという問いかけに、こちら側はここまでできますと答える。そういう対話ができる領域になっているんですね。

現在の人工知能は、深層学習によって、類像や象徴を勝手に推論する方法を獲得しています。この件について、記号接地問題の提唱者であるハルナッドの文献［★32］を読みました。その文献で、かれは、「表象 representation」を「iconic representation」「categorical representation」「symbolic representation」という層で分けて、それぞれの層でなんどもデータの変換を繰り返すことによって、推論結果を確率的に出力できると述べているんです。これが、いわゆる機械学習とか深層学習と言われるものです。

東　おもしろいですね。「アイコン（類像）的表象」「カテゴリー的表象」「シンボル（象徴）的表象」を区別するんですね。だとすれば、いわゆる機械学習は、この図で言えば指標から象徴への上昇を……。

★32　Harnad, Stevan. "The Symbol Grounding Problem." *Physica D*, vol. 42, North-Holland, 1990, pp.335-346.

石田　まねているということになる。そして、その模倣をモデル化するときに使われているベイズ推論［★33］は、パースが定式化した「アブダクション abduction」という手続きと非常によく似ているんです。

東　ちょっと補足させてください。一般に論理的推論には「帰納 induction」と「演繹 deduction」があることがよく知られています。帰納とは個別的な事例から一般的な法則を導き出すことで、演繹はその逆で一般的な法則から個別的な事例を導き出すことです。このふたつはよく知られていると思いますが、パースは「アブダクション」という第三の推論形式があると主張しました。これはなんと翻訳されているんでしょうか。

石田　仮説形成かな。

東　つまり「確実には言えないけど、たぶんこういうことだろう」ということですね。アブダクションというのは、そういう働きを指します。石田さんとしては、人工知能の働きはそのアブダクションに似ていると。

石田　原理としては、パースが考えていたアブダクションなんですね。大量のデータを高速で処理しながら、そのつど仮説を形成して推論している。

従来の人工知能は、シンボリックな、つまり約束事にもとづいた表象だけを扱うという限定をつけていたわけだけど、なかなかうまくいかなかった。それが大量のデー

★33　ベイズ推論は、通常の統計学的予測で用いられる頻度主義ではなく、ベイズ確率にもとづいた推論のこと。数学者のトーマス・ベイズが示したベイズの定理に起源を持つ。ある事象が起こるまえと起きたあとで、確率の関数を新しいデータにもとづいて改定していく（＝新たに仮説を形成する）ことを特徴とする。

タを処理しながら、アイコニックな表象（類像）や、だいたいこうだろうというカテゴリカルな表象など、中間的な表象をつくれるようになったことで、ブレイクスルーが起こったと思うわけです。同時にこのことは、高速の計算と大量のデータがなければ、人間の推論プロセスをシミュレートすることにはならないということも示している。

東　おもしろいですね。ぼくは人工知能についてはただの素人でしかないのでそのかぎりでの感想になりますが、ぼくはじつは、深層学習はけっきょくは人間の脳が自然にやってきたことをそのままできるようになったにすぎないので、産業としてのインパクトはすごくても、哲学的にはおもしろくないのかなと思っているんです。

　たとえば、ぼくたちは決して、日本語の文法規則を知っているから日本語を話せるわけではありません。なんとなく大量の日本語を聞いてきたから話せる気になっている。だからほんとうは話せていないのかもしれない。自分の言葉は相手に通じてもいないかもしれない。でも言語なんてそんなもので、日本語をほんとうに話せるとはなにかを定義しようとしてもできない。ウィトゲンシュタインを挙げるまでもなく[★34]、こういう話は哲学的にはかなり昔からなされていて、人工知能の出現はその主張を裏書きしているだけのように思います。大量の教師データさえ用意すれば、比較的簡単なプログラムを走らせるだけで、人工知能は日本語を学ぶことができる。それは産業的にはたいへんすばらしいことだけど、「言語とはなにか」についてはなにも新

★34　ウィトゲンシュタインは死後に刊行された著書『哲学探究』において、言語を理解することについての考察を行っている。かれによれば言語の理解とは、文法的な規則を把握することではなく、「言語とそれが織り込まれている活動の総体」としての「言語ゲーム」における言語の適切な使用としてしかありえない。実践的な言語活動は多様なためすべてのゲームに共通する普遍的な規則は存在しないとするかれの論は、のち頻繁に参照されることとなった。

しい知見を与えてくれない。なぜならばそこで人工知能が行っていることは、子どもが毎日世界中で行っていることと同じだからです。

それは、こう言い換えることもできます。英語と日本語を通訳できるひとはたくさんいる。でも翻訳の本質は哲学的にまったくあきらかになっていない。かつては「翻訳とはなにか」を考え、エキスパートシステムの人工知能をつくろうとしたこともあった。けれどもそれではうまくいかず、ビッグデータにもとづくグーグル翻訳の世界になった。これはたいへん便利ですが、冷静に考えると、翻訳が安価に大量に手に入るようになったという産業的なもの以外のインパクトはない。グーグル以前にも訳者は世界中に大勢いたのだし、翻訳の本質なんて考えなくても通訳はできた。人工知能は、その「なんとなく翻訳できてしまう」ひとたちを大量に生み出したにすぎない。

最近は、人工知能の出現で人類の歴史はがらりと変わるんだとか、人間の定義が揺らぐんだとかいう議論がさかんです。けれど、ぼくはむしろ、人工知能の出現によって、人間の謎や意識の謎はますます深まっているように思うんです。人工知能が日常生活のなかに入ってきたとしても、ぼくたちは「人工知能を対象とした人文学」を必要とするだけなんじゃないか。

石田　とてもいいレスポンスをいただきました。データを情報処理する人工知能は、ぼくたちのことを、人間的な意味で「理解」しているわけではまったくないわけですね。ところがぼくたちはその機械と接しながら、意味の世界を生きている。そのインターフェイスでどんな問題が起こっているか、それを読み解く手掛かりとしてふたつのピラミッドについて考えてきたわけです。

パースと「記号」接地問題

石田　ここで、記号のピラミッドにおける「接地 grounding」の問題をあらためて整理したいと思います。

パースの記号論では、ピラミッドのボトムを文字どおり「基底 ground」と呼んでいます。パースのグラウンド（ground）とは、言い換えれば観点のことです。なかなかわかりづらいんですが、ある観点から意識や意味を経験する。このときの「ある観点」、「動機」と言ってもいいかもしれませんが、それを「基底」と呼ぶわけです。

さきほど述べたように、ブーニューの順番とは異なり、パースは類像（アイコン）に記号の一次性を認めました。

これはどういうことかというと、パースの場合、東さんが言ってくれたように、「いま・ここ」という現在に、純粋な質である quale の経験があって、その性質が記号として存在すると考えたわけです。quale の複数形は「クオリア qualia」です。たとえば、純粋な赤さという独特の質の経験がクオリアです［図8］。パースは、感覚の質（qualities of feeling）ということもさかんに言っています。たとえば、ぼくたちは音楽を聴いて、それが心地よいとか暗いとかいろいろな感覚の質を感じますね。音楽をそのように気分として受け取っているときには、音を情動的な観点から暗いとか心地よいと聞かせる解釈過程が聴くひとの心に介在している。そういう場合には、気分つまり情動の観点から音を聞き取る、「情動的解釈項emotional interpretant」による解釈過程であるとパースなら考えるわけです。つまり、情動（emotion）の記号過程《セミオーシス》もパースの記号論のなかには組み込まれているわけです［★35］。

ものごとのクオリアこそが本質となる記号、それはパースの三分類の言う「類像」にあたりますから、パースでは類像記号に一次性を認めることになります。パースは、記号ピラミッドの基底には、「可能性としての類像」と呼ぶようなクオリアの経験があると言います。かれはそれを「純粋なアイコンpure icon」と呼びました。ピュアアイコンにおいては、まだ、経験している質がどういうものかという対象化がありません。それに対して、対象化が行われたものは、ヒュポアイコン（hypoicon）、つまり低次のアイコンと呼んだ。パースの枠組みで、さきほど指摘したブーニューによる指標と類像との順序

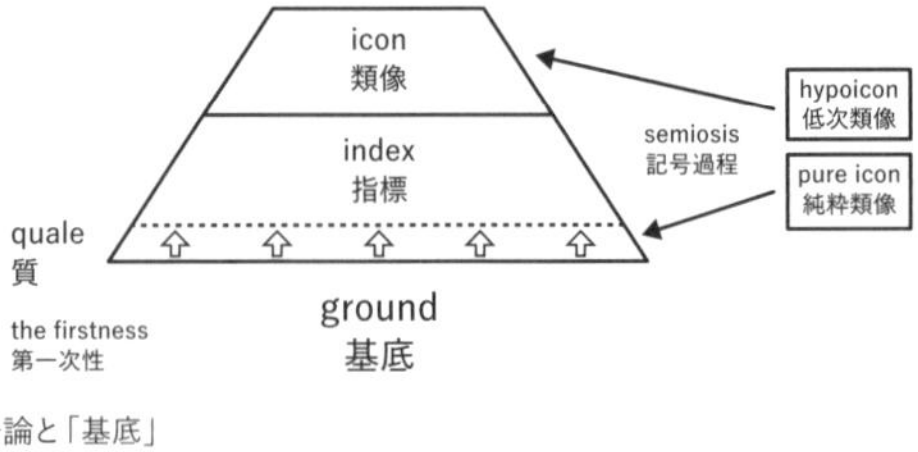

図8 パース記号論と「基底」
パースの記号論（semiotics）にとって、記号経験の基底にあるのは、一次性のカテゴリとしての質すなわちクオリアである。このときクオリアは純粋類像とされ、類像が対象の二次性をともなって現れる低次類像とは区別される。絵や図や写真を見て対象との類似を見てとる経験は、対象との関係づけとしての指標の二次性をへたうえで、一次的な質を帯びた像が認知される記号過程である

の逆転をあえて整理すると、類像にはふたつのレベルがあって、まずクオリアとしてのピュアアイコンがあり、つぎに対象との関係が指定された（つまり記号関係が二次化した）あとにヒュポアイコンが成立するというふうに整理されることになります。

東　なるほど。それで、ピュアアイコンが指標を生み出す知覚経験で、ヒュポアイコンが二次的だと考えれば、ブーニューの議論とも整合性は取れると……。

石田　そのとおりです。そして、このように見ると、パースにおける記号すなわちサインの接地問題は、ダマシオの「情動／感情」の議論とぴったり合うことになります。両者はともに、感情あるいは感覚のもとになる情動をベースにして、記号や意識の理論をつくろうとしているからです。

東　うーむ。記号の成立そのものの起源には、「感情による情動の捉え返し」という一種の二重化があった。ダマシオがソマティック・マーカー仮説で述べていたその二重化について、パースはピュアアイコンとヒュポアイコンの区別として語っていた。驚くぐらいに、さまざまな議論がつながってきますね。

石田　なお、パースは自分の記号学について、一九〇六年に書かれた書簡でつぎのように言っているのですね。「わたしがいままで概念化してきたことのすべては、記号というには狭すぎて、本当は記号という代わりにメディウムというべきだったのではないか」（All my notions are too narrow. Instead of 'sign', ought I not to say Medium?）と［★36］。つま

★35　パースの「情動的解釈項」については、*Collected Papers of Charles Sanders Peirce volume V: Pragmatism and pragmaticism.* Cambridge, Harvard University Press, 1934, p.326を参照。

★36　Parmentier, Richard J. "Signs' Place in Medias Res: Peirce's Concept of Semiotic Mediation." Mertz. E. & Parmentier, R. J. ed. *Semiotic Mediation: Sociocultural and Psychological Perspectives.* London, Academic Press, 1985. 石田による訳。

り、自分の仕事は、記号論ではなくメディア論と言ってもいいかもしれない、と語っています。逆に言えば、メディア論もまた、その基底には情動の問題があると言えるでしょう。

東　これはまた興味深い言葉ですね。パースは、記号とはメディアだと言っていたんですね。繰り返しますが、記号はそもそも、「感情による情動の捉え返し」という一種の二重化を経て生み出されている。そしてその二重化が、記号をたんなる個体のなかだけのものにとどめず、集合的、メディア的なものに開く役割を担っている……。

石田　そうなのです。パースの射程にはすでに情動の記号論が入っていたし、「情動的解釈項」という考え方には感染のメディア論という方向もあった。フェリックス・ガタリがそこに注目していたと言われています［★37］。

「志向性」問題

石田　では、こんどは同じ問題を、最初の講義で扱ったフッサールの現象学から見てみることにしましょう［図9］。

現象学は人間の体験や生きられた経験という問題を扱う学問ですが、その原理となる概念が「志向性」です。フッサールは志向性こそが普遍的なメディウムであると『イ

★37　伊藤守『情動の社会学――ポストメディア時代における"ミクロ知覚"の探求』(青土社、二〇一七年)に詳しい。(石田)

★38　「志向性とは、［……］結局のところ、志向的とは性格づけられないような体験を含めて、およそすべての体験をおのれのうちに含み込んでしまうような一つの普遍的なメディウムに等しいものなのである」。エトムント・フッサール『イデーンI-II』、渡辺二郎訳、みすず書房、一九八四年、一七二頁。訳文を一部修正した。(石田)

デーン』のなかで述べています［★38］。
そういう志向性の成立をずっと掘り下げていくと、意識のボトムにどんな経験が現れるのか。そこでかれが問題にするのが、第1講義で触れたように「時間」です。つまり、時間が流れていくという経験が基本の原理であり、ほかの意識の経験はそこから出発して説明されるべきだと言うんですね。

東　『内的時間意識の現象学』とメロディーの話ですね。

石田　はい。そしてそれにくわえて、フッサールの現象学には「ヒュ－レーHyle」と「モルフェMorphe」という概念の対があります。ヒューレーは素材という意味ですが、現象学ではとくに経験の素材となるデータのことです。モルフェは「かたち」を意味します。

志向性とは、ヒューレーつまりデータがまず与えられ、意識がそのデータをもとにさまざまなかたち＝観念（モルフェ）をつくっていくプロセスのことです。そしてフッサールは、その志向性の問題を突き詰めていくと、時間の問題に辿り着くと言っている。これは、記号の基底（グラウンド）には時間性の経験があると読み取ることができると思います。

ぼくたちのメディアの経験は、基本的には時間の経験です。一日十数時間起きているなかで、ネットを見たり、電話をかけたり、ユーチューブを見たり、

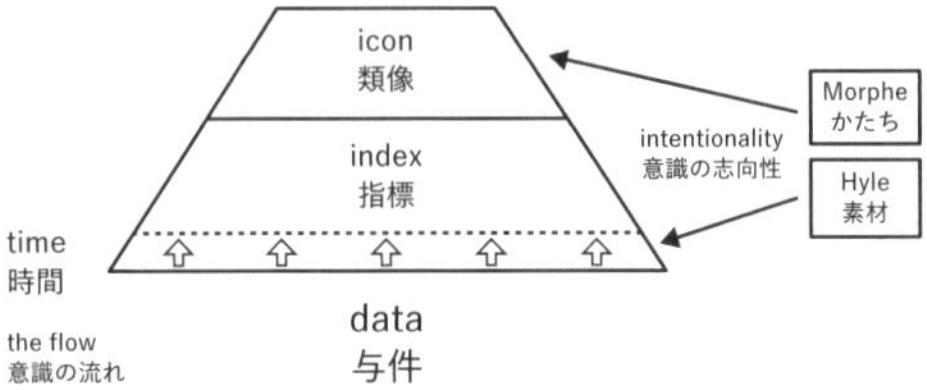

図9　フッサール現象学と「時間」
フッサールの現象学（phenomenology）にとって、意識体験の基底にあるのは時間である。時間とともにある意識の流れが原初的な与件であり、そこを素材として、意識の志向性が、かたちを捉えることで意味が生みだされる

SNSをいじったりして記号をやりとりしている。そのおおもとには時間の経験があり、意識は時間の関数であるというように、時間と意識が連動することによって意識生活が成り立っているわけです。

東　新しく時間の問題が出てきました。ここでもういちど整理をしてよいでしょうか。いま、ぼくたちは、二一世紀の新しい記号論を考えるにあたり、そもそも記号とはなにか、記号が成立するとはなにかという話をしている。

石田　はい。まったくそのとおりで、記号はいったいどのように成立するのか、その基底をたしかめているわけです。

東　そこでまず、記号の謎として、個体的でありながら集合的、論理的でありながら身体的という二重の性格がある。さきほどまでは、そこで、ダマシオ／ブーニュー／パースを引くかたちで、記号の成立そのものの起源に「感情による情動の捉え返し」という一種の二重化があることを指摘していた。そしてこんどは、フッサールを引くかたちで、「志向性が現在をつくる」という時間性の二重化について語ろうとしている。

石田　まったくそのとおりです。時間性は哲学的にはじつにたいへんな問題です。哲学をやっているひとはみな考えたことがあるはずですが、そのなかでも必ず出くわす議論に、ハイデガーが『カントと形而上学の問題』〔★39〕で提起した問題があります。

★39　『ハイデッガー全集第3巻　カントと形而上学の問題』、門脇卓爾訳、創文社、二〇〇三年。

ハイデガーはそこで、カントの超越論的感性論を「現象学的」に解釈し直して、「純粋自己触発としての時間性」ということを言いました。時間の本質は自己触発にあるというわけですが、そこで「自己触発」と訳されているのは、英語では self-affection です。つまり、今回ずっと問題にしてきている情動（affect）とか感応（affection）の問題と、時間の問題は直結しているのです。時間の問題は「触れる」ことと関係していて、それが時間性の「二重化」が意味しているものだと思います。フッサールはそこに意識の「流れ」を見るのですが、ハイデガーはそこに二重化を見たのですね。それで現在時の問題を棄却して、過去時とか未来時とかいう時間の二重化とその存在解釈の方向へと向かうのがハイデガーです。フッサールはあくまで現在が問題の基本なのですね。で、現在にこだわる現象学の確立に打ち込む。東さんがパースについてさきほど言ったように、フッサールにとってはなによりも現前の問題が思考の中心にある。

ふたつの「現象学」

石田　さらに続けます。ここで興味深いのは、パースとフッサールというふたりの思想家が、歴史的にほぼ同じ時期に、「現象学」という新しい学問を提起したことです。しかしそこに込められた意図にはちがいがあります。

さきほども話したように、パースの記号論は、「これは◯◯である」という述定から原理を解きほぐそうというアプローチを取っています。パースは、シンボルつまり約束事による述定を扱っていた論理学を拡大して、アイコンやインデックスによる述定も扱う学問へと発展させるべきだと考えました。つまり、述定を発展させるものが記号学だということです。

このアプローチはかれが生きた時代の精神と対応しています。パースが生まれたのは一八三九年ですから、一九世紀後半のアメリカを生きているわけです。それはまさにアナログメディアが発達した時代だった。

カール＝オットー・アーペルという最近亡くなったドイツの哲学者は、パースを「アメリカのカント」と呼んでいます［★40］。ぼくはそれにひとつ加えて、「エジソンの世紀のアメリカのカント」だと言いたい。当時は、フィルムやレコードといったメディアがデータをさまざまに読み書きし、それが人々の意識生活をつくるようになりはじめた時代です。そういう「現象」をカテゴライズしていく記号学をつくろうというのが、パースの仕事でした。それはまた、カントのカテゴリー論、つまり「超越論的論理学」を組み替えて、「超越論的記号論」――アーペルはパースの記号論をそう呼んでいるのですが――をつくる仕事でもあった。それが「エジソンの世紀のアメリカのカント」という言葉が意味することです。

★40 Apel, Karl-Otto. *Towards a Transformation of Philosophy*. Boston, Routledge & Kegan Paul, 1980, p.80. カール＝オットー・アーペル『哲学の変換』、磯江景孜訳、二玄社、一九八六年、六八頁。

東さんが指摘してくれたように、パースは現在というものを出発点に理論を組み立てている。まさにそのとおりです。ただ、パースの記号論は、現在という経験に、どういう述定が与えられているかをつかまえるところから始まる。それをパースは「現象学 phenomenology」と呼びました。

東　なるほど。

石田　他方で、フッサールの場合、意識の現在のあり方の記述、すなわち「志向性」の体験を書き取るということをめざしました。かれはそこから「現象学 Phänomenologie」を考えます。そうすると時間の問題が出てくる。というのも、述定が起こるあいだには時間があるからです。「これが○○である」と言うあいだ、「これ」から「○○である」までには、一定の時間がかかるわけです。だからこそ、フッサールにとっては、知覚世界の「述定以前 pre-predicative」が大きな問題になってくるんですね。

東　パースとフッサールのあいだに明確な対比が生まれました。いま「述定以前」という言葉が出たので、ひとつ聴衆のために補足させてください。

ここまでずっと「述定」の話をしてきましたが、これはbe動詞のことだと考えるとわかりやすいと思います。「りんごは赤い」というときに、ヨーロッパの言語では「りんご」と「赤い」を結びつけるbe動詞がある。それが述定の機能を果たしているのですが、そもそもこの述定とはなにかという方向で哲学を深めていったのが、フッサールの継承者であり批判者であるハイデガーです。ハイデガーといえば「存在」という概念ですが、これはドイツ語でSein、英訳ではBeingです。つまりは、かれもともとは述定の根源にさかのぼる仕事をしていた。ハイデガーはもともと現象学から始まったひとで、かれの存在論にも最初は論理学的な側面がありました。ただ、よく知られるとおり、かれの「存在」という概念はだんだんと非常に神秘的かつ詩的なものに変わっていきます。そして自然科学や論理学と親和性の高い部分は切り落とされることになる。

ハイデガーに限らず、二〇世紀には、述定以前の領域を考えようとした思想家がたくさんいます。ただ、ほとんどのケースは、科学から離れて文学的なものになってしまう。それはある意味であたりまえで、科学はそもそも、「AはBである」という述定が機能する世界を前提としているわけです。だから、「AはBである」という述定以前の世界にさかのぼろうとする議論は、どうしても神秘主義に近づく。

そのような流れを踏まえると、石田さんのお仕事が、その「述定以前」をもう一回科学のほうに差し戻す、そういう試みであることがわかると思います。

石田　補足ありがとう。そのうえで、最後に見ておきたいのがデリダです。

最初の講義でデリダのグラマトロジー（文字学）を紹介しましたが、そのボト

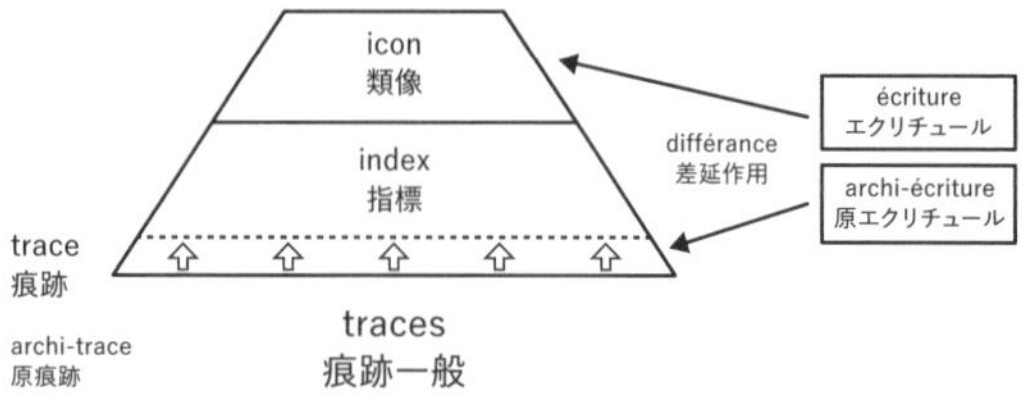

図10　デリダ文字学と「痕跡」
デリダの文字学(grammatology)にとって、記号作用の基底にあるのは痕跡一般の問題系である。痕跡の根源的作用は原痕跡あるいは原エクリチュールと呼ばれる。文字（エクリチュール）のはたらきのもとには痕跡の差延作用がはたらいている

ムには、東さんが指摘したように「痕跡 trace」という考え方があります［図10］。それは「原痕跡 archi-trace」や「原エクリチュール archi-écriture」とも呼ばれるもので、エクリチュール（文字）のさらに根源にあるものです。そしてかれは、痕跡が痕跡化される運動そのものに、「差延 différance」があると言う。フッサールはそこに時間性の問題を見たわけですが、デリダは時間のもとにも差延があると言っているわけです。

東　デリダのエクリチュールは、類像（アイコン）に対応するものではなく、むしろ象徴（シンボル）と類像のあいだに来るもののような気がします。ぼくはそれを、エクリチュールはシンボルとイメージのあいだにあるものなのだと表現して、論文を書いたことがあります［★41］。文字の問題は、あくまでも書かれたものとしては絵（イメージ）でしかないはずのものが、理念的な象徴性を持ってしまうところにある。

石田　ぼくもそう思います。その「あいだ」のところを、アナログメディアの問題として扱おうとしたのが『声と現象』なんですね。ところが、そのあとの著作では問題はもっと下のほうに降りてくる。

東　『グラマトロジーについて』において、デリダの関心がこの図においての下に降りてくるという見方は賛成です。「原エクリチュール」などという奇妙な概念が出てくるのも、記号の奥底を見ようとしたからでしょう。

石田　いずれにせよ、こういうふうに、「記号のピラミッド」の図を導入することで、

★41　東浩紀「想像界と動物的通路——形式化のデリダ的諸問題」、二〇〇〇年。現在は『サイバースペースはなぜそう呼ばれるか+』（河出文庫、二〇一一年）に収められている。東はこの論文で、「人間」のハイデガー的あるいはラカン的な定義は、論理的にあまりにも洗練されているがゆえに、人間（現存在）とモノ（存在者）を対置させることしかできず、結果として、半ば人間的でもあり半ばモノ的でもあるさまざまな存在者、たとえば動物などについての哲学的思考を妨げてきたと主張している。東によれば、デリダの仕事の多くは、人間とモノのまさにその「あいだ」を思考することに向けられており、エクリチュールの概念もまたその要請から生まれた。シンボルとイメージ、記号とモノの両義性をもつ原初的記号＝エクリチュールについての思考

こそが、現代思想の抱える人間中心主義を内破するはずだとの問題提起は、「エクリチュール」という言葉こそ用いられていないが、近刊の『ゲンロン0　観光客の哲学』（ゲンロン、二〇一七年）まで一貫している。（東）

パース、フッサール、デリダを突き合わせることができるようになる。すると、すべてが「データ」になる現代において、逆に記号論や現象学、グラマトロジーがそれぞれ考えていた「基礎づけの問題」がもういちど重要なものとして浮かび上がってきているのだということがあきらかになる。つまり、いわゆるシンボルのほうの「記号接地問題 symbol grounding problem」は、これらの学がすでにサインのほうの「『記号』接地問題 sign grounding problem」として問うていた問題だったはずだということを、ぼくたちは思い出す必要があるのです。それをよく思い出したうえで、人工知能問題なるものと対話しないといけない。これが、今日お話ししたい三つのテーマのふたつめとなります。

「述定以前」の問題

東　ありがとうございます！　しかし、ここまででまだ三分の二とは、最終講義だけあって、今日はハードですね……。聴衆のみなさんもお疲れかもしれません。ここでいったん講義内容をまとめつつ、石田さんの構想の思想史的な位置づけを試みたいと思います。

石田さんの記号論再生のプロジェクトで重要なのは、第一に、理論を「身体」「集団」の問題に開くことを恐れないところ、そして第二に、情報科学や脳科学との連携を真剣に構想しているところだと思います。

いままでも何度か話してきたことですが、二〇世紀前半の多くの哲学者はじつは、このような「人々が身体で集合的につながっていく問題」に取り組んでいました。それは大衆社会論でもあり、メディア論の問題でもあった。つまり「述定以前」の問題です。

けれども、その構想は、ハイデガーのナチ接近問題［★42］などもあり、いったんとても危険なものだと見なされるようになった。その結果、ドイツの哲学は、社会学化し、ハーバーマスのようなとてもお行儀のいいものになった。他方でその危険なところを引き継いだのがいわゆる「フランス現代思想」ですが、こちらはこちらで、あえて言えば、「述定以前」の世界の政治的な危険性をきれいに脱臭しながら、理論だけを先鋭化しようとした。その結果、思想の言葉は、妙に文学化し、また実存主義化することになった。フランスのポストモダニズムが実存主義の新しいバージョンだなんて言うと専門家には怒られるでしょうが、たとえばドゥルーズとガタリの「ノマド」なんてじっさいに日本では若者の新しい生き方みたいに受け取られてしまったわけで、そういう受容の側面は確実にあったと思います。

さらに細かく言えば、そんな実存主義化したフランス現代思想が、なぜか七〇年代

★42　ハイデガーは一九三三年、ナチス政権成立直後にフライブルク大学総長に就任し、同時にナチスに入党。総長就任演説「ドイツ大学の自己主張」で、「存在の問い」こそがあらゆる学問体系に先立って民族共同体の結束を強めると主張し、ナチスの反ユダヤ主義に迎合する姿勢を取った。その後ナチス内部での権力争いに敗れたハイデガーは一年あまりで総長職を辞任。それと符合するようにヘルダーリン研究にもとづく「述定以前」の詩的思想へと傾いていった。

以降のアメリカでは新しい左翼（ニューレフト）のための政治哲学として受容され、「述定以前」すなわち「主体以前」について語っていたはずの理論が「新しい主体」の基礎づけとして使われるというふしぎな転倒も起きることになります。文化研究（カルチュラル・スタディーズ）やポストコロニアル・スタディーズ、ジェンダー・スタディーズなどいま英語圏のアカデミズムで「理論」（セオリー）と呼ばれている書き手は、基本的にこの流れに属しています。

つまり、いま世界の哲学には、「述定以前について考えない」派（政治哲学や社会学）と「述定以前について文学的に語る」派（ポストモダニズムの残党）と「述定以前について語りながら主体の権利を主張する」派（北米の文化左翼）の三派がいて、それらはいずれも、二〇世紀初頭にはあった数学や神経科学、いまでいう情報科学や脳科学との連携を切ってしまっている。そのようななかで、この三回の講義で紹介している石田さんのアプローチはきわめて独特で重要だというのが、ぼくの理解なのです。

石田 ありがとう。なるほど、昔、三派全学連などというものがあったなんて受け答えをすると世代が知られてしまうからやめよう（笑）。ともあれ、いまの東さんの整理はおもしろいです。ぼくのこのコーナーでのトピックは、「記号と論理」という題をつけた。これはどういうことかというと、論理学と記号論の関係はどうなっているのか、という問いに見通しをつけようという話だったのです。

パースはさきほど言ったようにカテゴリー論を組み替えて論理学を記号論としてつくり直すプロジェクトを手がけた。フッサールについてもじつは論理学をつくり直そうというのがかれのプロジェクトで、それはなによりもかれの主著が『論理学研究』として書かれていることが示しているとおりです。デリダはそのフッサールの計画を見ながらロゴスの学を脱構築しようと企てた。論理学との関係ではほぼこんなふうに整理できるかと思います。そういう意味では三者三様に論理学の基礎づけ、あるいは脱構築を行ったと言えると思う。

で、ぼくの「記号の正ピラミッド」でいうと、論理学は一九世紀まではピラミッドの上位を占める「シンボル」階に関わる知だったわけですが、三者三様にピラミッドの階層を降りてくる仕事をすることになった。そして、記号のピラミッドのボトム——記号過程の基礎づけ——を問うことがかれらの仕事の中心になっていった。だいたい、こんな整理ではないのかな。なぜそうなったかというと、メディア学者のぼくの見方では、やはり人間の論理が文字や言語だけの論理にはとどまらなくなったからなのではないかと思う。

他方、現在の人文学者や哲学者は究極のチャレンジに直面している。なぜかというと、とくにヨーロッパ大陸系の哲学が、いま東さんが言ってくれたように、実存とか政治とかポストモダンとかディコンストラクションとか、「記号のピラミッド」の下降ベクトルの仕事をしているあいだに、「記号のピラミッド」の上位では、一九世紀以降の論理学の革命と数学化を経て、二〇世紀に復権した普遍数学（チューリングとかフォン・ノイマン）が情報科学を発達させ、認知科学や人工知能を生み出した。つまり、情報テクノロジーが、ぼくの図でいう「記号の逆ピラミッド」を完成させて、世界のすべてをデータに還元してしまうことになったからだね。これは現象学的還元や脱構築よりもっとずっと完璧に徹底して破壊的な「還元」であって、意味も意識も時間も社会も政治もなにからなにまですべてがデジタルデータに還元されてしまうことになったわけだ。それで、いま人文学者や哲学者たちには、すべてがデータに還元されてしまったときに、意味とは、意識とは、時間とは、社会とは、政治とはなにか、を至急答えることが求められている。

人文学者や哲学者は、このチャレンジに真正面から応えなくてはならないのだということを、はっきりと言明してくれる東さんのような思想家がいてぼくはほんとうにうれしい！

東　ありがとうございます。こんどはぼくが照れる番ですね（笑）。

3 模倣と感染――スベテが「ネットワーク」になるとき

タルド／ドゥルーズ＝ガタリのほうへ

スピノザの「模倣」

石田　それでは、先に進みましょう。今日の講義の最後のトピックは「模倣と感染」です。第1講義の復習になりますが、現在のメディア・コミュニケーションでは、「文字テクノロジー graph-technology」と「遠隔テクノロジー tele-technology」がセットになって、人々の意識生活を囲い込んでいるという話をしたと思います。

ここまで述べてきたふたつのトピックは、基本的には文字テクノロジーという枠組みの議論を追うものでした。ではそういった知見は、遠隔テクノロジーとどのように関係しているのか。それが三つ目のテーマ「模倣と感染」という問題につながってきます。

東　ついにメディア論に入るのですね。

石田　はい。冒頭で言ったように、キットラーの言葉をもじれば、現在は「書き込みシステム 2000」の時代です。だれもが日常的に iPad やスマートフォンを使い、ヒトもモノもデータとなってネットワーク化されていく。それにしたがって、文字テクノロジーもシンボリックな領域から、記号ピラミッドの下のほうへ、つまり類像（アイコン、イメージ）や指標（インデックス）の領域へと降りてきた。ブーニュー的な言い方をすれば、退行してきたとも言えるし、東さんの言い方ならば動物化ですね。人間は二〇世紀以来、よくも悪しくもそういうベクトルに進んできたわけです。そしてボトムにはなにがあるか、ということを、この講義ではさまざまな角度から見てきました。

この問題を「遠隔テクノロジー」とつなげるとっかかりとして、ふたたびスピノザの言葉を引用しておきましょう。

> （第三部）定理二七　我々と同類のものでかつそれにたいして我々が何の感情もいだいていないものがある感情に刺激されるのを我々が表象するなら、我々はそのことだけによって、類似した感情に刺激される。［★43］

むずかしい言い方をしていますが、言っていることは単純です。たとえばネットでだれかが怒っていたら、それを見ている人間も似たような怒りの感情に動かされる、ということです。むかつくと人々がネットで言っていると、自分もむかつく気分になってくるという。

★43　『エチカ　倫理学（上）』、二三七頁。

東　自分にはなんの関係がない人間でも、殴られているのを見ると、自分が殴られたときに感じるであろう感情と似た感情が喚起される。ルソーの言う「憐れみ」の基礎ですね[★44]。でもいいことばかりではなくて、同じ原理で、ヘイトの連鎖のような悪い結果も起こる。

石田　そういうことです。重要なのは、スピノザが共同体や社会を考えるときに「模倣」を原理にしようとしていたことです。

模倣の重要性を考えるうえでは、フロイトを対置するといいと思います。フロイトは、一九二一年に書いた『集団心理学と自我分析』という論文で、集団性の問題を扱っている[★45]。かれは、当時のマス（大衆）の状況を見ながら、この論文を書いています。しかしぼくの率直な感想としては、フロイトの議論は、現代の社会を理解するにはきわめて不十分なものだった。だから「スピノザへ帰れ」であり、「模倣」から出発しようということなんですね。

ではなぜフロイトではだめなのか。フロイトは『集団心理学と自我分析』もそうなんですけど、模倣ではなく「同一化」の理論を採用しているからです。ぼくがあなたに「同一化」するという、その同一化です。そして同一化の理論というのは、視覚モデル、光学的モデルでつくられたイメージの理論でもある。しかしイメージや表象の理論では、現代のネット社会を説明することはできないだろうとぼくは思っています。

★44　「憐れみ pitié」はルソーの性善説を支える、人間の精神的基礎のひとつ。『人間不平等起源論』（一七五五年）においては、「各個人において自己愛の活動を和らげ、種全体の相互保存に協力している」とされ、あらゆる人間が共有する普遍的な本性と考えられた。東は『ゲンロン0　観光客の哲学』の第四章において憐れみを、「誤配」を生み「郵便的マルチチュード」を成立させる基盤として取り上げている。

★45　フロイト「集団心理学と自我分析」（藤野寛訳）、『フロイト全集17　1919－22　不気味なもの　快原理の彼岸　集団心理学』、須藤訓任責任編集、岩波書店、二〇〇六年。

光学モデルの限界

東　いま、重要なのは「同一化」ではなく「模倣」だと指摘されました。その意見には全面的に賛成です。フロイトの自我の理論は同一化の理論であり、光学をモデルにした理論でした。

同一化の理論が光学をモデルにした理論だ、と言われてもピンとこないひとも多いかもしれません。そのような聴衆のために補足しますと、同一化というのは、「わたし」が「あなた」に同一化する、感情移入して同じ存在になりたいと思うという心の作用のことですが、そのような作用は鏡や映画を例に説明されることが多いのです。たとえば、日常用語でも、かれは彼女に自分を「投影」するなどと言ったりします。その「投影」（プロジェクション）というのは、映画の映写でも使う言葉です。第一回の講義ではフロイトの心の装置が光学的で映画的だという話がありましたが、このような意味でも、精神分析の理論は本質的に光学の比喩でつくられていると言えます。

じっさい、精神分析の同一化の理論と光学モデルが結びつくことで、二〇世紀末になると、ラカン派のスラヴォイ・ジジェクが大量の映画批評を書くことになります［★46］。ジジェクの理論では、人間の主体は、そもそもが映画の観客そっくりのメカニズムでつくられることになっています。つまり、人間は映画を見るように世界を見

★46　スラヴォイ・ジジェク（一九四九－）は、スロヴェニアの哲学者。ラカンの愛弟子であるジャック＝アラン・ミレールのもとで精神分析を学ぶ。一九八九年に出版されたデビュー作『イデオロギーの崇高な対象』（鈴木晶訳、河出書房新社、二〇〇一年）をはじめ、『汝の症候を楽しめ――ハリウッドvsラカン』（鈴木晶訳、筑摩書房、二〇〇一年）、『ラカンはこう読め！』（鈴木晶訳、紀伊國屋書店、二〇〇八年）など、ラカン派精神分析の理論を用いて映画を論じつつ、その議論を政治や社会にまでアクロバティックに接続する著作が多い。

ていて、映画俳優に同一化するように他者に同一化するということになっているわけです。だから、映画について語ることは、そのまま心の構造について語ることになっている。そのためジジェクは、映画を分析することで社会を分析した気になっている。そして文化左翼のなかではたいへん影響力がある。

でもあれはマジックなわけです。そのマジックが成立する理由はなにかといえば、けっきょくは、第2講義で語られたように、そもそもフロイトの理論そのものが光学メディアをモデルにしてつくられているということにさかのぼる。しかし、そのかぎりで、人間や主体の理論はいつまでも映画という特定のモデルに縛られつづけることになるわけです。

石田　プロジェクションによって同一化が説明されるんですね。

東　そうなんです。そこを突破しないといけない。

石田　まさにぼくも、そこを突破しないと現在の社会を理解することはできないと思っているんです。だから、問題を再定義する必要があります。アナログメディアでのコミュニケーションは、光学的な「投影」だとか、「屈折」だとか、「歪像」すなわち「歪曲」だとか、「反映」「反射」といった、メディアのアナログ性に規定されたカテゴリーを通して思考されてきました。しかし、デジタルなコミュニケーションは、そうした法則にはしたがわない。デジタルメディアの法則、すなわち複雑系やべき乗則、フラクタルからつくられているネットワーク技術が張りめぐらされているぼくたちの生活世界では、光学のカテゴリーを離れて、「模倣」や「感染」から集団性の問題を考えなければなりません。

東　哲学が新しいとか古いとかは言っても意味がないし、じっさい、そういうことを言わないという前提で、この連続講義は成立していると思います。けれど、そのうえで言えば、やっぱり精神分析のモデルは「古い」んですよね。映画という古いメディアをモデルにしている。そのせいで現実と齟齬が生まれている。

そもそも、単純に考えて、現代人を動かしているのは同一化とは考えられません。たとえばドナルド・トランプが二〇一六年のアメリカ大統領選で勝ったのは、決して多数の人々がトランプに同一化したからではないでしょう。有権者の多くが、トランプという人間に自分を重ね、「トランプの考えと自分の考えは同じだ」と考えたかといえば、そうではないと思います。そうではなく、むしろ、かれの人気は、トランプがばらまいた「身振りの断片」が、ウィルスのように伝染し、感染したからだと捉えたほうがいい。つまり、トランプという人間が自分とぜんぜん別の人間なことはわかりきっているけれど、かれの発言はなんとなく記憶に残るし、かれのハッタリはなんとなくかっこいい、だから支持するという投票行動があったんだと思うんです。ツイッターが、その「断片化したトランプ」の最たるものです。

ところが、日本でもアメリカでも、知識人はなぜトランプが支持されるのかわからないとずっと言いつづけている。わからないのは当然で、それはかれらがいまだに同一化の理論でトランプ現象を解読しようとしているからです。貧しい労働者がトランプに同一化できるわけがない。どう考えてもトランプはかれらを代表していない。でも断片に感染するということはある。パラダイムを変えないといけませんね。

石田　その現象を分析した調査はあるんです[★47]。トランプ支持者とクリントン支持者のツイッターを分析したもので、それによると、両者はほとんど接触していないんですよ。お互いがお互いのなかで感染を拡げているのであって、そこに接触はないんですね。

また、ソーシャルメディアのコミュニケーションと感情的な感染とのあいだにはどのような法則性が見つかるかという研究も蓄積されている。たとえば、いい気分のツイートはいい気分のツイートを増す傾向があるし、悲しいツイートを受けたひとはあまりツイートをしなくなる傾向があるとか、その手の調査や分析はたくさんあります。

東　とはいえ、それを説明する心の理論がない。経験則しかない。

石田　おっしゃるとおりです。ここでも、スピノザの理論がものを言うとぼくは思います。さきほど、スピノザの理論は「表象」の理論ではないと言いました。かれの理論はむしろ「表出」の理論です。トランプの支持者は、必ずしも世界観やイデオロギー

★47　二〇一六年アメリカ大統領選挙に際して、マサチューセッツ工科大学（MIT）Media Lab のソーシャル・マシン研究室では人工知能を使って大規模なメディア調査が行われた。The Electome. と命名されたプロジェクトでは、選挙キャンペーン中のツイート一〇億件がリアルタイムで追跡調査され、ユーザー間のツイートの相関関係が分析された。その結果、クリントン支持層および主流メディアのジャーナリストのツイート群とトランプ支持層のツイート群とは重ならず、主流メディアの予測が外れる原因となったことが可視化された。次のサイトを参照。"Parallel narratives: Clinton and Trump supporters really don't listen to each other on Twitter," *VICE News*. December 8, 2016. URL ＝ https://news.vice.com/en_

といった「表象」を共有しているわけではない。むしろ、みんなで勝手にスマホをかざしているのと同じで、みんなで勝手に自分たちの不満を「表出」している。それは、感情の感染であるわけだけれど、同一化ではない。起こったのはスピノザ的な情動のコミュニケーションなのです。

この傾向はとても厄介です。イデオロギーの批判であれば、知識人でもできる。たとえばぼくが、トランプのイデオロギーはこんなにネオリベラルで貧しい人々の利益とは正反対だ、みんな騙されている、目を醒ませ、と言えばよい。そういう啓蒙は知識人が最も得意とするところです。

東 じっさいにそういう啓蒙は行われていますね。

石田 ところが無力です。なぜならば、現在の世界で起こっていることはそもそもそういうことではないからです。身体レベルの情動コミュニケーションでの感染現象が問題なのです。人々の身体の不幸——経済的な身体、政治的な身体、文化的な身体の不幸という意味ですが——を、トランプのどうでもいいツイートが勝手に「表出」して、それがリツイートされていっていることが問題なのです。

だから、社会の病理を見るためには、いまは模倣と感染による気分の拡がりをリアルタイムでモニターしている必要があります。そのような活動が、社会の感染について警告を発することができるし、処方箋を考えることができる。

us/article/d3xamx/journalists-and-trump-voters-live-in-separate-online-bubbles-mit-analysis-shows（二〇一八年一二月一一日アクセス）（石田）

ところが問題なのは、いまはもっぱらプラットフォーマー側がそういった研究の蓄積をしているということです。一般の人々がこの原理に意識的にならなければ、それはプラットフォーマーに近いひとたちだけがアクセスする知になってしまいます。

たとえば、その例として有名なケースが、フェイスブックが二〇一四年に行った感情実験です。これは、一群のユーザーに対して、ポジティブに偏った投稿とネガティブに偏った投稿をそれぞれ表示して、その反応を比較するというものです。結果を見ると、ポジティブな投稿を見たユーザーは、その後、ポジティブな投稿が増えたし、ネガティブな投稿を見たユーザーはネガティブな投稿が増えました。感情は感染していたわけです。この実験は秘密裏に行われたため、さまざまな批判を受けることになりました［★48］。

権力による感情の利用にどう対抗するか

東　連続講義の主題からずれますが、もうすこし具体的な状況論を続けさせてください。

いま指摘された「感情の感染」については、たしかにマーケティングの分野で研究が進んでいます。こういう広告をここに打てば売上が上がるとか、こういうツイート

★48　その後、二〇一八年四月になって、フェイスブックから八七〇〇万人ぶんの個人情報が流出し、ケンブリッジ・アナリティカというデータ分析会社により米大統領選でトランプ陣営のために不正利用されたのではないかという疑惑が明るみに出て（「ケンブリッジ・アナリティカ事件」）、二〇億人以上のユーザーを抱えるようになった世界最大のソーシャルメディアへの信頼が揺らいでいる。（石田）

をいつバズらせれば消費者はこう動くだろうということを、みんながやっている時代になっている。その状況で、ぼくたちが記号の特質について新しいリテラシーを持てたとして、すごく意識的になれれば、権力による感情の利用に対しても抵抗できると思いますか。

石田　それに対する解はないんだけど、少なくともどういう知識、どういう技術が働いて、それにどういうアセスメントが可能なのかというような知識はきちんと捉えておくのが学問の役目だとぼくは思っています。それを知らしめたからといって、みなさんの生活を変えるかどうかはわからない。だけど、プラットフォーマーの側にだけ知があって、ユーザーのほうにはまったく知がないという状況はよくないでしょう。ぼくはこれをオープンにすることや「原理とはなにか」を語るのが学問の役割だと思う。

だから、ユーザーになにができるかというのはまた別の話です。できないとは言わないけど、まずはどういう原理で動いているかを理解するほうが先に来ないといけません。

東　それはわかります。ポピュリズムやアーキテクチュアの権力に正確に対処するためにも、まさに同一化モデルと感染モデルのちがいを知る必要があるわけですね。

石田　おっしゃるとおりで、まちがった理論で問題提起してもまちがった処方箋しか出てこないので、まずは感染とはどういうことかについて、できるだけ正確な理解をつくることが重要だと思うんですね。

東　ただ、その点で言えば、権力批判側の政治家や運動家と現実のあいだにも齟齬が生まれているように思うんです。たとえば市民運動をする。デモをする。現実に起きているのは感染でしかないにもかかわらず、政治家や運動家のほうは、同一化の結果だと、つまりこんなに政権批判の人々がいるんだと勘違いしているということが起きているのではないか。SNSでたくさんRTされてひとが集まる。それは話題だから集まっているだけなのに、政治的な支持だと勘違いするようなズレが起きている。

石田　ぼくはいつも言うんですが、いわゆる批判的勢力は、二〇世紀の文化産業以降の問題をほとんど理解していないんですよ。すこし政治的な話になるけど、カッコつきの「左翼」的な批判勢力は、消費社会がなにかがわかっていないし、文化産業がなにかがわかっていないし、コミュニケーション・テクノロジーがなにかもわかっていない。だけどそれでは、自分たちの価値を提起することはむずかしいんだよね。だからどんな価値観を持つにしても、基本的にどういう原理で現象が動いているかをまず理解することがすごく重要なんです。

東　うーん。ぼくの見方はすこしちがっているんです。ぼくは、いわゆる左翼は、むしろ消費社会の利用に関しては習熟していて、だから問題だと思うんです。先日、たまたま千葉県佐倉市の国立歴史民俗博物館で「1968年」展［★49］を見たのですが……。

石田　ぼくの世代の話ですね（笑）。

東　それであらためて思ったのですが、べ平連（ベトナムに平和を！市民連合）［★50］の時点で現在の市民運動のやり方はほとんど出揃っている。党が指示をするのではなくて個が動くとか、多様な集会があってそこに文化人も巻き込んで祝祭感を出すとか、そういう方法論は半世紀前にすでに確立されている。

これは日本だけではなく、世界的にもそうだと思います。それこそマルチチュードのような議論はそういう経験から出てきている。しかし問題なのは、さきほど言ったように、それがしょせんは感染でしかないということを運動家が忘れているように見えることです。権力側の感染に対して反権力も感染を使うという「感染競争」はけっきょくは不毛なだけのようにも思うのですが、その点はどうお考えですか。

二〇世紀資本主義の四つの柱

石田　そうですね……。状況論だと行き詰まるので、すこし発展的な話をしましょうか。

★49　二〇一七年一〇月一一日から一二月一〇日にかけて同博物館で開催された企画展示『「1968年」──無数の問いの噴出の時代』のこと。ベトナム反戦運動のほか、大学闘争、三里塚闘争、水俣病闘争などの市民運動・学生運動に関連する資料約五〇〇点が展示された。

★50　ベトナムに平和を！市民連合は、一九六五年に小田実、開高健、鶴見俊輔らを中心として発足したベトナム戦争に反対する市民団体。会員制を採らない無党派の団体で、市民の自発的な参加によって構成された。街頭デモや討論会のほか、米国主要紙での反戦広告の掲載や米軍の脱走兵の支援など独特な活動で知られ、その方法論は以後の市民運動に大きな影響を与えている。一九七三年にパリ協定が調印され、米軍がベ二〇世紀の資本主義には四つの柱があったんです。「テイラー主義」「フォーディズム」「ハリウッド」「マーケティング」の四つです。最初のふたつが生産に関わるイノヴェーション、最後のふたつが消費に関わるイノヴェーションですね。そして、これら四つが柱となってアメリカの覇権が確立されるのが二〇世紀の資本主義です。

東　はい。

石田　まずはテイラー主義から見てみましょう。アメリカのエンジニアで経営学者のフレデリック・テイラーが一九一一年に『科学的管理法』という本を書いて、生産現場の労務管理の「科学的管理法」を理論化しました［★51］。近代的マネジメントの発明です。従来の生産現場では、伝統的な技術を持った労働者と作業形式の寄せ集めで生産が行われていましたが、テイラーが導入したのは、労働者による生産工程を動作の構成単位に分解して、最も合理的で効率的な動作の組み合わせを割り出して、生産ラインを組み立てるという方法でした。たとえば、家具を生産するとき、ひとりがすべての身振りを行ってひとつの家具をつくるより、ひとりの労働者はひとつの決まった動作を担当し、合理的な工程にしたがって、それぞれが異なった動作を繰り返し、生産ラインによって製造したほうが効率的なわけです。そのために労働の動作をフィルムで記録したり、効率をストップウオッチで時間計測したり、という具合に科学的に合理性を追求していく。

トナムから全面撤退したことを受けて、翌七四年に解散。

★51　フレデリック・W・テイラー『新訳 科学的管理法――マネジメントの原点』、有賀裕子訳、ダイヤモンド社、二〇〇九年。

東　テイラー主義の導入はアナログメディアの発達と関係していたんですね。

石田　そのとおりです。じつはレーニンは、それに対していちはやく一九一四年に「テイラーシステム――機械による人間の奴隷化」という論文で、すごくシャープな批判を書いています［★52］。この論文でレーニンは、テイラーが映画技術を活用していることをじつに鋭く見抜いているんですね。テイラーは、労働者の身振りをフィルムに撮って、分析して最も合理的な身振りの連続として組み立てている。つまり人間の身振りをモンタージュ（＝編集）することによって科学的な管理法は成り立っている、それは労働の全体性を解体して人格性を奪う人間の奴隷化であると。そうやって、映画というメディアとテイラー主義の関連性を見事に指摘しているんです。

そしてこのテイラー主義を産業規模で実装したのがフォーディズムです。これはよく知られている。ベルトコンベアーによって、流れ作業で車が組み立てられ、合理的につくられるようになる。安価なT型フォードがそのようにして大量生産され、フォードの車をつくる労働者もフォード車を買うことができるようになった［★53］。そのように生産と消費が回るようになったわけです。

「フォーディズム」と最初に命名したのがだれか知っていますか？

東　いえ、知りません。

石田　アントニオ・グラムシですよ。グラムシがフォーディズムという言葉を最初に

★52　Lenin, V. I. "The Taylor System: Man's Enslavement by the Machine." *Lenin Collected Works*. Vol. 20, Moscow, Progress Publishers, 1972, pp.152-154. つぎのＵＲＬで読むことができる。URL＝https://www.marxists.org/archive/lenin/works/1914/mar/13.htm（二〇一八年一〇月二四日アクセス）

★53　T型フォードは、アメリカの自動車メーカー、フォード社が一九〇八年から二七年にかけて生産した自動車。流れ作業によって大量に生産できる安価な大衆車であり、一九年間で一五〇〇万台が売られた。その成功は大衆に車を普及させモータリゼーションの先駆けになるとともに、分業による大量生産への口火を切り、大量生産・大量消費社会をもたらした。

使ったんです。かれは、フォーディズムはテイラー主義の実装であって、フォーディズムこそが二〇世紀型の大衆消費社会をつくる資本主義のかたちなんだと指摘した。フォーディズムは労働者が車を買うことができる資本主義を生み出したが、これこそがマルクスの言う「利潤率の傾向的低下の法則」[★54]にたいするアメリカ資本主義の回答だと『獄中記』で明確に言っているんです[★55]。

このふたつの事例は、二〇世紀型資本主義の労働と生産に関わるふたつの柱に関しては、マルクス主義者たちがいちはやく非常にシャープな分析をしてその本質を批判する理論を持っていたことを示しています。

東　たしかに。いまでも通用する議論ですね。

「ハリウッド」と「マーケティング」

石田　ところが「ハリウッド」と「マーケティング」はちがうんです。

東　というと?

石田　映画産業史は多くのマニアが知っていることなので多言を要しませんが、ざっくりとだけ説明すると、まず「活動写真」――この日本語はエジソンのmotion pictureの訳語ですが――を発明したエジソンが、一九〇八年に映画大手会社のトラスト、M

★54　「利潤率の傾向的低下の法則」とは、マルクスが『資本論』で分析し、近代産業が必然的に持つとした法則。マルクスの理論において、総資本は生産手段(不変資本)と労働力(可変資本)の合計とされ、利潤(剰余価値)は労働力からの搾取によってもたらされる。したがって、利潤によって生産効率が上昇し、より少ない労働者によって生産が行われるようになれば、必然的に総資本に対する利潤の比率は低下していくことになる。

★55　アントニオ・グラムシ(一八九一－一九三七)は、イタリアのマルクス主義思想家。ムッソリーニの独裁政権下で投獄されるが、その獄中で三〇冊以上の『獄中ノート』を記した。そこに書かれた「ヘゲモニー」や「サバルタン」などの用語は、カルチュラル・スタ

PPC（モーション・ピクチャー・パテンツ・カンパニー　別名エジソン・トラスト）を結成することになる。その悪どい独占支配をきらった独立系映画会社が西海岸に逃れて立ち上げた拠点が、ハリウッドですね。初期の映画はフィルムの感度が低かったので、雨の降らないカリフォルニアは撮影のためにたいへん都合がよかったのです。

そして、ハリウッドが急速に映画の聖地となっていくのが一九一〇年代です。映画がほんとうの意味で映画になるためには、映画が物語を語れるようになる長編映画（feature film）の発明が必要でしたが、それは一九一五年のD・W・グリフィス『国民の創生 The Birth of a Nation』というとんでもないレイシスト映画の誕生をもって嚆矢とする。これが映画史の常識です。つまり、映画の歴史には、政治と資本主義が密接に関わっているわけです。

ぼくの感覚としては、ぼくたちの国には、映画史だけ知っていてメディア史を考えないひと、映画だけ知っていて資本主義を考えないひとが多すぎると思います。それらのひとたちは文化産業に組み込まれてしまったひとたち、アドルノ・ホルクハイマー的に言えば「大衆欺瞞としての啓蒙」によって支配されてしまったひとたちなのではないか（笑）。二〇世紀の「大衆」としてはいたしかたないのかもしれないけれど、表象文化を語る学者や研究者までそうあってほしくはないな［★56］。

東　手厳しい批判ですね。たしかに表象文化論の若い研究者は、浮き世離れしている

ディーズを中心に後世に大きな影響を与えている。「フォーディズム」と「利潤率の傾向的低下」の関係性については、「［テイラー主義とフォーディズムという］この二つの生産および労働の方法は、不変資本の累進的増大という諸条件のもとに、可変資本的なものを増加させ法則を避けることによって、この傾向的法則を克服しようとする進歩的な試みではないのか」と評価している（『グラムシ・セレクション』、片桐薫編訳、平凡社ライブラリー、二〇〇一年、一九一頁）。

★56　その意味でも、御園生涼子『映画と国民国家——1930年代松竹メロドラマ映画』（東京大学出版会、二〇一二年）のような映画と資本主義と国民国家についてのすぐれた研究は貴重である。著者の早世が惜しまれる。（石田）

というか、政治や資本主義の問題にあまり関心がないように見えます。

石田　いずれにせよ、ここでの議論で重要なのは、長編映画で物語るということが、技術的にはモンタージュによって可能になったという事実です。それが映画という「文法」ですが、これは資本主義と無関係ではない。いましがた見たように、テイラーシステムはフィルムを使った「労働の文法化」でした。そしてフォーディズムは、その延長線上にある、生産ラインの発明による「生産の文法化」です。それに対して、同時期の映画の文法の成立は、「欲望の文法化」を可能にしたわけです。

東　なるほど。それらはすべて連動しているのだと。

石田　そうです。T型フォードを生産ラインで組み立てるように、映画もハリウッドの生産ラインで組み立てられる＝モンタージュされるようになる。じっさい、フォードの「車の工場」に対して、ハリウッドは「夢の工場」（ドリーム・ファクトリー）と呼ばれるようになります。フォーディズムが生産に関わる資本主義のイノヴェーションだとしたら、ハリウッドは消費に関わる資本主義のイノヴェーションです。映画というメディア・テクノロジーによって、資本主義ははじめて欲望を産業的に生産することができるようになった。これが「文化産業」です。

つまり、アメリカ型資本主義とは、消費を生産することができるようになった資本主義であるわけです。そこで、プールのある芝生つきの白い家で、ふたりの子どもと可愛い奥さんがいて車でパパが会社から帰ってくるような「アメリカ式生活 American way of life」の夢がエンドレスに生み出され、そうやって、生産と消費の資本主義のサイクルを無限循環させることができるようになったわけです。

東 うーむ。

石田 そして、四つ目の柱が、「マーケティング」の発明です。こちらは一般にあまりよく知られていない。マーケティングの立役者はエドワード・バーネイズで、かれはフロイトの甥なんですね。

東 えっ、そうなんですか？ それはまったく知りませんでした。

石田 そうなんです。おもしろいでしょう。フロイトの甥が、まさに伯父さんであるフロイトの集団心理学とギュスターヴ・ル・ボンとかウィルフレッド・トロッターの群集心理学を応用して[★57]、マーケティングというテクノロジーを生み出したんですよ[★58]。

バーネイズが最初に手がけたのは、第一次世界大戦へのアメリカ参戦に世論を誘導するプロパガンダの立案です。しかし、戦争が終わると、プロパガンダは戦争をイメージさせるので、「PR」(パブリック・リレーションズ)に言い換えようと提案した。それで「PR」という言葉が定着したわけです。

東 PRという言葉をつくった人物が、フロイトの甥だった！ これは考えさせられ

★57 ギュスターヴ・ル・ボン(一八四一‐一九三一)は、フランスの社会心理学者。著書『群衆心理』(一八九五年)において、厳密な思考よりも衝動や習慣を優先する群衆の心理的側面を強調し、彼らを動かす指導者こそが大衆の手本になると主張した。イギリスの脳神経外科医ウィルフレッド・トロッター(一八七二‐一九三九)はル・ボンの議論を援用し、第一次世界大戦中に出版した *Instincts of the Herd in Peace and War*(一九一六年、未邦訳)において、大衆を個人ではなくひとつの集団として管理する方法とその有効性を主張した。

★58 エドワード・バーネイズとPRの歴史については、スチュアート・ユーウェン『PR！――世論操作の社会史』(平野秀秋ほか訳、法政大学出版局、二〇〇三

ますね。

石田　そうでしょう。かれは一八九一年生まれですが、とても長生きで一九九五年まで生きていました。かれには、マーケティングについていろいろなサクセスストーリーがあります。

　よく引き合いに出されるのは、アメリカのタバコ会社のための女性に向けた喫煙キャンペーンです。昔はアメリカでも、女性の喫煙は白眼視されて抑圧されていました。そこでタバコ市場の飽和を受けて、相談を受けたバーネイズがプロデュースした一九二九年のキャンペーンがあります。女性が喫煙の習慣を持てば市場は二倍になるので、「サフラジェット」[★59]と呼ばれる婦人参政権運動家をはじめ、男まさりのタバコを吸うかっこいい女たちを集めてイースターにニューヨーク五番街を練り歩くという行進を仕掛けた。かれはこれに「自由の松明 Torches of Freedom」という自由の女神を連想させる名前をつけて、メディアに報道させます。そこを起点にして、女性喫煙のポジティブなイメージを広めることで、映画にもタバコを吸う美しい女優が出演し、女性の喫煙習慣が広まったわけです。

　フロイトの甥ですから、バーネイズのマーケティング理論は精神分析でできています。かれは、マーケティングとは「心の中の隠された市場」に働きかけるノウハウだと言っている[★60]。そのようにして、無意識のレベルで消費の欲望に働きかけるテク

年）が本人探訪記をふくみ詳しい。（石田）

★59　「サフラジェット Suffragette」は、一九世紀末から二〇世紀初頭にかけて女性参政権運動に従事した人々のこと。その名は英語で参政権を意味するsuffrageに由来する。イギリスの女性活動家、エメリン・パンクハーストが一九〇三年に結成した「婦人社会政治連合」を中心に、放火や器物損壊、ハンガー・ストライキなど過激な運動を展開した。なお、M・G・フォーセットらの「婦人参政権協会全国同盟」を代表とする穏健派は「サフラジスト Suffragist」と呼ばれ、区別される。

★60　Bernays, Edward L. "Salesmanship and the Public Relations Approach: Hidden Markets in the Human Personality." *Public*

ノロジーが生み出されたわけです。

東　テイラー主義によって労働が文法化され、フォーディズムによって生産が文法化され、ハリウッドによって欲望が文法化され、最後にそれらの文法を利用し労働／生産／欲望を操作する技術、すなわちマーケティングが生まれた。

石田　そうです。以上の四つが、生産と消費を循環させるアメリカ型資本主義のヘゲモニーをもたらした。メディアはその基盤テクノロジーであるというわけです。

東　なるほど。ここでメディア論につながる。

石田　古いヨーロッパの資本主義では、生産と消費のひとつのサイクルによって市場が飽和すると恐慌が起こる、だから革命が起こると考えられていました。それがマルクスの理解だったわけですが、二〇世紀の資本主義は消費を無限に生産することができるので、もはやその図式は成り立たないのです。

ところが、このような「ハリウッド」と「マーケティング」をふくめた資本主義の消費パラダイムについては、マルクス主義者はまったく理論を持てなかった。唯一の例外がフランクフルト学派の『啓蒙の弁証法』[★61]です。けっきょく、マルクス主義者たちがなぜ敗北したかというと、生産の理論は持っていたけれども、消費の理論を持たなかったからです。だから二〇世紀の冷戦は終わりました。アメリカ型の資本主義がソヴィエト型の社会主義に勝利したのは、ソ連が消費の理論を持たなかったこと

Relations. Norman, University of Oklahoma Press, 1952.

★61　『啓蒙の弁証法』は一九四七年に出版された、テオドール・アドルノとマックス・ホルクハイマーによる共著。人間の啓蒙的理性がナチスドイツの野蛮性にいたった過程をホメロス『オデュッセイア』に見られる自然支配から読み解き、神話と啓蒙の弁証法が人間理性の喪失につながったことを指摘。同書の第四章「文化産業——大衆欺瞞としての啓蒙」では、映画やジャズ、広告といった大量生産品の消費が大衆に画一化を促していると批判されている。

が理由です。つまり消費を生産することができないモデルで資本主義を理解したことによって、冷戦は終わったんですよ。

なぜ記号論が必要か

石田　だから、消費を分析できないような理論は、二〇世紀以降生きていくことはできないんですよ。消費をもっと理解することからしか、つぎの社会へのオルタナティブはない。ぼくはその理論をつくっていると思っている。つまり、どういうふうに欲望はつくられるかとか、どういうふうにして欲動は制御されるのかとか、どういうふうにして情動は動員されるのかとか、そういう理論です。いまはマーケティング産業が占有しているテクノロジーをぼくたちがじっさいに理解することによって、世界がどういうふうに動いているのかがもっとよくわかるようになる。そこからしかつぎの社会のビジョンは生まれない。

東　いや、おっしゃるとおりです。そして、この話が、さきほどのぼくの質問への回答であることもわかってきました。

石田　それはよかった。じつは、ぼくがいま乗り越えようとしているアナログ時代の記号論がもてはやされた一九八〇年代の日本は、戦後復興キャッチアップの高度成長が終わり、まさに、いま言った消費を生産する消費資本主義が全面化した時代でした。アナログメディアという資本主義のテクノロジー基盤が、一挙に消費文化を開花させた時代です。だから、現代記号論はそのアナログメディアとそもそもの成立からして親和性が高いので、それが消費社会を読み解くために召喚されたことには、まさに認識論的必然性があったわけです。むやみにバルトやボードリヤールが流行ったわけではないんですね。

それ以後の時代は、消費を説明できなければ理論にならない。だから、メディア論や記号論なしに社会批判は成り立たない。ぼくはどちらかというと進歩的なひとたちに呼ばれてこういう話をするんですけど、なかなか理解してもらえないんだよね。だけどそこを理解しないと、政治的にも負けちゃうんですよ。

東　なぜ理解しないんですかね。

石田　やっぱり生産の理論にとどまってしまっているからでしょう。それに関連して言うと、ぼくはSEALDs［★62］をまさにこの観点から評価しているんです。東さんが批判的なのは知ってるけど（笑）。

東　いや、単純に批判しているのではないんですよ（笑）。

石田　とにかく、あの時点、つまり二〇一五年の安保法制問題のときですけど、消費社会での異議申し立てというものが、消費者のポジションからどう出てくるか。それ

★62　SEALDsは学生を中心に構成された政治団体「自由と民主主義のための学生緊急行動 Students Emergency Action for Liberal Democracy」の通称。二〇一三年の特定秘密保護法に反対する学生団体を前身とする。二〇一五年の安全保障法案に反対するデモを中心としたその活動は、ツイッターなどを介して若年層を中心に多くの動員を生み、リベラルな政治運動の新しいかたちとして注目を集めた。全国に関連団体が派生し、知識人からも多くの支持を得たが、二〇一六年に解散。二〇一七年には後継団体である「未来のための公共」が元メンバーによって立ち上げられた。

が大事だと思ったんです。それは戦後社会をいくつの時代で理解するかということとも関係している。戦後高度成長期があり、消費社会があり、長期停滞期がありというような時代の移り変わりのなかで、たとえば、水着を買ったあとにデモに行くというのは[★63]、消費社会の論理のなかから、政治的な主張をつくり出していこうという動きだと思ったのね。デザイン性が高くなければ政治的主張は広まらないとか、SEALDsのひとたちは、そういう消費社会、メディア社会の基本的常識を踏まえたところから出発していましたね。そこにすごく新しいものがあったと感じています。なぜならそれまでの反対勢力は戦後高度成長期の文化を脱していなかったからですね。

これはマーケティングの歴史的な蓄積の結果でもある。現代社会では、人々の意識としては、だれも自分を労働者と思っていないじゃないですか。だけど、いわゆる左翼的、社会主義的なひとたちは、労働者というものを基本に据えるポジションから言説を出している。それでは、普遍化した消費社会においてはだれにも訴えません。文化産業は、人々に消費者としての意識を生み出すことに集中しているわけですから。ぼくたちは、子どものころから人々がそのような意識を産業的に育てられてきた社会に生きているわけです。労働者をふくめて、意識はみな完璧に消費者化しているんです。

だから、逆サイドから行かないとだめなんです。消費者というポジションから問わ

★63　二〇一五年六月一二日に開催された「戦争立法に反対する国会前抗議行動」において、SEALDsのメンバー橋本紅子さんが行った演説で語られた言葉。Independent Web Journalの以下のサイトで動画を見ることができる。
URL=https://iwj.co.jp/wj/open/archives/249008

ないと、つぎの社会を問う言説は有効性を持たないんですね。つまりぼくたちは、消費者というポジションから「記号接地としての生活世界は大丈夫なんですか」という問いを出すべきなんです。意味とか意識のエコロジーは大丈夫なのか、とか。いまの世界は生存だけでなく意味をめぐる闘争でできていて、そのなかで消費の問題は生活世界に意味を与える最もジェネラルな問いである、とか。

東　なるほど。

石田　別の言い方をすれば、この資本主義社会はサド・マゾでできていて、人々は、生産者としてはマゾになり、消費者としてはサドになるという分裂した生活を生きているわけですね。そして、生産者としての生活は消費社会の裏側になっていて、そこで起きていることの情報はきわめて粗く、メディアに出てこない。社会全体が、アマゾンのサイトと配送センターのような関係になりつつある。世界についての情報も、人々の意識も、消費者視点に収斂してしまっている。

ところが、感染テクノロジーに囲まれている現在では、消費者というポジションもじつはどんどんマゾになっている。消費者として振る舞っているつもりでも、じつはSNSでは知らず知らずにデジタル労働をさせられている。情報をせっせとミツバチのように生み出しているのだけど、その蜜は吸い上げられて、プラットフォーム企業によってデータとして売り買いされているわけです。おまけに、いろいろな情報が大量に押し寄せてきて、自分の欲望が情報の流れに押し流されていく。消費の裏側で生産をがんばれば、消費では報われることになっていた生活も怪しくなっている。消費の主体になるとは欲望の主体になることだったはずなのだけど、いま欲望の主体になるという手触りはあるんだろうか。

そのときに、消費者は、マゾとしてはたして生きつづけることができるのか。生産者であることと消費者であることのふたつのバランスをどう考えたらいいか。二〇世紀的な意味ではもはや消費者としての主体になれないのではないか。そういうふうに突き詰めていくと、アマゾンの配送センターの内側にまで想像力が及ぶようになると思うんです。そして、政治や社会を問うというようなモメントも出てくるように思う。

こういうことを、メディアやコミュニケーションを基盤として意識がどうやって成り立つかということから解きほぐしていかないと、ほんとうの意味での今日の批判理論は生まれない。そのためのベーシック・セオリーを——なかなかわかってもらえないんだけど(笑)——つくっているとぼくは思っているんです。

東　うーん……！　ありがとうございます。この一連の講義の奥底にある動機というか、いまなぜ記号論とメディア論を立て直そうとしているのか、その問題意識がよくわかりました。とても納得しました。けれども、石田さん、いまさらですが、これは第1講義の冒頭で言ったほうがよかったと思います(笑)。

石田　そうかねえ（笑）。

東　そうですよ！　ほら、聴衆のみなさんも深く頷いている（笑）。いまのお話は、石田さんの経験や政治的立場も表れていて、この三回の講義の理解をぐっと深めるものだったと思います。やはり「いまのこの現実のなかで哲学がなぜ必要とされるか」をきちんと伝えないと、なかなか哲学はむずかしいです。

ところで、せっかく振られたのでSEALDsに関しても簡単にコメントすると、いまの石田さんがおっしゃったことに関してぼくは完璧に同意します。でも、ひとつ思うのは、さきほど触れた「1968年」展の話に戻りますが、そこではベ平連が脱走米軍兵の支援をやっていたことが展示されていたんですね。脱走兵を匿っている映像が流され、かれらがつくった偽造パスポートも展示されていた。ぼくはそれを見て、ずいぶん状況は変わったなと思いました。

さきほど言ったように、ベ平連の方法論は確実にSEALDsに受け継がれています。けれどいまSEALDsが偽造パスポートをつくったら、かれらはあっというまに支持者を失うでしょう。それはいまの世の中の限界であって、SEALDsの限界ではないんだけど、逆に言うと、いま石田さんがおっしゃったような消費者から始まるプロテストの限界を示すものでもある。いまや抵抗運動は、権力が決めた合法性の枠のなかでしかできなくなっている。そうでないと社会が許容しないわけです。

石田　この国ではね。

東　この国では。むしろ、この国がいちばんそうなっているのかもしれない。いずれにせよ、そうなってくると、SEALDsのような消費者を巻き込んだ感染型プロテストは、しょせんは文化祭にしかならないのではないかという疑いが出てくる。それがぼくが持つ違和感です。とはいえ、繰り返しになりますが、これはSEALDsの問題ではなく現代社会の問題ですね。

一九六八年革命をどう評価するか

石田　そうかなあ。東さんは文化祭と言うけれど、文化こそ大事なのではないか。ソヴィエト型社会主義が敗北した理由に戻ると、二〇世紀を通してソヴィエト型社会主義とアメリカの資本主義が対決したわけですが、アメリカの勝利には歴史的必然があったと思います。社会主義は絶対に、必然的に敗北した。唯一可能性があったとすれば、ロシア革命時に起こったロシア・アヴァンギャルド［★64］のような前衛運動が文化革命になっていく道でした。しかしそれをぜんぶ粛清してしまい、現実には文化革命は起こらなかった。そのために、ユートピアが崩れたのだとぼくは理解しています。

★64　ロシア・アヴァンギャルドは、おもに一九〇〇年代から三〇年代にかけてロシアで興隆した前衛芸術運動、あるいはその運動を担った芸術家たちのことを指す。過去や伝統と断絶して芸術の実践や理論における根本的な革新を目指すこと、その表現において社会と積極的な関わりを持つことなどを特徴とする。とくに一九一七年の社会主義革命に呼応するかたちで盛り上がりを見せ、実際の政策にも影響を及ぼしたものの、一九三〇年ごろになるとスターリン時代の政治的な抑圧や運動自体の行き詰まりによって終息する。

これは、具体的にはボリシェヴィキが悪いとはいえ、文化革命がないと、消費資本主義と二〇世紀型アメリカ資本主義というワンサイドでゲームが終わることが、歴史的に実証されたということです。そこで、遅れた文化革命としてやってきたのが、一九六八年にフランスで起きた五月革命なんですよ。そこでは、ボリシェヴィキ革命によって圧殺されたロシア・アヴァンギャルド的な、モダニズム的な革命が文化革命というかたちで起こった。そのことによって、構造主義者やポスト構造主義者の一団が、資本主義に対してさまざまな理論的な見通しを持てるようになった。たとえばドゥルーズとガタリの著作は、まさにそういう意味で、二〇世紀型資本主義というものを別の角度から説明する理論として現れてきた。それは、よく言われるようにマルクス＝フロイト主義的な「欲望の革命」の理論だった。そういう見取り図だと思うんです。

東　とはいえ、文化革命と政治革命はやはりセットでなければいけないのではないですか。政治革命を成功させたロシアが、文化革命が挫折したために失敗したという議論には完全に同意します。けれども、文化革命だけが成功してもやはりだめなはずです。一九六八年をめぐる言説というのは、文化革命、つまり「欲望の革命」を高く評価しすぎな気がしますが……。

石田　それは、ポストモダニズムをどう評価するかという話ですね。ポテンシャルとしては、文化革命だけでいいという話ではなかったとぼくは思うんです。だけど結果的には、ポストモダニズムは、消費社会をどう理解するかというツールとして消費されたことは否めないですね。記号論もそうだけど（笑）。

東　とくに日本における受容では、ポストモダニズムは実存主義的でロマンティックな運動になってしまった。それはポストモダニズムにかぎらない。市民運動も、世界を変えるにはまずライフスタイルの変革からみたいな話になってしまった。石田さんとぼくは二〇歳ほど年齢がちがうので、六八年革命の評価はちがわざるをえないと思いますが。

石田　革命はすごく多義的だからね。そのあとどう作用したかというのは、それぞれつぎの社会がどうなっているかというところにも関わっていますから。

タルドとドゥルーズ＝ガタリ

石田　東さんの仕事の奮闘はぼくはよくわかるつもりです。問題意識もかなり共有できていると思っています。とはいえ、このままだと最終講義が終わらない（笑）。模倣と感染の本論に戻りましょう。

東　そうでした。まだ予定の題目が終わっていないのでした。失礼しました！

石田 （笑）。とはいえ、もうこれで新しい人名は最後です。

ここで導入したいのがガブリエル・タルドというフランスの社会学者です。タルドは一九世紀後半に活躍したひとです。コレージュ・ド・フランスの教授にもなり、アカデミズムの頂点にいたひとですが、フランス社会学の頭領のようなエミール・デュルケームと論争を繰り返したことで、のちの世代からアウトサイダー的に見られてしまうところもありました。有名なドゥルーズ＝ガタリ――ジル・ドゥルーズとフェリックス・ガタリは共著ではふたりでひとりのように振る舞っているので、慣習的にこのように記すのですが――は、タルドを蘇らせることにかなり貢献していま す［★65］。日本では『模倣の法則』［★66］という本が翻訳されています。いい翻訳になっているので、関心があるひとは手に取ってみてください。この書名が表しているように、タルドは、社会を「模倣」という原理で説明しようという斬新な考え方を始めたひとです。

このタルドと同じ時代には、さきほども名前を挙げたギュスターヴ・ル・ボンという社会心理学者の書いた『群集心理』がすごく読まれていました。一九世紀末のフランスは、新聞が大量の情報を人々に行き渡らせたことで、マス（大衆）の時代に突入していきます。『群集心理』は、そんな時代のなか、群衆が起こすさまざまな出来事を分析した本です。アドルフ・ヒットラーもヨーゼフ・ゲッベルスも、それからフランクリ

★65 ドゥルーズとガタリの共著『千のプラトー』（一九八〇年）の第九章「ミクロ政治学と切片性」には、「ガブリエル・タルドへのオマージュ。」という一文から始まるパラグラフが存在する。そこでドゥルーズ＝ガタリは、タルドの論敵となったデュルケーム学派が「大規模な集団表象」を扱うにとどまったのに対し、その前提となる「数百万もの人間が示す類似性」を分析したタルドを、「ミクロ社会学の創始者であり、この社会学にその広がりと射程を与え、来たるべき誤解をもあらかじめ告発した」と評価している。『千のプラトー』中、宇野邦一ほか訳、河出文庫、二〇一〇年、一一七-一一九頁を参照。

★66 ガブリエル・タルド『模倣の法則 新装版』、池田祥英、村澤真保呂訳、河出書房新社、二〇一六年。

ン・ルーズベルトも読んだと言われています。それぐらいの影響力を持った本です。

この『群集心理』では、群衆がいかに催眠術にかけられたようにして一体化していくかということが、心理学的に説明されています。そして、さきほど触れたフロイトは、じつはこのル・ボンの理論に依拠して集団心理学を説明しました。ファシズムは群集が自我理想［★67］としての指導者に同一化することによって起きる、といった同一視と投影の理論による集団心理の説明です。このフロイトの理論は完全に映画モデルです。東さんもさきほど述べたように、第二回の講義で説明した映画のモデルで、フロイトは大衆心理も説明している。その点ではおもしろいのだけど、しかし、すでに説明したとおり、それはいまとなってはまちがいではないかと思います。

ところが、ル・ボンに対して、タルドは模倣ということから社会を理解しようとしました。模倣に注目する点ではスピノザと共通していますが、ちがいもあります。というのも、タルドは、スピノザではなくライプニッツを手掛かりにして、人間社会をモナドの相互反映のモデルで考えているのですね。模倣のなかに無数の模倣が見つかりそのなかにまた無数の模倣があるというように無限に模倣が反映していく、いわば、フラクタルな社会理論なんです。

そのようなタルドの理論を復活させようとしたのが、ドゥルーズ＝ガタリです。かれらは一九八〇年の『千のプラトー』で「言表行為の集団的連結 l'agencement collec-

★67 「自我理想」は、第二局所論におけるフロイトの用語で、ある主体がそうありたいと努めるモデルとなる審級を意味する。超自我と重なり合う用語だが、超自我がおもに良心と罪悪感に関係するのに対し、自我理想は理想と劣等感に関係する。フロイトは『集団心理学と自我分析』において、主体が他人をこの審級に置くことでその者への同一化を目指し、それによって集団的理想としての指導者への服従が生じて集団が形成されるという分析を行った。

tif d'énonciation」という概念を提示しますが［★68］、タルドはそれを先取りしていました。つまり、さまざまな言葉がどんどん増幅して連結していくというツイッターの原理みたいなものを、理論としてつくっていたわけです。

東　おもしろいですね。同一化モデルと模倣モデルの対立は、すでに一九世紀末にル・ボンとタルドの対立として起こっている。l'agencement collectif d'énonciation は日本語訳では「言表行為の集団的アレンジメント」となっている概念ですが、まさにSNSを予見したような表現です。

ただ、ここで皮肉なのは、ドゥルーズ＝ガタリはその「集団的連結」をポジティブに捉えていたということです。けれども現実にはその概念は、まったくネガティブな、それこそSNSでヘイトが無限に連鎖し増殖していくようなものとして実現化してしまった。

石田　おっしゃるとおりです。こういうことはよくあることだよね。カリフォルニアのハッカーたちも言表行為の集団的連結をポジティブに語っていたけれど、じっさいはポジとネガの両側面があって、ドゥルーズ＝ガタリの言葉で言えばテリトリー化と脱テリトリー化、再テリトリー化［★69］のような運動が起こっている。

★68　『千のプラトー』の序「リゾーム」に登場し、第四章「言語学の公準」で主に取り扱われる概念。ドゥルーズ＝ガタリは言表行為における意味や主体は重要ではなく、その社会的性格はもっぱら、それがいかにして非人称的な集団的な連結l'agencement collectif（邦訳では「集団的アレンジメント」）に関わっているかによって基礎づけられると論じた。かれらは一定の留保を置きつつも、その自由間接話法的なありかたに、ある言語のうちに異なる用法を生み出すことができるという肯定的な能力を見出した。

★69　テリトリー化、脱テリトリー化、再テリトリー化は、ドゥルーズ＝ガタリが『アンチ・オイディプス』（一九七二年）などで提示した概念。おなじくドゥルーズ＝ガタリのコード化、脱

模倣のテクノロジックな基礎

石田　タルドは、『社会法則』という本のなかで、「あるひとの奥底をよく探してみれば、必ずみつかるのは、幾人もの彼ら彼女らであって、その彼ら彼女らのなかにも、相互に判別できないほど絡まり合った、ますます数が増す彼ら彼女らが見つかるものだ」と、モナドロジー的な社会観を述べています［★70］。ひとりのひとのなかには、複数の人々がいて、その人々のなかにも複数の人々がいて……というように、どんどんパターンが増殖していくのが社会なんだ、と。これって、完全にフラクタル幾何学ですよね。

また、『模倣の法則』では、「社会とは何か？　私の考えとは、社会とは模倣だ、というものである」と書いていています［★71］。社会は、習慣、感情、帰属、知覚、知恵、教育、生まれ、議論などのすべてに関して模倣の諸様式から成り立ち、模倣の一般理論こそ、社会の信念や制度を説明するものだと述べている。つまりは、タルドは、徹底したミメーシス（模倣）にもとづくミクロ社会学の構築を表明していたわけです。

ル・ボンの群集心理学では、どうしても、暗示とか催眠とか投影および自己同一化とか、表象による媒介の原理に説明が向かいます。だからフロイトの集団心理学もその方向に向かったわけですが、繰り返しますが、いまはタルドの模倣論のほうがアク

コード化、超コード化という概念と重なり合う。同書の第三章「未開人、野蛮人、文明人」では、国家が大地を専制君主と直接に結びつけ（テリトリー化）、資本主義がその領土を解体し（脱テリトリー化）、かつ同時に自らの内部に境界や差異をつくり出していく（再テリトリー化）様子が描き出されている。

★70　Tarde, Gabriel. "Les lois sociale." *Œuvres de Gabriel Tarde*, vol. IV, Paris, Les empêcheurs de penser en rond, 1999, p.61. 石田による訳。ガブリエル・タルド『社会法則――モナド論と社会学』、村澤真保呂、信友建志訳、河出書房新社、二〇〇八年、三〇頁に対応。

★71　Tarde, Gabriel. *Les lois de l'imitation*. 2e édition, 1895 réimpression. Paris, Éditions Kimé, 1993,

チュアリティを強めている。キットラーが指摘したように、一九〇〇年代の「書き込みシステム」はフィルムとレコードとラジオだったわけですが、現在の書き込みシステムはテクノロジーの基盤がちがう。「いいね！」を押すと、知らないだれかと自動的につながる。RTをすると、知らないだれかの連鎖が幾何級数的に増殖する。感情の模倣や感染がつぎつぎ起きていく。二〇〇〇年の書き込みシステムは、感染型のコミュニケーションの基盤として、テレテクノロジーによって成り立っているのです［★72］。

　このようなコミュニケーションの変化は、二〇世紀的な表象の理論の限界を告げています。たとえば、ラカンの仕事の出発点となった鏡像段階論［★73］、子どもが鏡を見て自分の身体イメージを獲得するという理論ですが、これは投影（プロジェクション）の理論そのものです。その初出は一九三六年。ところが、そこから六〇年が経って、一九九六年にミラーニューロン［★74］が発見される。この六〇年の差は、表象理論と神経学的な理論のギャップを明確に示しています。

東　どういうことでしょうか。

石田　ミラーニューロンは、鏡像段階論みたいに経験的な話ではなくて、赤ちゃんはお母さんの顔を見たらそのひとがどういうひとなのかがわかり表情をまねて反応するということが脳に遺伝的に埋め込まれているという話だから、模倣という問題がク

chap. III p.96. ガブリエル・タルド『模倣の法則　新装版』、一二三頁に対応箇所。

★72　アメリカの起業家、IT投資家でPayPalの創業者ピーター・ティールは、スタンフォード大学では学部で哲学を学び（大学院は法律大学院で法学博士）、哲学者ルネ・ジラールの模倣理論から大きな影響を受けた。二〇〇四年にフェイスブックに大規模な資金援助を行い世界企業としての飛躍を支援したときにも、ジラールの模倣理論の知識がソーシャルメディアの成功を予見するために大いに役立ったと証言している。ジラールの模倣理論とティール、フェイスブックの関係については次の論考に詳しい。Shullenberger, Geoff. "Mimesis, Violence, and Facebook: Peter Thiel's French Connection," *Cybogology*. August 13,

ロースアップされるはずです。それはダマシオの理論における「身体ループ」のコミュニケーションと同じです。そのようなミラーニューロンの作動のうえで、身体と心の変化を指標レベルで察知することができるテクノロジーが、そこであなたが表出した感情を似た感情を持つひとへと自動的につなげるということが起こる。そうやって神経学的な基盤とメディア的な基盤が合わさって、リアルタイムで拡がる感染の原理が社会生活を覆い尽くそうとしているわけです。

人間の基本は現象を認識することです。起こっている現象を理解することができないと動物と同じだとぼくは思う。たんに感染しっぱなしではなくて、どういうふうに感染したのか、どういうことが感染を起こしているのかということを理解しなければ、動物として感染させられるだけになってしまう。身体ループに身を任せるのではなくて、もう一回り、こんどは認識のループをかける必要があると思うわけです。

東　ここでふたたび神経科学の議論が呼び戻されるのですね。精神分析は同一化と表象でしかコミュニケーションを説明できなかった。けれども新しい人文学は、模倣と新しい記号論によってコミュニケーションを説明しなくてはいけない。そしてそのためには新しい神経学的知見を参照する必要がある。

石田　そうです。ぼくたちは、ラカンが鏡像段階を出発点にして築いていった理論を相対化しないといけない。ミラーニューロンの理論がどのくらいの有効性とどのていい

2016.
URL=https://thesocietypages.org/cyborgology/2016/08/13/mimesis-violence-and-facebook-peter-thiels-french-connection-full-essay/（二〇一八年一二月三一日アクセス）（石田）

★73　鏡像段階論はラカンの精神分析理論の鍵概念。その理論によれば、幼児は鏡に映る像に同一化しながら、自己の統一的な全体像を見出していく。鏡像は幼児がはじめて目にする自己の姿であるとともに、自己の外に結ばれた像＝他者でもあり、その意味で幼児の身体イメージは他者に先どりされている。自己と他者とのその原初的な関係を経て、幼児は他者との秩序の世界（「象徴界」）へと参入する。ラカンがこの理論について記述した論考として「〈わたし〉の機能を形成す

どの拡がりを持つのか、ぼくにはよくわかりません。けれどもそれだけの大きな地平の変化があるわけだから、ミラーニューロンと対話できるような人文的な理論を再定義していくことは、もう待ったなしで求められているわけです。

東　よくわかります。

石田　ひととひとを自動的に結びつけるアルゴリズムもまた、テクノロジーの文字で書かれています。アルゴリズムも一種の書字（エクリチュール）です。その書字はひとの書く文字でもアナログなテクノロジーの文字でもなく数字ですが、一般文字学はそれにもまた対峙しなくてはいけない。ひとを感染させるデジタルテクノロジーの文字をどのように「読み書き」すればいいのか。記号の正逆ピラミッドの界面を理解することが、その第一歩となるはずです。

人文学の役割

石田　さて、長かった三回目の講義ですが、そろそろまとめに入りたいと思います。

東　おお、ついに……。よろしくお願いします。

石田　今日は、ダマシオの脳神経科学、パースの記号論、タルドの社会学という三つのモメントを通して話を進めてきました。そしてそれらをつなぐ基調低音として、ス

るものとしての鏡像段階」（『エクリ1』、宮本忠雄ほか訳、弘文堂、一九七二年）がある。

★74　ミラーニューロンは高等動物の脳内にある神経細胞のひとつ。他者のある行動を見たときに、自分がその行動をしているときと同じように活性化する。神経生理学者のジャコモ・リゾラッティの率いる研究グループが、猿の前頭葉の神経細胞の活動を計測している際に偶然発見した。模倣を通じて他者の意図を理解することや言語の獲得に役立つとされ、共感にも関わりがあると考えられている。

ピノザの哲学を導入しています。

前回までの講義では、「テクノロジーの文字」とぼくが呼ぶメディアの変化と脳神経科学の発達を交差させるかたちで、人間の意識や記号が成立する場所を探りました。それに対して、今日は、その講義の導き手としたフロイトを、さらにスピノザと結びつけることを試みました。それは、ヒトの意識や無意識の成立原理を、さらに社会の問いへと開くためでした。

東　はい。それは言い換えれば、人間ひとりひとりのなかでどのように記号が生まれるかという話を、社会のなかでどのように記号が働くかという話へとつなげるためでもありました。第1講義が記号論の新しい研究の方向を指し示す講義であり、第2講義が記号そのものの基礎論に立ち返る講義だったとしたら、今日はそれを社会分析に結びつける講義だったと言えると思います。

石田　そのとおりです。フロイトやソシュールが生きた「書き込みシステム 1900」の時代とちがい、現在では生活世界がそのままデジタルテクノロジーに覆われています。そこではすべてが伝わるものになり、とりわけ情動と身体がじかに即座に伝わるようになった。つまり、接触のコミュニケーションが普遍化した。だから、まずはダマシオによるスピノザの脳神経科学的読解を手掛かりにして、フロイトをスピノザに接続する方向を探ってみたわけです。

東　そこにさらにパースも絡んできました。

石田　パースの記号論では、「解釈」は必ずしも言葉によって行われるわけではありません。恐怖の感情や楽しさの感情といった「情動的解釈項」があって、それらが記号過程《セミオーシス》を成立させる場合もある。パースはじっさい、感情のまとまり（a series of feelings）も記号の活動なのだと書いているんですね［★75］。「いまここ」における接触のコミュニケーションではすべてが伝わる。そのようなときには、表象ではなくまず情動が、心ではなくまず身体が伝わる。顔、表情、笑い、喜びや不安、雰囲気、つまりは「空気」がまず伝わり、つぎに言葉や観念は遅れてやってくるのです。それはまたタルドの「模倣」の問題でもあります。現代のコミュニケーションは象徴による同一化ではなく、類像《アイコン》や指標《インデックス》を介した多様な記号の感染＝模倣によって理論化されねばならない。メディア・コミュニケーション理論の「情動論的転回」が最近さかんに言われるのは、そのようなことが知られてきたからです［★76］。

東　石田さんが考える「記号」は、たんなる表象ではなく情動をふくむ。ここも今日の講義のポイントですね。

石田　そうです。すべてがデータとなるのが現代社会の特徴です。「ビッグデータ」はそれを表すバズワードですが、すべてがデータになるとき、「記号接地問題」が問われざるをえません。とくに人工知能との関係で、この問題は論議される。

★75　*Collected Papers of Charles Sanders Peirce volume V : Pragmatism and pragmaticism. p.326.*

★76　一九九〇年代以降のグローバルな権力の変容に対応するかのように、人文社会理論では、ポスト構造主義やカルチュラルスタディーズの主知主義的限界を超えて、遍在化しサイバネティクス化するテクノロジーと権力が身体や感情・情動に無意識の潜在性のレベルで働きかける作用を捉えようとする研究が盛んになった。代表的な理論家はドゥルーズ＝ガタリの『千のプラトー』やリオタール『ポストモダンの条件』の英訳者でカナダの哲学者ブライアン・マッスミ（一九五六－）やネグリと『帝国』を書いたマイケル・ハートらで、情動理論の源泉をスピノザに求め、タルドなどのミクロ社会学を援用したけれども、記号に情動がふくまれるとすれば、記号接地の問題も変わる。人文学者も、コンピュータ学者や情報科学者の言う「記号接地問題」に対峙しうる理論的枠組みをきちんと持たなければならない。そこで、ハルナッドが言うシンボルのほうの記号接地問題にたいして、サインのほうの「『記号』接地問題」なるものを対置し、それを「記号の正逆ピラミッド」問題として提示しました。そのように問題を捉えることで、パースの記号論、フッサールの現象学、デリダの文字学なども一貫した構図で整理できる。

すべてがデータになる時代において、ヒトにとって意味や意識はどこから立ち上がり、なにが論理やカテゴリーや理性を基礎づけるのか、学の根拠づけの問題があらためてクロースアップされています。一世紀前にフッサールが『ヨーロッパ諸学の危機と超越論的現象学』で対決しようとした諸学の根拠づけについての問いが、いまふたたび問われるべきなのです。

人文学や哲学はそういう最も根本的な問いを扱うもののはずです。けれども、人文学や哲学はその役割を十全に果たしているだろうか。記号学の更新はその一翼を担えるとぼくは思っているわけです。あえて世俗的に言えば、クリス・アンダーソンのようなシリコンバレー・ビジョナリーに「データさえあればセオリーはいらない。The End of Theory だ!」[★77] などと言わせておいてほんとうにいいのかい、哲学や人文

り、ホワイトヘッドの「抱握 prehension」概念を援用して潜在化していくミクロ権力を捉えるところに特徴がある。マッスミの邦訳はまだ少ないが、伊藤守による『情動の権力――メディアと共振する身体』(せりか書房、二〇一三年)、前掲の『情動の社会学』などが参考になる。(石田)

★77 The End of Theory 問題とは、デジタルトレンド誌の*Wired*の当時の編集長クリス・アンダーソンが二〇〇八年に発表した論考"The End of Theory: The Data Deluge Makes the Scientific Method Obsolete"に発する論争。ビッグデータ時代を迎えて、科学的仮説はもはや必要なく、データがあれば理論はいらない、データ処理によってあらたな真実は発見されるというかなり乱暴な主張であるが、機械学習や人工知能をめぐ

学をやろうという人間はいまこそ力の見せ所でしょ、ということなのですがね。

東　はい。その意図はよく伝わってきました。この三回の講義で、ぼく自身も、背筋が正されたというか、同時に勇気をもらいました。人文学にはまだまだできることがあるはずだと。

大学は二世紀遅れている

石田　いまさら言うのもなんですが、哲学や人文学の危機というのは、とてつもなく大きい問題なのですよ。最近は「文系学部はもういらない」、なんていう大学をめぐる議論がされたことはみなさん覚えていると思うのですけど、文系学問を擁護するにせよ突き放すにせよ、もっと本質的な学問的議論が深まらないと意味のないことです。

キットラーの『書き込みシステム 1800/1900』の見取り図でいうと、東さんとぼくのこの三回の対話は、メディアや記号や情報テクノロジーの問題について、一九〇〇年の書き込みシステムに淵源した問題をめぐって論を起こし、二〇〇〇年の書き込みシステムにどう向き合うかという話になっていたと思います。

ところが、フンボルト型大学［★78］と呼ばれる近代の大学は、ベルリン大学の創設が一八一〇年であるという日付が示すように、一九〇〇年の書き込みシステムどころ

る論議を引き起こしてきた論文である。URL＝https://www.wired.com/2008/06/pb-theory/（二〇一八年一〇月三日アクセス）（石田）

★78　フンボルト型大学とは、ドイツの言語学者で政治家のヴィルヘルム・フォ

か、そもそも一八〇〇年の書き込みシステムに所属しているわけです。Ph.D.（Philosophiae Doctor）という称号がなぜいまでも世界標準の博士号かというと、イエール大学をはじめとして、アメリカの大学がフンボルト型大学として発足したからです。工学や理学のひとが「哲学博士」なんてちょっと変でしょう。日本でも、自分は哲学なんて知らないよとうそぶく理系のひとが、肩書きにはPh.D.なんて平気で書いている。それってほんとうはおかしくないかな。

東　辛辣ですね。

石田　フンボルト型大学ということは、フンボルト、フィヒテ、ヘーゲルのようなドイツ観念論哲学やゲーテのような教養文学（ビルドゥングスロマン）が大学の基本ということです。つまりは、いまでも世界の大学は設計図としては一八〇〇年の書き込みシステムに属している。だから、一九〇〇年の書き込みシステムに帰属する、フロイト、ソシュール、フッサール、ベルクソンに始まる知の言説、つまり日本では「現代思想」とか呼ばれているものですが、それら二〇世紀とともに登場した言語学や人類学や精神分析や社会学といった人間諸科学以降の知の動向でさえ、いぜんとして大学ではディシプリンとして位置づけることのできない根無し草の異端なわけです。しかも現実は、二〇〇〇年の書き込みシステムへと移行している。

東　なるほど。たしかにそうですね。つまり、いまの大学システムは、そもそもメディ

ン・フンボルトによって構想されたといわれる理念にもとづく、近代的な大学のモデルのこと。いわゆる「学問の自由」や研究と教育の統一を掲げ、たんに教師が既存の知識を学生に教え与えるのではなく、教師と学生がともに研究者として学問上の問題を自発的に探求することを理想とする。一般的には、フンボルトが創設に寄与し、一八一〇年に発足したベルリン大学を起源とすると考えられているが、一部異論もある。

アから二世紀遅れている!

石田　そう。それを、「学際的研究」だなどと言って、いわば誤魔化して五〇年や六〇年やってきている。東大でも、石田のやっているのはまともな学問じゃないとたぶん言われている。いや、決して被害妄想ではないですが、あいつのやっていることはよくわからない、意味不明、というのが大方の同僚の受け止め方だと思う。メディア論なんてまっとうな学問じゃないとか、記号論なんてもう忘れた、みたいなのは、こうした学問の慢性的な危機状況から見れば必然です。それらはそもそも継子扱いなのです。

けれども、一九〇〇年の書き込みシステムにもとづいた学問でさえそうであるのに、二〇〇〇年の書き込みシステムがデフォルトの生活世界の条件になったいま、大学はどうすべきなのか。フッサール流に言えば、それこそが現在の「諸学の危機」の核心的な問題なわけです。

東　一九〇〇年の書き込みシステムでさえ学問的に消化できていないのに、学外では二〇〇〇年の書き込みシステムが吹き荒れている。記号論が古いとかメディア論がうさんくさいとか言っていないで、大学のあり方そのものを根本から変えろと。

石田　まさにそのとおり。さて、それで今日の最後は、すべてがネットワークになるときには、社会が模倣とか感染現象に満ちることになる。それが社会を変容させ政治も動かすようになるという話になりました。

そこで、メディアを仕事とする人々、あるいはメディアを研究する人々には、決して忘れてほしくない歴史があります。二〇世紀を見るとすぐにわかるのは、戦争と平和が交互に繰り返してメディアを発達させていった歴史です。

東　はい。それは二〇世紀の思想史、文化史に、癒えることのない深い傷として残りつづけている問題です。

石田　ファシズムやナチズムそして共産主義は、二〇世紀とともに登場した映画やラジオなどのアナログメディアを活用することで大衆を動員することに成功しました。映画は投影の装置で、ラジオは社会的な拡声装置です。二〇世紀の全体主義が、一九〇〇年の書き込みシステムをメディアの基盤とすることで勃興したわけです。

この講義ではメディア史に踏み込む余裕はほとんどありませんでしたが、ラジオの民間放送の開始はアメリカでは一九二〇年、日本では二五年です。第一次世界大戦中のラジオは無線技術で軍事技術です。戦争が終わると、ラジオは民生用に開放されてラジオ放送が始まりました。レコードの再生が電波にのせられ、オリンピックがラジオの中継を前提としたメディアイベントとなり、映画が普及し大衆社会が到来する。こうしたアナログメディアを政治プロパガンダに使って台頭したのがファシズムやナチズムです。

テレビの技術も二〇年代なかばには成熟しますが、第二次世界大戦中はやはり軍事技術で、民生用に活用されるのはアメリカでは四〇年代なかば、日本では戦後です。日本では五三年に本格的に民間放送が始まります。テレビは、初期にこそ街頭テレビのような例外があるにせよ、基本的には家庭をコミュニケーション的に組織化してゆくメディアでした。それは戦後のケインズ主義的な社会国家のメディア基盤として発達したと言えます。

インターネットも、よく知られるとおり、最初は軍事技術です。冷戦という戦争が終わり、軍事技術だったARPAネットが民生用に開放されて、インターネットになった。そしてこんどは、ネットに適応するのはどんな政治的主張や政治勢力なのか、というのがいま繰り広げられているゲームというわけです。まだまだこちらはわからないことが多いけれど、ヘイトやネトウヨやフェイクニュースを見ていると、どうもよくない方向に行っているな、これは新手のファシズムの萌芽なのではないか、と多くのひとたちが不安視している。

この三回の講義は、たいへん抽象的な話ではありましたが、このような文脈と認識のなかで行われていることを知ってほしいと思います。

東　はい。けれども、この難解な講義にこれほどの人々が集まりつづけたということ、それ自体が現状に対し危機意識を持っているひとが多いことの表れだと思います。みな、なにか新しい理解の枠組みが必要だと感じている。

石田　ぼくもそう思います。

ぼくも新手のファシズムに不安を抱いているひとりです。けれども、そのファシズムは、一九〇〇年の書き込みシステムを前提にした一九三〇年代のファシズムとはそもそも成り立ちが異なっている。かつてのように、人々が、理念や指導者を理想化して同一化したり、大衆を動員したりということは、ネットにおいてはメディア特性上ありえない。二〇〇〇年の書き込みシステムにおいては、情動と政治の関係が相当にちがっている。だからこそ、一方においては、デジタルテクノロジーを基盤としたフラクタルやカオスのような数理的モデル化へ、そして他方においては、タルドやドゥルーズ＝ガタリのような模倣と感染のモナドロジー的社会理論のほうへ向かう必要があるのではないか。

これが、この長い講義の最後に言いたかったことでした。

東　最後の最後に、たいへんアクチュアルで、そして深い問題を投げかけていただけました。石田記号学のこれからの進展を、読者として、そして研究者として、楽しみに待ちたいと思います。長い講義、ありがとうございました。

講義を終えて

東　……というわけでようやく終わりました。今日はとくにヘビーで、またもや日付を跨ぎそうです。全三回の講義、いかがでしたか。

石田　長かったね。疲れたよ。ぼくは東さんより二〇歳も上だからさ（笑）。

東　いや、たいへんな体力でした。こんなハードな内容で、三回合わせて一五時間近い講義は異例でしょう。会場のお客さん、そして放送の視聴者もよくついてきてくれたなと。

石田　最初は一回で終わるつもりだったのにね。

東　四時間かけてスライドの半分も行ってませんでした！　あれで連続講義開催が不可避になったんです。

石田　東さんが聞き手としてうまいんだよ。だから話が長くなっちゃうんだ。よい生徒だった。ぼくも楽しかったです。

東　そう言っていただければ、二〇年前に受けた学恩の一端でもお返しできたのかなと思い安心できます。ショーヴェ洞窟壁画とリュミエール兄弟に始まり、ライプニッツ、ソシュール、フロイト、フッサール、チャンギージー、ドゥアンヌ、ダマシオ、スピノザ、タルド……と、まさに文理の境界を越え、縦横無尽に駆け抜けた哲学講義でした。
石田先生、あらためまして、長い時間ありがとうございました。

本書のもととなった三回の講義の映像記録は、ニコニコ動画／生放送の「ゲンロンカフェ完全中継チャンネル」で不定期に配信（再放送）しているほか、Vimeoでも販売およびレンタルを行っています。
販売およびレンタルのURLは以下となります。入力がむずかしい場合は「ゲンロンカフェ　Vimeo　石田英敬」などで検索をおかけください。

第1講義　URL＝https://vimeo.com/ondemand/genron20170217
第2講義　URL＝https://vimeo.com/ondemand/genron20170524
第3講義　URL＝https://vimeo.com/ondemand/genron20171124
全講義　URL＝https://vimeo.com/ondemand/genronshinkigou

補論

石田英敬

4つの追伸

ハイパーコントロール社会について

文字学、資本主義、権力、そして自由

東浩紀と語ってきた三つの講義は、当初の予定をはるかに超えて、多岐にわたるガルガンチュア的飽食とでも言うべき盛りだくさんのトークとなった。

そこで語られた内容を、理論の料理法の筋にそって、少し整理してみる必要があると思った。

それで書いてみたのがこの追伸だ。三つの講義を読んできた読者のみなさんに、論点の整理を提示するとともに、それを現代的な課題に結びつけるための展望を示してみたい。

四つの主題の変奏とでも呼ぶべきものとして読んでいただきたい。

第1の追伸　文字学について

ぼくたちの講義の出発点は、「一般文字学は可能か？」だった。

そこで、いまあらためて現代のコンピュータにいたる人類の文字文明を考えると、いったいどのような見通しをもつことができるのか、最後の総合を行ってみたい。

第3講義で話した「記号の正逆ピラミッド」はいまではどのような土地の上に立っているのかという問題だ。

ヘーゲル「記号のピラミッド」

そこで手掛かりにしたいのがヘーゲルの記号学だ。ヘーゲル哲学の中心にはじつは記号学があるのだ。しかも、自分自身の哲学のエッセンスを体系化したエンチクロペディー三部作第三部『精神哲学』のなかで、ヘーゲルは「記号とは、無関係な魂が運び込まれたピラミッドである」と述べて、ピラミッドを記号の特権的な喩えとした［★1］。

その当該の箇所をまず引用しよう。

記号は、それ自身がもっている内容とは全く別な内容を表象するところの或る直接的直観である。すなわち記号は、無関係な魂が運び込まれたピラミッドである。記号は象徴とはちがっている。象徴も一つの直観であるが、象徴としての直観においては、直観自身の規定性がそれの本質および概念の方から見て、多かれ少なかれ象徴としての直観が表現する内容である。それに反して記号そのものにおいては、直観自身の内容と、直観を記号としてもっている内容とは、相互に無関係である。したがって、記号化するものとしての知性は、象徴化するものとしての知性よりも、直観を使用する場合に、いっそう自由な恣意と支配とをもっていることを証明している。［★2］

ヘーゲルがここで考察しているのは、記号の恣意性 arbitrariness の問題だ。動機づけられた徴《しるし》としての象徴 symbol と、恣意的な徴《しるし》としての記号 sign が対比されている。ヘーゲルは、「記号化するものとしての知性」は、「象徴化するものとしての知性」よりも、「直観を使用する場合に、いっそう自由な恣意と支配とをもっている」として、「象徴」と「記号」とでは、直観と知性の関係に関わる歴史的

★1　それについては、デリダが「竪坑とピラミッド――ヘーゲル記号学への序論」という論考を書いている。Derrida, Jacques. "Le puits et la pyramide: introduction à la sémiologie de Hegel." *Marges de la Philosophie*. Paris, Minuit, 1972, pp.79-128. 邦訳はジャック・デリダ「竪坑とピラミッド――ヘーゲル記号学への序論」、『哲学の余白』上、高橋允昭、藤本一勇訳、法政大学出版局、二〇〇七年。

★2　G・W・F・ヘーゲル『精神哲学』下、船山信一訳、岩波文庫、一九六五年、一三三－一三四頁。訳文を一部修正。

段階が異なり、記号の恣意性（＝法則性）は、直観を支配（＝統御）する知性の自由と結びついていると解釈している。有縁的な記号（ヘーゲルの意味での「象徴」）が自然の直観にしたがっているのに対して、恣意的な記号は知性が直観をより自由に統御して直観を法則化している、と考えるわけだ。

ここで興味深いのは、ヘーゲルが記号の問題を建築の問題と重ねて考察していることだ。そしてまさしく、「記号とは無関係な魂が運び込まれたピラミッド」という定式は、その文脈において現れる。ヘーゲルのピラミッド観は、『美学講義』でより具体的に語られることになるが、それをもふまえてヘーゲルによる記号の建築論（アーキテクチュア）を敷衍すれば、およそつぎのように要約できる［★3］。

エジプト建築の特徴は、迷路からなり象形文字に覆われた地下に埋もれた部分である地下神殿と、幾何学的結晶体（ピラミッドの正四角錘）として地上に隆起した部分すなわちピラミッドからなることにある。それは大地に穿たれた穴という非構築的な段階から、地上に構造物を築くという構築の段階への移行を示している。

地下建築は大地の自然を穿って場所をつくりだすという人間文化の第一の否定性の身ぶりを表している。それに対して、ピラミッドという地上建築は、第一の否定性の働きが穿った空間の雌型がさらにもう一段階の否定――否定の否定――をへて自立した規則的空間として成立したことを表している。

この建築の弁証法は、自然物との感性的な結びつきをもった「象徴」（ヘーゲルにとっては、エジプトの象形文字がそれにあたる）の段階から、自然的結びつきを否定して自己関係化（＝法則化）した恣意的な徴《しるし》すなわち「記号」の段階への移行という、記号の問題系とパラレルに論じられている。

ピラミッドは死者の魂のための記念碑だが、死者との感性的な類似性をもはやもたない(=有縁的でない)。ピラミッドは自然をかたどるのではなく任意の対象を収めうる恣意的な幾何学的空間の成立を記念しているのだ。それはまだ死者のための建築だが、その延長線上でやがて生者たちのための恣意的で自由な建築空間が生まれるだろう(ヘーゲルにとってそれがギリシャのポリスの建築空間である)。同じように、記号とは「無関係な魂が運び込まれた」ピラミッドである。記号はその恣意性によって、精神の「自由な恣意と支配」を記しているのだ。

ざっとこんなふうにヘーゲルの建築論=記号論はピラミッド=記号を弁証法的に定義してみせるのだ。

脳神経科学・ヘーゲル・コンピュータ

ここでヘーゲルの記号学を引き合いに出したのは、この議論が、一般文字学の問題を整理するために役立つと思うからだ。

ヘーゲルがピラミッドについて述べている「象徴」から「記号」への移行は、パースの用語で言え

★3 G・W・F・ヘーゲル『美学講義』、寄川条路監訳、法政大学出版局、二〇一七年。

ば、「類像《アイコン》」から「象徴《シンボル》」への移行と対応する。ぼくたちが第3講義で提示した「記号の正逆ピラミッド」図式［図1］で言えば、記号の正ピラミッドの上昇ベクトルにそって、痕跡が法則化していくと理解すればよい。

このヘーゲル的パースペクティブのなかで整理すれば、まず、ピクトリアルな類像の活動があり、つぎに、痕跡の線形化・離散化によって、恣意的で法則的な記号へと移行していったと理解できる。

もし、ヘーゲルが今日の認知神経科学の文字研究を読んだとすると、第1講義で見たチャンギージー＝下條説でさえ、このパースペクティヴのなかで説明しようとしただろう。

まず、クロマニョン人たちの洞窟壁画のように類像的な段階があった。そこから、チャンギージーの普遍分布 Universal distribution 説に示されたように、自然界から離散的な要素が取りだされて文字素を構成するようになり、さまざまな文字システムとして法則化された。それらの文字システムは、表意文字《イデオグラム》の段階や表語文字《ロゴグラム》の段階を終えると、完全に恣意化されることになり、すべてを音素に分解して書く表音文字システムになった。それがギリシャ・アルファベット二六文字の発明だった。

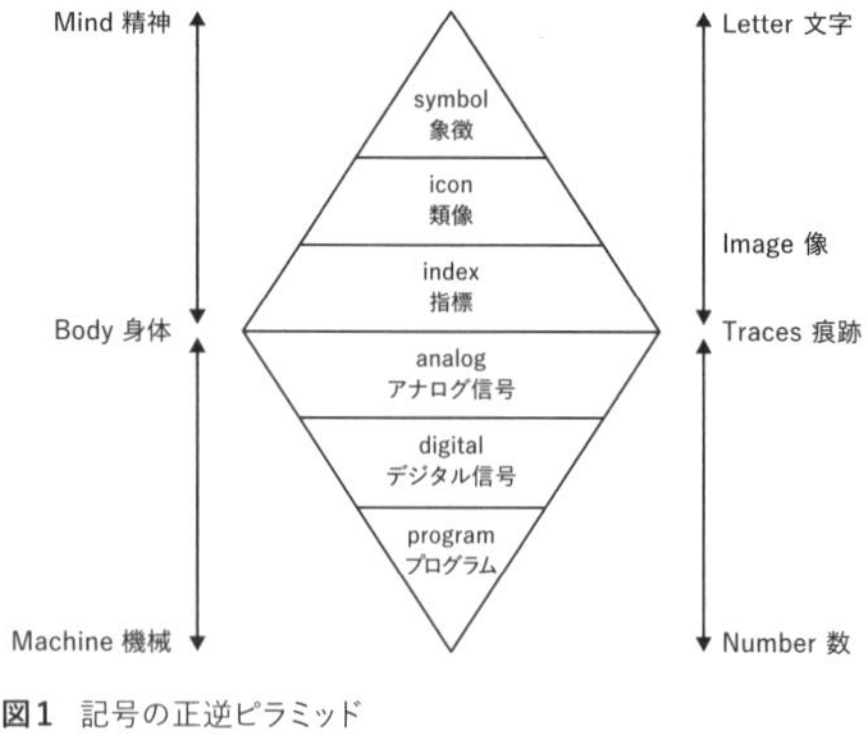

図1　記号の正逆ピラミッド

ヘーゲルなら、そんなふうに現代の先史学や認知科学の研究を読み込んで、記号の弁証法を語っただろう。

感性的なレベルから離陸した記号は、自然言語を書き留める表音文字の恣意性へと向かい、アルファベットによる「言語《ロゴス》」の記号化により古代ギリシャに「理性《ロゴス》」をもたらした。哲学はそのとき生まれた。同時に、その記号の時代《エポック》は、ピラミッドに始まる自己関係化した測量空間を成立させた。爾来、計測の知としての幾何学と計算の知としての数学が生みだされ、代数学の成立へと発展していく。ヘーゲルならそんなふうに説明したはずだ。

文字・理性・計算

記号論と建築論を重ねることで、ヘーゲルの記号学は、文字における理念性《イデアリテート》の成立を、ターレスのピラミッド計測に始まる「幾何学の起源」問題と結びつけることを可能にする。唯一の完全に法則化された恣意的な記号体系である数字のシステムが発明され、ギリシャに淵源する世界の数学化と理性の支配の歴史が始まった。そのように記号理性の展開史を語りうるパースペクティブが拡がったのである。

ヘーゲル記号学をヘーゲルを超えて延長することもできる。

記号理性による思考の数学化はその後もさらに進み、記号を計算処理するテクノロジーを発達させた。実世界の経験の感性与件（データ）を普遍的にデジタルデータ化するようになった。これがぼくたちが第3講義で語った「記号の逆ピラミッド」だ。現実的なものは理性的なものになるのだと、ヘーゲルは「記号のピラミッド」の上昇ベクトルについて考えたのだが、「記号のピラミッド」をその基礎から二重化する「逆ピラミッド」が普遍記号論にもとづいて記号のテクノロジー基盤として実装された。

いまでは、理性 ratio とは計算 ratio であり、現実的 real なものとは計算論的 computational なものである。これはハイデガーの言うように、ライプニッツの根拠律 le principe de raison の成就である。「記号の正逆ピラミッド」図式で、そのように文字と数字の文明史を、ヘーゲル記号学を援用しつつ捉え返すことができるはずだ。

文字学的人工知能批判

さてしかし、ヘーゲル弁証法のおさらいをしたのは、一般文字学の問いを「理性の歴史」のレトロな大きな物語のなかに再回収するためではない。

この世界ではボルヘスが短編「学問の厳密さについて」で描いたように、帝国の地図（＝データ）が帝国の土地（＝実世界）と原寸大で同値化するようになった。一般文字学はもう一歩進んで、このすべてがデータ化していく世界を、どのように根源的に批判することができるのか。理性が計算論化したとき、その理性を文字学的に批判するとはいったいどのようなことなのか。その問いの手触りをここでは示してみたいと思うのだ。

ぼくたちはメディアとは文字の問題だ、と考えることから第1講義での考察を始めた。第2講義ではフロイトを現代的に読み解いた。第3講義では、人工知能の「記号接地」について考えてみた。ここでは、それらの問いを延長して、人工知能とは文字の問題であると言えるのか、記号を建築の問題として問うヘーゲルの戦略を手掛かりにして、「記号の正逆ピラミッド」の建築《アーキテクチュア》をヘーゲルとは逆向きに辿ってみることにしよう。

中国文字（漢字）の部屋

人工知能は思考するのかという問いに関して必ず引き合いに出される思考実験に、ジョン・サールのChinese Room Argumentがある［★4］。普通は「中国語の部屋」の思考実験と訳されている。だが、ぼくはあとから説明する理由で「中国文字（漢字）の部屋」と訳すことにしている。

その内容をいまいちど要約しておこう。

★4 Searle, John. R. "Minds, brains, and programs," *Behavioral and Brain Sciences*, vol.III, issue 3, 1980, pp.417-424.

ある小部屋に中国語も漢字もできない英語ネイティヴでアルファベットしか知らない人物を閉じ込めておく。部屋の外にいる中国語ネイティヴで中国文字（漢字）を読み書きする被験者は、その小部屋のドアの隙間から、中国文字（漢字）で書かれたメッセージを差し入れる。内部のひとは漢字リストと首っ引きで英語で書かれたマニュアルの指示どおりに返答を書いてドアの隙間から外に出す。これをなんども繰り返す。すると中国語ネイティヴで中国文字（漢字）を読み書きする外部のひとは、すらすらと漢字で返事をよこす内部のひとは中国語の意味を理解し中国語で考えていると信じるようになる。しかし、現実には、決してそのようなことはないし、その英語ネイティヴの内部のひとが部屋から出てくれれば中国語も中国文字もなにひとつ理解していないことが明らかになる、という、「強いAI」［★5］を否定するための議論である。

「強いAI」を否定するサールの立場についてはぼくにも異論はない。しかし、サールの議論には、コンピュータには「シンタクスができるがセマンティクスはできない」といういつも繰り返されている議論［★6］とはまったくちがう次元の問題、まさに文字学的と呼ぶべき問題が隠れているように思えるのだ。

　ぼくはサールが、このような例でもって、人工知能は思考するかを議論できると思っているのは、かれが中国文字（漢字）を知らないからだと思う。中国文字（漢字）はパースの用語で言えば、アイコンのレベルからシンボルのレベルへと複雑に発達した文字システムだ。たしかに中国語も漢字も知らない人間が漢字で書かれた文章と漢字のリストだけを与えられたとして、漢字をマスターできるか、中国語のセマンティクスができるかといえば、事実上は難しいだろう。しかし、思考実験として、論理的には、中国文字（漢字）の部屋に閉じ込められたまったくちがう言語ネイティヴのひとは、漢字リストを手にして十分に長い時間——たとえば数世紀（！）——をかければ、中国文字（漢字）を部分的には読めるようになるはずだとぼくは思うわけである。なぜなら、漢字とは、西欧アルファベットのような、完全にシンボリックな——すなわちシンタクティックな——文字システムではないからだ。そ

★5　「強いAI strong AI」と「弱いAI weak AI」とは、Chinese Room Argumentを論じた論文でサールが導入した区別。「強いAI」とは、コンピュータは正しくプログラム化されればじっさいの心を宿し、理解を行い、認知状態を保持しうるとする立場。それに対して、「弱いAI」とは、コンピュータはあくまで人間の心についての仮説を立てテストするための強力な道具であるとする立場。サールは後者を自分の立場としている（サールの前掲論文参照）。

★6　コンピュータには「シンタクスができるがセマンティクスはできない」とよく言われる。シンタクスとは統語論（あるいは構文論）のことで、英語でSVO構造（主語＋動詞＋目的語）と言ったりするように、語と語の順番、結合則の研究だが、コンピュータはメッセージが入力されれば形態素解析プログラムによって単語を割りだし、統計的に処理してその順序が文法にかなっているかを判断することは得意だ。セマンティクスとは言語学や哲学・論理学のいう意味論のことだ。ユーザが世界の事象や知識やコミュニケーションの状況を参照することで成立する「意味」については、コンピュータに入力されたメッセージには明示されていない要素を多くふくむから、コンピュータがたとえ語彙辞書や知識事典を備えているとしてもなかなか対応できない。だからコンピュータは文法はできるが意味論はできない、とコンピュータの発明以来言われている。これは数字を扱うことから出発した計算機の宿命である。計算はどこまでいっても数字という有限な記号の組みあわせの問題だから、計算をベースに言語や知識を扱うとかならず同じアポリアに行き着くことになる。文字についていえば、アルファベットやひらがな・カタカナ、ハングルなどの表音文字は、有限の文字の組みあわせのみによって言語を書き取るのでシンタクスによる言語表記のシステムであって、言葉の意味の問題（セマンティクスの問題）が起こるのは、文字の組みあわせのパターン（形態素）のレベルにおいてである。

　サールの思考実験は、コンピュータにはルールどおりに手続き処理はできるが、扱っている内容の意味は理解していないという、まさしくこのシンタクスとセマンティクスの問題を指摘しているのである。

のよい例が、日本人のケースだ。六世紀の日本（ヤマト）人の文字状況は、ヤマト語というまったく異なる言語のシンタクスとセマンティクスを持った人間が、中国文字（漢字）の部屋に入れられたケースであって、その日本人たちは数世紀をかけて漢字を読み書きできるようになったのではなかったか。

漢字の記号論

小学校の国語教育で習うように、「六書」でいう指事・象形・形声・会意・転注・仮借という六つの原理にしたがって、漢字は造字されてきた。通常、象形文字は絵文字（ピクトグラム）、指事文字は表意文字（イデオグラム）とされ、両者を「文」と呼ぶ。そして、形声、会意、転注、仮借により生みだされた漢字を「字」と呼ぶ。「文」はそれ以上分解不可能な単体文字のことで、「字」は文の要素が組みあわされたり転用されたりしてつくられる複合文字である［★7］。

このうち象形文字はパースの用語で言えばアイコンに、指事文字はインデックスに分類できる。象形文字、たとえば、「木」とか「目」とか「口」は、それぞれ意味している対象のかたちからつくられた記号である。指事文字、たとえば、上、下は、横棒の上に点があるので「上」、下にあるので「下」、一、二、三、四は数の観念を筆画の位置関係で指示する記号である。漢字記号の中核部分を構成する、これらの「文」は、それ自身が直接的な意味――表象作用と指示作用――をもち動機づけられた(motivated) 記号、すなわちダイレクトにセマンティックな記号なのである。

これらの「文」の要素が組みあわされてつくられていった記号が「字」である。会意文字は象形文字または指事文字を組みあわせてつくられた「字」で、たとえば、象形文字「人」と象形文字「木」を組みあわせて木に寄りかかってひとが「休」むとか、足指のかたちを表した象形文字「止」と目標の位置を示す指事文字「一」を組みあわせた「正」などの字ができた。転注文字は意味の派生関係、仮借文字は音の借用関係、形成文字は音声と意味の組みあわせにより生みだされた「字」である。このように見れば漢字という「文」「字」記号は記号間のメタファーやメトニミーによる派生関係により、文字数がどんどん増殖したのである。

そう考えると、漢字の生成には、アルファベットの綴りのように記号要素を線状的（リニア）に結びつける「シンタクスの原理」が働いているというより、メタファーやメトニミーといった意味上の連想関係をとおして記号がネットワーク状に生成していくという、レイコフらの認知意味論が言うような「レトリックの原理」が働いていると考えたほうが実情に合う［★8］。

ところが、サールの「中国文字（漢字）の部屋」は、その思考実験が描きだすコミュニケーション状

★7　漢字の記号論とライプニッツの普遍記号論の関係については、以下の論考で詳しく論じた。「新ライプニッツ派記号論のために——『中国自然神学論』再論」、石田英敬ほか編『デジタル・スタディーズ2——メディア表象』、東京大学出版会、二〇一五年、第一章。

★8　Lakoff, George and Mark Johnson. *Metaphors We Live By*. Chicago, The University of Chicago Press, 1980 がこの問題での古典。『レトリックと人生』（渡部昇一ほか訳、大修館書店、一九八六年）という妙な題名で訳されている。

況からして「文字」の問題を提起しているにもかかわらず、異なる「言語」のあいだの「シンタクス」の置き換えルールに関わる議論しか提起していない。それはおそらく、サールの「心の哲学」が「文字の問題」を不問に付し、西欧アルファベットのような単純にシンタクティックな書記原理から成り立つ文字法のみを前提にしているからだ。

文字は言語を記すものであるという表音文字的な前提と、文字とはなにかという本質的な問いの排除という、典型的に表音文字的な——音声中心主義的（フォノセントリック）な——限界が見えている。デリダとサールのあいだに『Limited Inc.』［★9］という著作にまとめられた論争が起こったことはまことに宜なるかなというべきだが、サールを論難するよりもぼくたちにとって重要なのは、人工知能をめぐる論議に、「文字学の問題」を提起するにはどうしたらよいかと問うことなのだ。

フロイトの部屋

この追伸で、ぼくはヘーゲルに「逆向きに」導かれて、「記号の正逆ピラミッド」問題をヘーゲル的に言えば「逆–総合」しようとしている。ピラミッドを頂上へと上昇するのではなく、下降しようと企てるのだ。

「中国文字（漢字）の部屋」に関連してヘーゲルがさらに教えてくれることがある。エジプト建築は、地中に埋もれた地下神殿と、結晶体として地上に隆起したピラミッドからなるとかれは言う。記号建築の非構築的な段階から構築の段階への移行を示しているのである、と。

このヘーゲルの構図を手掛かりにして、サールの「中国文字（漢字）の部屋」ではなく、「エジプト文字の部屋」を覗いてみるといったいなにが見えるだろうか。

ヘーゲルは、『美学講義』で、エジプトの地下神殿は、迷路からなり象形文字に覆われていると書いていた。いま、そこに西洋アルファベットしか知らず西洋語ネイティヴの西洋人が迷い込んだと思考実験してみよう。かれは、トリだとか、ヒトだとか、動物だとか、神聖文字（ヒエログリフ）のセマンティクスを読み解くことができるだろうか。古代エジプト語を知らず、ロゼッタストーンのような解読板の発見もないという条件下で、古代エジプトの文書のシンタクスを解読できるだろうか。この問いは、中国文字（漢字）生活者の実験への西洋人の参加を想定しているサールの「中国文字（漢字）の部屋」よりもはるかに刺激的ではないか。

フロイトは古代エジプトに非常に興味をもっていた。かれがロンドンに亡命するのは一九三八年だが、それまで住んでいたウィーンの自宅の書斎では古代エジプトの小さな彫像などの多数の骨董品を机の前に並べて執筆をしていたことを示す写真が残されている。じっさいかれは古代エジプトの象形文字と夢を比べて語っているし、ロゼッタストーンを解読したシャンポリオンに自分をなぞらえたり

★9　邦訳はジャック・デリダ『有限責任会社』、高橋哲哉ほか訳、法政大学出版局、二〇〇二年。

もしている。かれはつぎのように記している。

夢の表現手段は主として視覚的な像であって言葉ではないということを考えると、我々には、夢と言語を比較するよりも、夢と文字体系を比較した方がより適切なように思えてくる。実際、夢の解釈は、エジプトのヒエログリフのような古代の象形文字の判読ときわめてよく似ている。

[★10]

サールの思考実験では、ロゼッタストーンにあたるのが英語で書かれた中国文字（漢字）での答え方のプログラムで、このプログラムが書かれた時点ですでに、中国文字（漢字）文書の解読可能性――文法シンタクス――は保証されている。したがって、この思考実験は、中国文字（漢字）の部屋のなかの英語ネイティヴの人物が、中国文字（漢字）を理解しておらず中国語も話せないというだけの話で、この逸話が人工知能は思考しないという反証に本当になるのかどうかは大いに疑問であろう。サールの実験の構成要素を、中国文字（漢字）を西洋アルファベットに、中国文字（漢字）での答え方のプログラムをコンピュータプログラムに、外部の中国語ネイティヴ・中国文字（漢字）識字者を英語ネイティヴ・アルファベット識字者に、内部のひとを人工知能に、それぞれ置き換えれば、標準的なチューリングテストに戻るだけのことである。サールが言いたいのはここでもやはりコンピュータにはシンタクスしかできないというお決まりの反AI教理問答で、なぜ中国文字（漢字）なのかという、せっかくのおいしい文字学的ポイントをかれの議論は外している。

　ところが、古代エジプト語も知らずロゼッタストーンという解読板もなしの「エジプト象形文字の部屋」となると、文書の解読可能性は究極的にはまったく保証されていないことになる。

　そして、フロイトにこの「エジプト象形文字の部屋」に入ってもらうと想像してみると話は俄然おもしろくなる。先の引用は、フロイトがエジプトの象形文字を——ぼくたちが第2講義で語った——「物表象」や「一次過程」からなる「夢の過程」と結びつけて考えていたことを示している。夢の思考の「形象性」をフロイトは強調するが、かれの心の装置では無意識の系までは、物表象と一次過程にしたがうとされていた。その後、語表象という前意識の系を通過して知覚‐意識系へとリサイクルされる、と。しかし、夜になると、心の装置は逆回転して、夢のシネマ装置となって幻覚の投影を始めると考えていた。

　この逆転をヘーゲルの「記号のピラミッド」の建築に重ねると、「フロイトの部屋」は、夢の象形文字に覆われた地下迷路につながっていることになる。「物表象」はさまざまな光景の断片的な連合によって結びつき、「語表象」と結びつくより前の無限定に開かれた「一次過程」の連合で結びつき、無数の「想起痕跡」系が迷路のように続いていると考えよう。第2講義で詳しく見たように、昼の生活

★10　フロイト「精神分析への関心」、福田覚訳、『フロイト全集13　1913‐14年　モーセ像　精神分析運動の歴史　ナルシシズム』、道籏泰三責任編集、岩波書店、二〇一〇年、二一七頁。

では、心の装置への知覚からの入力は、無意識的な想起痕跡のいくつもの系を通過し、前意識（言語）がフィルターをかけて、言語と結ばれて編集（モンタージュ）されることで、意識生活が成り立つとフロイトは考えていた。ヘーゲルの記号建築で言えば、この昼の意識生活は地上のピラミッド部分で営まれていると考えられよう。

「無関係な魂」と「不気味なもの」

ところが、夜になると心の記号装置は逆転を始め、不思議メモ帳の底の蝋板に無数の痕跡が書き込まれて判読不可能な徴《しるし》の層が堆積していたように、夢の過程は「無意識」の地下神殿の迷路につながっている。フロイトにおいて、「記号のピラミッド」は、夜には無意識という埋もれた地下部分を露わにするのである。

その地下部分は、ヘーゲルの言う「無関係な魂」のためのよそよそしく恣意的な幾何学的ピラミッドではなく、親密でいてしかし判読が困難な秘匿された魂のエネルギーがくみ上げられてくる母胎的な場所である。そこに向けて解釈的な判読の垂鉛を降ろしていくのがフロイトの夢解釈の企てだったのだ。

ここで少しヘーゲルとフロイトが使っているドイツ語の微妙な言葉使いを確認して論を進めたい。ピラミッドには「無関係な魂 eine fremde Seele」が運び込まれたとヘーゲルは言う。しかし、地上では恣意化され「無関係fremd」化されていたその「よそよそしいfremd」魂が、地下の迷宮の場所では有縁性を蘇らせて、フロイトならheimlich（内密の）と呼ぶであろう親密さを醸しだしはじめる［★11］。その場所は、ふたたび死者たちの魂と秘密裡heimlichに通いあい、それゆえに、不気味な――unheimlichな――様相を深めていく。文明の奥底の不気味なunheimlich場所へと、夢の解釈者はひっそりと降ってゆくことになるのだ。

夢の思考と人工知能

夢の暗がりの地下の拡がりを描いてみたのはほかでもない、第2講義の補論で紹介したように、人工知能に夢を見させるとか、夢をスキャニングしようという、夢の地下神殿にまで認知テクノロジーの査察を入れるような動きが始まっているからだ。

ぼくたちの図式で言えば、これは、記号テクノロジーの「逆ピラミッド」が、フロイト的な夢の地下神殿の迷宮に取って代わろうとしているという構図なのである。ぼくが「夢の危機」を語り、「夢見る権利」――すなわち、夢を秘匿する権利――を唱えているのは、その理由による。

★11 「不気味なもの Das Unheimliche」に関するフロイトの有名な以下の論考を参照。「不気味なもの」、藤野寛訳、『フロイト全集17 1919－22年 不気味なもの・快原則の彼岸・集団心理学』、須藤訓任責任編集、岩波書店、二〇〇六年。

夢を現前の形而上学のテクノロジーに引き渡してはならないと思う。記号のピラミッドの地下部分を、ルーブル美術館の地下のペイのピラミッド［★12］のような金属とガラスの構築体に変えてしまってよいものだろうか。夜の夢の暗がりは昼の世界の現前のイメージの連続に置き換えられてしまい、無意識への通路を絶たれてしまうかもしれないではないか。「夢の思考」を「人工知能」のプログラムに安易に置き換えてはならない。そのようなことをすれば、人間のリビドーエネルギーの源泉が枯渇しかねない。

メディアアートの夢現

映画のテクノロジーは、無意識への通路を絶つのではなく、二〇世紀をとおして逆に無意識の構造そのものと一致する書き取り（エクリチュール）のテクノロジーとして発達した。第2講義でも述べたように、人工知能のディープドリームや夢のスキャニングも将来の使い方によっては、人間の無意識との新たな関係を生みだすのかもしれない。フロイトの夢のシネマ装置が夜になると意識の装置を逆転させて幻覚を投影しはじめたように、これらのテクノロジーを夢の本質的な補助具として活用していく可能性を排除すべきではない。

しかしそのためにはいくつもの条件が整う必要がある。人工知能に文化産業のための陳腐な電気羊の夢を見させるのではなく、新しいテクノロジーをまだ見ぬ夢のメディア装置に育てていく表現の道が、フロイト的に言えば「通道」されるのでなければならない。そのためには新しいテクノロジーのメディウム（霊媒）となる存在が必要だ。それこそがクリエーターたちの役割なのだとぼくは考えている。

そもそも夢が現前に変えられてしまえばそれは端的に夢ではない。夢と現実、現前と不在、リアルとヴァーチャル、存在と非在、こうした最も根本的な存在カテゴリ間を揺れうごく本質的な曖昧さ、すなわち存在の「決定不可能性」こそ、夢の本質的な境位だと言える。第2講義で名前を挙げたレム睡眠の発見者ミシェル・ジュヴェと並んで現代の夢の脳神経科学の主導的人物と目されているアラン・ホブソンは決してフロイトに同意するわけではないが、フロイトは一次過程の理論においては妥当で、夢は心を無意識においてバラバラに分解させて、夜ごとにヒトの心をつくり直す役目を果たしているのだと考えている［★13］。

存在と非在、リアルとヴァーチャル、現前と不在、夢と現実のカテゴリを揺らがせる「夢現（ゆめうつつ）」の決定不可能性こそが、存在のメディウム（霊媒）のゾーンなのだ。その領域に働きかけて、新たなテクノロジー環境でのいままでにない夢見を組織していくのが真の実験的アーティストたちの仕

★12　イオ・ミン・ペイの設計による「ルーヴル・ピラミッド」。代表的なミッテラン大統領時代の建築で一九八九年に革命二〇〇周年にあわせてオープンした。

★13　Hobson, J. Allan. *Dreaming: A Very Short Introduction*. Oxford, Oxford University Press, 2005.

事だとも言えるだろう。それは夢と現、ヴァーチャルとリアルとの境界上で、新しいテクノロジーが開く感性的条件において、ヒトの感性的経験を再定義していくことだ。メディアアートというデジタルなエクリチュールの領域で、ぼくが敬愛してやまないメディアアーティストたち、たとえば藤幡正樹とか三輪眞弘の仕事はそのような方向へ向かっているとぼくからは見えている。

*

ぼくたちは、無意識はシネマのように構造化されている、という二〇世紀における無意識に関わる定式を検討した。

ぼくたちは、無意識の定式を今日のメディアコンディションにおいてさらに延長して、新しい定式化ができるだろうか。フロイトを二一世紀にヴァージョンアップできるだろうか。

人工知能にヒトの無意識の解読を任せるのではない。人工知能化していく環境におけるヒトの無意識の在り方を定位しうる新しい知が求められている。それはテクノロジー文明のある種の療法にも通じることになるはずなのだ。

このように、ヘーゲルに導かれて「記号のピラミッド」問題を延長し、さらに「フロイトの部屋」へと案内することで、ぼくたちが論じた「一般文字学」はより見通しやすくなっただろうか。

まずヒエログリフに覆われた地下の迷宮があり、つぎに恣意的な記号の構築体が地上に隆起して幾何学的結晶体としてのピラミッドがつくられた。さらに、地上世界の数学化が進行し、その結果、ついに地下にまで数理テクノロジーの構築体がつくられるようになった。コンピュータ・テクノロジーが「逆ピラミッド」として、「記号のピラミッド」全体を支えるようになった。しかし、だからといって、ぼくたちは夢の迷宮を失ってはならない。人工知能により管理された週七日二四時間コンピュータ常時接続の昼の世界に目が眩んで、夜ごとにヒトの心をつくり直している夢の時間を手放してはならない。それこそが、ヘーゲルとフロイトが、いまぼくたちに教えてくれていることなのだ。

第2の追伸　資本主義について

三つの講義をとおして、資本主義と記号論について論じた。世界が記号論化したのに記号論が忘れ去られたというパラドクスから語りはじめて、二〇世紀の資本主義の条件、文化産業、ポストモダン消費社会にまで話が及んだ。いま記号論と資本主義についてぼくたちはどのような見通しをもつことができるだろうか。

「モノが消費されるためには、モノもヒトも情報にならねばならない」

記号論がブームとなったのは、戦後復興期から高度成長期へいたる「生産の資本主義」が一段落し、欲望を生産する「消費の資本主義」へと変貌していった時代のことだ。

フランスでも「栄光の三〇年 les Trente Glorieuses」と呼ばれた時期にボードリヤールやバルトの記号論が登場した。「六八年五月」は欲望の革命と呼ばれ、メタ言説が欲望の理論へと傾斜していった思想状況も、こうした資本主義の変容と対応していた。

ボードリヤールが『物の体系』で述べた「物が消費されるためには、物は記号にならねばならない」

という定式が、消費社会における物の記号化を言い表した言葉だった［★14］。物が消費されるためには、商品がメディアによって媒介されて消費者の欲望が誘発され、意味の消費が行われるのでなければならない。そのために、モノはメディアの表層に浮かぶ記号——言葉やイメージ——にならなければならない。ボードリヤールの定式は、アナログメディアと消費資本主義との本質的な結びつきを表した言葉だったのだ。そこでは人間は、ポストモダンな消費社会の記号論的主体として定義されていた。

その後、二〇世紀末の情報革命によって資本主義は大きく変容した。世界が記号論化したのに記号論が忘却されるというパラドクスが起こったのは、まさにこの情報革命に起因している。

世界が記号論化したのは、ライプニッツが考案した普遍記号論（普遍記号法）が、二〇世紀にはコンピュータとして実装されて、万人の生活基盤となったからだ。すべてのメディアがデジタルメディアへと移行した現在、アナログメディアの記号論は役割を終えたとも言える。その一方で、消費資本主義は情報資本主義へと進化し、人類がコンピュータ機器や情報端末に常時接続する生活を送るようになって、人々はますます有機的にメディアの記号生活に組み込まれ世界全体が記号論化した。

記号論は二〇世紀資本主義を理解するための理論パラダイムの創出に寄与したが、情報コミュニケーション技術（ICT）が資本主義の土台そのものとなった一九九〇年代以降（ネグリ＝ハートの『〈帝

★14　ジャン・ボードリヤール『物の体系——記号の消費』、宇波彰訳、法政大学出版局、一九八〇年、二四六頁。

国〉』はそれを描きだしていた)、記号論を基礎にしたポストモダンな批判理論はネオリベラル化する世界を前に手も足も出なくなった。二一世紀の世界でクリティーク(批判・批評)が後退することには、明確にエピステモロジック(認識論的)な理由があったのだ。だから、記号論を、ロックやライプニッツのバロック記号論にまでさかのぼってもう一度捉え返して抜本的につくり直し、デジタルメディアの記号論——ぼくの言う「情報記号論」——への書き換えを実行して、新たな批判の道具をつくらねばならない。これが三つの講義をとおして語った理論戦略である。

情報オントロジー化する世界

そこで、いまボードリヤールの定式を書き換えるとすれば、つぎのようになるだろう。

(1)モノが消費されるためには、モノは〈情報〉にならねばならない。

さらに、そこから引きだされるコロラリー(付随命題)として、

(2)モノを消費するためには、ヒトもまた〈情報〉にならねばならない。

ウェブにおいても、モノのインターネット(IoT)においても、オンラインではモノは究極的には0と1で書かれる記号列と化している。消費するヒトもまた情報履歴を追跡(トラッキング)されて0と1の記号列となっている。これが情報化された世界におけるヒトとモノのデフォルトの在り方なのだ。ラカン派精神分析の用語を援用すれば、ウェブ上では、欲望の主体のシニフィアンは、ウェブブラ

ウザーのクッキーcookie［★15］と同値となっている。ボードリヤールの『物の体系』では、モノの在り方はソシュール言語学の言う「言語体系（ラング）」に似た「記号のシステム」として構造モデル化されたが、モノのインターネット（ＩｏＴ）の時代には、モノの体系は「情報オントロジー」に置き換えられている。

「オントロジー（存在論）」とはもともと存在者の在り方およびカテゴリを扱う哲学の分野だ。しかし、ここでは情報学の用語として、ある存在領域について、コンピュータで扱う明示的に表現された存在分類と関係性のセットのことだと理解しよう。哲学と区別するために「情報オントロジー」とここでは書くことにする。あなたが、ウェブで買い物をするとき、あなたが読む言葉、見る図や絵や写真、視聴する動画や音声は、ぼくたちの「記号の正逆ピラミッド」図式で言えば、「記号のピラミッド」を構成するセミオーシス（記号過程）として成立しているのだが、それらの記号は、「記号の逆ピラミッド」においては、サイトを構成している物やことの分類と関係、推論のルールとして、情報オントロジーとしてコンピュータ言語に書き換えられている。

二一世紀の日常生活では、人々はウェブページや「スマート化」された環境を訪れるたびに、さま

★15　クッキー（HTTP cookie）とは、ウェブを閲覧したときにウェブサイトからユーザのコンピュータに送られてウェブブラウザーに保存される文字情報列のことを指す。サイトを訪れた日時や回数などの履歴が記録され、ユーザ識別やセッション管理に使われる。ウェブサイトの側からは、同一ユーザを識別し閲覧の履歴をトラッキングできるので、なにに興味をもっているユーザなのかを推測し、閲覧行動の誘導に役立てることができる。

ざまな情報オントロジーに招き入れられる。

Googleで検索したり、Amazonで閲覧・選択・購買したりするたびにあなたの情報履歴はサーバーに蓄積されてゆき、ユーザプロフィールが形成される。

ネットコミュニケーションにおいては、顧客の情報が蓄積されるほどサービスをパーソナライズ（個別化）して細かく継続的かつ定期的に提供することができる。ウェブやIoTネットワークに接触するたびに、ヴァーチャル空間ではあなたの化身（アヴァター）が育っていくわけである。そのようにしてマーケティングは、顧客ひとりひとりに対するパーソナルなケアになっていく。

個人の生活を微分する

個人という言葉は英語でindividual、フランス語でindividuだ。もともとラテン語のindīviduus（分割できない）を語源として、分割できない（英語で言えばdivideできない）唯一無二の存在としての個、個体、個人をさす言葉だ。

ライプニッツが微積分の発明者であることを思いだそう。ライプニッツが考案したコンピュータは、その原理において、世界のあらゆる対象を微分するための万能機械なのだ。コンピュータは、世界のあらゆる事象を0と1の記号列として書き取り、書き分け、整理して計算していく。あなたの一挙手一投足がそのように記録されデータ化されるようになれば、あなたの行動は原理的にはすべて0

と1の記号列で書かれるようになり、唯一無二の不可分な個人individuusとしての行動は、つぎつぎと微分されて分割可能な記号列dividuals（このドゥルーズの用語については、これから説明する）として整理され計算されることになる。

さきほど述べた「消費するためにはヒトも情報にならなければならない」とは、したがって、分割できない個人としてのあなたの生活が分割可能な記号列と化し刻々と微分されていくことを意味している。そのように微分されたうえで、モノやサービスの情報オントロジーと掛けあわされ組みあわされて、ウェブやIoTのネットワークに拡がる情報の行列（マトリクス）のなかにインテグレート（積分）されていくことになるのだ。

あなたがクリックするたびに、この微分と積分の演算が同時に起こる。

一例を挙げよう。

ユニクロが二〇〇七年に実施したデジタル広告キャンペーンに「ユニクログリッド」があった。キャンペーンはとうの昔に終了しているが、ネットで検索すればサイトがまだ部分的に保存されていたり、インタラクティブにはもう動かないとはいえ動作をYouTube動画で見ることもできるので、「UNIQLO GRID」とウェブ検索して、自分の目でたしかめてみてほしい［★16］。よく考え抜かれた、

★16　なかなか文章では頁の動作は伝わらないので、読者は制作を担当したデザイナー・プログラマーの集団tha ltd.（代表＝中村勇吾）によるプロジェクト紹介ページを参照してほしい。URL=http://tha.jp/49（二〇一八年八月一五日アクセス）

ユニクロを世界企業にジャンプさせることに貢献した素晴らしいキャンペーンだ。

このキャンペーンは、「世界中のユーザがひとつのグリッドに同時にアクセスし、ユニクロロゴをつくったり、消したり、動かしたり、回したり」して、「リアルタイムに同じ時空間を共有しながら、グローバルに展開していくユニクロの世界観を感じられるような、一種のゲーム的なコンテンツ」と、制作したデザイナー集団によって謳われている。サイトでは「シェルピンスキーのカーペット」と呼ばれる幾何学模様の図形（フラクタルオブジェクト）を動的に生成していくプログラムが働く仕掛けになっている［★17］。ユーザがユニクログリッドにアクセスしてクリックするたびに、モザイク状の世界地図をベースにカラフルなユニクログリッドが分割されたり、生成したり、倍加したりして、フラクタル幾何学の同形図形がかぎりなく増殖する原理によって、ユニクロのロゴが増殖していく。

アナログであれデジタルであれ、優れた広告には、優れた芸術作品と同じく、時代や世界の存在条件についての問いがテーマ化されているものだ。クリックのたびにユーザの好みが微分され、履歴が採られ、ユニクロというブランドの衣料の情報オントロジーに編入（＝積分）されていくプロセスが、ブランドによる世界戦略の展開とオーパーラップして可視化され、デジタル環境において、クリックする（＝モノを買う）とはどのようなことなのかを気づかされる。

優れた批評性をもったデジタルキャンペーンの例と言える。

ドゥルーズは、とても有名な論考「追伸　コントロール社会について」で、コントロール社会は、不可分な個人たちindividus（英語individuals）を分割しうる「可分子dividuels」（ドゥルーズの造語だが、英語の訳語ではdividuals）に変えていくと述べていた。

コントロール社会で重要なのはもはや署名でも番号でもなくて、数字である。規律社会は命令の言葉（スローガン）で統御されるのに対して、ここでは数字が合い言葉（パスワード）となる〔……〕。コントロールの数値言語は数字からなり、それが情報へのアクセスかアクセス拒絶かを徴づける。われわれはもはや大衆と個人という対を前にしているわけではないのだ。個人individusは「可分子dividuels」と化し、大衆は、サンプル、データ、市場、「データバンク」と化しているのである。〔★18〕

現代人にとっての情報はいまや自分の影のごときものとなっている。0と1の行列からなるその影をしたがえて無数の情報オントロジーをよぎっていくのが、スマート化された情報環境を生きる人間の日常生活となるのだ。スマートフォン、スマートスピーカー、スマートカー、スマートシティ……、

★17　「シェルピンスキーのカーペット」については、つぎのWikipedia項目を見てもらえると直観的に理解できる。URL = https://en.wikipedia.org/wiki/Sierpinski_carpet（二〇一八年八月一五日アクセス）

★18　Deleuze, Gilles. *Pourparlers: 1972-1990*. Paris, Minuit, 1990, p.243. 邦訳は、『記号と事件——1972-1990年の対話』、河出文庫、二〇〇七年所収だが、本論のコンテクストを考慮して原典から翻訳したので、訳語には大幅な異同がある。

このとき、「スマート」とは、サイバネティクス化した情報環境という意味だ。個人の行動をリアルタイムで検知しスキャンして個人（individual）を可分子（dividuals）に変えて微積分していく存在環境なのだ。

「超－グーテンベルク」革命

個々のサイトや個別の情報環境がそれぞれのローカルな情報オントロジーへ誘導するのに対して、GoogleやFacebookやTwitter、YouTubeやInstagramのような巨大な情報プラットフォームは、情報世界のオントロジー全般をアルゴリズムで統御している。

よく知られているように「世界の情報を組織化して普遍的にアクセス可能にして役立つようにする」がGoogleのミッションである［★19］。

Googleの出発点は、スタンフォード大学のデジタル図書館計画にあった。セルゲイ・ブリンとラリー・ペイジが一九九八年にかれらのPh.D.博士論文で提案した検索エンジンGoogleのPageRankの原理は、被引用回数、媒体の重要度、引用者の論文の重要度等を指標として評価を行う学術論文の影響力評価と原理的には同じ発想で考案されたものだ［★20］。

ぼくはGoogleが先導してきた世界の情報化を考えるときに、Googleの発明がもともとはデジタル図書館計画の一環であったことを決して忘れてはいけないと思う。そのことを考えてもらいたくて、かなりアクロバティックな論文を書いたりもしたのだが［★21］、それについては当該論文を読んでもらうことにして、講義で議論してきた記号論と資本主義との関係から整理しておこう。

まずいくつかの基本的事実を思いだしてもらう必要がある。

（1）講義で繰り返し述べたように、現在のコンピュータは、ライプニッツがその計画を立案したものだった。そのライプニッツの仕事は、ハノーヴァー公の「図書館司書」だった。かれの「普遍記号法」は普遍図書館の実現のための方法の提案だったのだし、じっさいに「結合術」から出発して、「百科全書」が、「普遍学」を体現するようになる図書館を構想していた。

> その図書館とは、一般目録、記憶の補助、印刷物集蔵庫、最も偉大な人物たちの最も優れた思考の要諦であるべきである。私のもくろみは、図書館の書物の集積において、百科全書、すなわち三室ないし四室に集められた普遍学を揃えるということであり、ひとはそこからかつての知識

★19 https://www.google.com/about/our-company/（二〇一八年八月二一日アクセス）

★20 Brin, Sergey and Lawrence Page. "The Anatomy of a Large-Scale Hypertextual Web Search Engine." URL＝http://infolab.stanford.edu/~backrub/google.html（二〇一八年八月二一日アクセス）

★21 「新『人間知性新論』――〈本〉の記号論とは何か」、日本記号学会編『ハイブリッド・リーディング――新しい読書と文字学』、新曜社、二〇一六年、八二-一〇一頁。この論文の元原稿を石田ブログ nulptyx.com の以下のＵＲＬに公開中。URL＝http://nulptyxcom.blogspot.com/2018/06/blog-post.html（二〇一八年八月二一日アクセス）

の総体、および想像しうる有益なあらゆる学知について知識を必要に応じて引きだすことができるようになる。［★22］

ここで計画が語られた百科全書が、歴史事実としてじっさいに実現したのが、あのディドロ、ダランベールの『百科全書』だった。いまでは、それは、Wikipediaに姿を変えたわけだが、ぼくたちもまたなにかにつけてWikipediaを引くことからネットの閲覧を開始するようになっている。

（2）つぎに思いだすべきなのは、いまではウェブと呼ばれている、World Wide Web（WWW）は、ティム・バーナーズ・リーによって、一九八九年に提案されたが、このWWWもスイスにある欧州原子核研究機構CERNの学術研究データベースをハイパーテキストによって共有するために考案されたもので、つまりは、アカデミックな電子図書館のために開発されたという事実だ。

ぼくたちは、ウェブにアクセスするたびに、ブラウザーのツールバーに、HTTP（Hyper Text Transfer Protocol ハイパーテキストによる通信というプロトコル）という通信プロトコルが表示されていることにさえ気づかなくなってしまっている。またぼくたちが読んでいるウェブページが、HTML（Hyper Text Markup Language）という言語で書かれていることも多くの場合忘れている。しかし、HTTPやHTMLが表示しているのは、WWW上での記号活動（ぼくたちの図式の「記号の正ピラミッド」で示した、人間のセミオーシス）が、「記号の逆ピラミッド」にあたるコンピュータの情報処理の働きによってどのようにサポートされているのか、それがどのようなプロトコルでやり取りされているか、ということなのである。

（3）三つ目に思いだしてほしいのは、ブリンとペイジの博士論文でのPageRankとハイパーテキスト・サーチエンジンGoogleの提案がスタンフォードの電子図書館のためだったこと以外に、Googleの巨大世界企業としての飛躍のためにこの企業がまず取り組んだのが、世界の大学図書館の蔵書を片っ端から無断でデジタル化するGoogleBooksという事業だったという歴史的事実だ。

さらに、Amazonはもともとオンライン書店として一九九六年にスタートアップしたという事実、くわえて、「閲覧」に関しては、ハイパーテキストによるデスクトップ環境がヴァニーヴァー・ブッシュのMemex〔★23〕の提案から始まり、AppleのiPadやKindleにいたるまで読書端末をモデルに長い歴史をとおして開発されてきたという事実だ。

さらにこれにくわえて、Facebookとはその名のとおり「顔の本」であることを思えば、頭文字を取ってGAFAと呼ばれるようになったGoogle、Apple、Facebook、Amazonという巨大企業のいずれもが、本や事典や図書館との密接な関連のもとに発達してきたという歴史的事実が浮かびあがる。これらの企業が行ったのは、要するに、ある種の図書館産業革命だったということなのだ。

★22　Leibniz, G. W. "Einrichtung einer Bibliothek," November 1680, *Sämtliche Schriften und Briefe. Politische Schriften*. Reihe IV, Band 3, Berlin, Akademie-Verlag, 1986, Nr. 30, 350 f. 同書収録の仏語原文から石田による訳。

★23　Memex（「記憶拡張機」：MEMory EXtender の略）とは、情報工学のパイオニアのひとりヴァニーヴァー・ブッシュ（一八九〇－一九七四年）が一九四五年に論文「As We May Think」で提案したシステム。電気機械式の一種の机で、図書館規模のマイクロフィルムを内部に格納し、カメラ、リーダーを備え、膨大な記録を呼びだしたり、ユーザの連想関係を反映したり、手書きノート、メモなどを撮影して格納することができるシステム。ハイパーテキストやウェブ端末の原型とされる。

「普遍図書館」計画

問題は、これがいったいなにを意味しているのかである。

マクルーハンのメディア論は、グーテンベルクの銀河系の間近な終焉を予言していた。だが、訪れたのは、いま見たように、「超《ハイパー》‐グーテンベルク」期と言える世界である。すべてが急速に本と図書館を出発点として発達した。GAFAが進めてきたのは世界の「普遍図書館」化なのである。

これこそ、アルゼンチン国立図書館長だった盲目の作家ボルヘスが描いていた「バベルの図書館」であり、その冒頭書きだしが言う「(他の人々は図書館と呼ぶ)宇宙そのもの El universo (que otros llaman la Biblioteca)」にぼくたちは住まうようになったということなのだ[★24]。

いまでは地球のあらゆる場所がGPSと連動してその〈普遍図書館〉のなかの参照点となり、IoTというのは、じつは、Internet of Things の略ではなくて、*Intertext* of Things(モノのインターテクスト)の略であって、すべてのモノはいまでは〈ある種の本〉となって、ハイパーテキストではHTMLやXMLが文字列や画像をタグ付けしてマークアップしていたように、モノもucode[★25]を振られてタグ付けされ、この普遍図書館のどこかに配架されるようになった。この「宇宙」においては、すべての住人は「読者」としてのアカウントをもち、あらゆる場所が「閲覧室」となったこの世界ではおしゃべりを禁止されているので、一四〇字以内に制限された付け文で「ツイート(つぶやいたり)」したり、地下鉄のなかで人々は「マナーモード」でメールを黙々とやり取りしているではないか。

だとすれば、これは悪い冗談と取られかねないが（とりわけ出版や書店の業界にとっては）、さきほど書き換えたボードリヤールの定式もさらにふたたび書き換えが必要になるかもしれない。

この「（他の人々が図書館と呼ぶ）宇宙そのもの」においては、

（1）モノが消費されるためには、モノは〈ある種の本〉にならねばならない。

（2）すべての消費者は〈ある種の読者〉にならねばならない。

これこそ、ハーバーマスが理念化してみせた、読む公衆による公共圏が（ある種のかたちで）実現した啓蒙の世界なのではないのか。

すべての市民が〈読者〉であり、すべてのモノにそれに関する知識をまとめた〈本〉が対応し、その〈知識〉はインデックス（索引）化されて、普遍的な知識を体系化した〈百科全書〉と関係づけられ、〈ある種の本〉たちは、普遍的な〈分類目録〉にしたがって、〈普遍図書館〉のしかるべき室の、しかるべき列のしかるべき棚に配架されている。だれもが人生を専ら〈読み書き〉して過ごし、全事物、全出来事および全知識は〈百科全書〉によって体系化され、〈普遍学〉がその原理を保証している。そのような、宇宙大の、ユニヴァーサルな図書館。ライプニッツの図書館計画や、ヘーゲルの記

★24　ボルヘスの「バベルの図書館」はこの表現で始まる（英訳では“the Universe (which others call the Library)”）。

★25　ucodeとは、「ユビキタスコンピューティングにおいて個々のモノや場所を識別するために割り振られるID番号の体系のこと、あるいはその体系によって割り振られた固有の識別子のことである。［……］ucodeの情報を格納しているIDタグはucodeタグと総称される」。「IT用語辞典バイナリ」項目「ucode」より引用。URL = http://www.sophia-it.com/content/ucode（二〇一八年一〇月三日アクセス）

号建築論の延長上で思弁するなら、まさに絶対的な理性の構築体が実現したと考えられるのではないか。

コンピュータの文字革命

以上の図書館の譬え話（アレゴリー）がネット文明とはなにかについて一定の有効性を主張できそうなのは、じつはつぎの推論においてだ。

ブリンとペイジによる一九九八年の博士論文でめざされたのは、「ウェブに秩序をもたらすBringing Order to the Web」ことだった［★26］。デジタル図書館においては、本がスキャンされて電子データ化されていく。バラバラに解体されハイパーリンクで結ばれた無数の頁の集積から、検索ワードに関してどの頁を読みに行けばよいのか。ふたりが考えだしたPageRankは、頁相互の参照関係の指標としてハイパーリンクのタグを自動検出して索引化し、頁間の相互参照関係の重要度を計算して割りだし、頁を序列化するシステムである。このとき、宇宙となっていく普遍図書館は、それぞれの読者にとって任意の検索語から入って、任意の頁から読みはじめることができる巨大な一冊の書物となったのである。

さきほど言及したＨＴＴＰやＨＴＭＬの原理と、Google サーチエンジンの PageRank の原理を考えあわせると、これらは、普遍図書館のいわば地下部分（ぼくたちの図式で言う「記号の逆ピラミッド」の部分）

を計算テクノロジー化して自動化しようという、ヴァーチャルな地下電子図書館の建設の企てだったと理解できる。普遍図書館の地上部分の閲覧室にいるぼくたち市民＝読者に対して、世界に存在するすべての本（数千万冊分）および新聞雑誌その他の印刷物が自炊されてスキャンされ、さらに日々増殖しつづけるホームページ等のデジタルテキスト等を加えて、これまで書かれたすべての頁を集めた宇宙規模の〈一冊の書物〉が日々刻々とつくられつづけるようになったのである。

人間には決してその全体を読むことができない、その宇宙大の普遍的な一冊の書物のどの頁を読めば、市民たちには自分の探している知識を見いだすことが即座にできるのかがわかるように、コンピュータ仕掛けの総合索引を作成しつづける巨大なヴァーチャル電子図書館をつくろうというのが、ふたりの若き現代版図書館司書——すなわちinformaticiens——ブリンとペイジのプロジェクトだったのだ。

ハノーヴァー公図書館司書ライプニッツなら、これはまったくもってまっとうな神の摂理にかなったプロジェクトであると即座に理解しただろう。フロイト先生もおそらく興味を示したはずだ。

バベルの図書館の実現には、コンピュータによる〈文字の解放〉という、現代の知識革命の核心が関与している。これまでの講義をとおして、ぼくたちは、メディアの問題とは「文字の問題」なのだ

★26　ブリンとペイジの注★20で参照した論文内に"2.1 PageRank: Bringing Order to the Web"という小見出しがある。

と主張してきた。そして、二〇世紀のコンピュータ革命もまた「文字の革命」だったことを忘れてはならない。コンピュータにおいては、ふたつの〈文字の解放〉——文字の理想化——が起こっている。

ひとつは、文字の電子化。文字を電子で書くことで、電子媒体の上に点けたり消したりすることができるようになった。一箇所に書いてもそれが消えて別のn個の箇所に瞬時に——リアルタイムで——書き写すことができるようになった。ふたつ目は、文字が数字になった。こちらは文字の計算論化で、すべてが究極的には0と1で書かれるようになった。このことで、すべての文字は他のすべての文字、すべての文字列は他のすべての文字列、すべてのテキストは他のすべてのテキストとの関係づけのみによって定義されるようになった。デリダが、『散種』でマラルメのテキストのシニフィアンについて「シンタクティクスのセマンティクスに対する還元不可能な過剰」[★27]と呼んでいた事態が理想状態で実現したわけだ。このふたつの革新で、文字は場所——本や頁——から自由になり、それぞれの文字がn次元の〈潜勢的な頁〉をもつことができるようになった。

以上の発明のうち、ふたつ目の原理の発明は、ハノーヴァー公図書館司書（ライプニッツ）が起源で、それがかれの普遍記号法だ。ひとつ目について言えば、その工学的な発明はフォン・ノイマンによると考えられる。これらの問題は、フロイトも考えていたアポリアで、どうしたら書いた文字を保存したまま、同時に新しい文字を同じ表面に書き込むことができるかを、かれは考えつづけていた。ぼくたちが扱った「不思議メモ帳についての覚え書き」はその代表的な論考で、それは「心の装置」をいかにモデル化するかという問題ともつながっていたことはすでに第2講義で述べたとおりだ。

それでふたつの文字の解放の結果どうなったか？　「文字」を読み書きすることが、「計算」と同じになり、ライプニッツの計画がほぼ完成した、と思われた。ただし、潜勢化《ヴァーチャル》してしまった「〈同じ〉文字列」がどの「頁」に現れるのを優先すべきか、「序列 order」を定義することが必要となった。それが、PageRank にもとづく Google サーチエンジンが解決しようとした問題だったのだ。

『言葉と物』のオントロジー

このハイパーテキストのバベルの図書館はじつに普遍的でデモクラティックなものだ。なにしろ、あらゆるテキストを集めていて、どの頁も必ずだれかが書いたからにはだれかが必ず読むはずだという原則にもとづいて運営されている。じっさい、あなたがどんな取るに足らない書き手であったとしてもこのハイパーテキスト空間の頁にあなたがなにかを書き込めば、Google のクローラー・ロボットは数時間のうちにじっさいに必ずそれを読んでくれている。そして、あなたが書き込んだ文字列には、それをロボットが読んだ時点で、普遍図書館としての識別子が振られて、任意の検索語に対してはあなたが書き込んだ頁は普遍的な一冊の書物の何頁目なのかを PageRank が即座に計算して決めて

★27　Derrida, Jacques. "La double séance," *La Dissémination*. Paris, Seuil, 1972, p.250. 邦訳は『散種』、藤本一勇ほか訳、法政大学出版局、二〇一三年、三五〇－三五一頁。訳文を一部修正。

くれているのである。

それに比して、ライプニッツから始まった啓蒙思想家たちの図書館計画は、じつに非民主的なものだった。ライプニッツ自身、先に引いた文章のなかで、普遍図書館には、「最も偉大な人物たちの最も優れた思考の要諦」だけが収められ、せいぜい書籍は「三室ないし四室」分と言っているし、「日々増えつづける、ろくでもない膨大な恐るべき本の山」は要らないし排除せよと言っている。

そこには、もともと普遍図書館に収めるべき書物とは「上位のオントロジー」を扱うものだという形而上学的前提が関わっている。ライプニッツは、だから自分の図書館構想は「普遍学」のためのものだ、と述べていた。ここでいう上位のオントロジーとは、最も普遍的な「存在分類」という意味で、（西欧）伝統的には、哲学や神学のメタ言語つまり「形而上学」が扱ってきたものだ。

一九六〇年代には、この上位のオントロジーを、伝統的な哲学ではないやり方で整理できないかと考えた思想家たちが登場した。その中心はミシェル・フーコーという人物だった。それは〈西欧〉が自分たちの文化を伝統的な哲学ではないやり方で整理できるはずだ、それは人類学に近いやり方であるはずだと考えはじめていた頃で、フーコーは「言語」や「記号」を単位としてそれを扱えばよいという考え方で取り組んだ。それが「構造主義」と呼ばれたのだった。

ある時代における百科全書や本の頁のオントロジー問題は、フーコーが、自分自身で「記号についての書物」と呼んでいたかれの代表作のひとつ『言葉と物』という著作で描きだしてみせた問題でもあった［★28］。かれが扱ったのは、物の分類や知識言説の編成という、ある時代の「知」の領域における存在分類（オントロジー）の問題だった。それはかれが「物の秩序」とか、あるいは「言説の秩序」と呼んだ研究で、言葉（概念）と物（存在者）をめぐる、上位オントロジーの問題を扱うものだった。かれは、ある時代の言説の生産を規定している、その上位オントロジーの関係性のシステムを、「エピステーメ」と呼んだのである。

このような上位オントロジーによる整理に代えて、頁の序列付けを、参照関係の応用数学的ランク付けによってコンピュータで整理する民主的な方法がPageRankということになる。つまり、そこから見えてくるのは、「オントロジー」という用語の情報学による哲学からの「借用」は、決して、たんなる借用なんかではなくて、「上位オントロジー」を廃棄しようという、デモクラティックな、革命的な企てだということだ。情報学は哲学を廃絶しようとしているのだ。それが情報革命なのだ！（みなさん知っているかな?）そしてすべての熱狂はテロルを引き起こす！

★28 ミシェル・フーコー『言葉と物――人文科学の考古学』、渡辺一民、佐々木明訳、新潮社、一九七四年（原著は一九六六年）、および『知の考古学』、慎改康之訳、河出文庫、二〇一二年（原著は一九六九年）を参照。「記号についての書物」の言及は、『ミシェル・フーコー思考集成Ⅰ 狂気・精神分析・精神医学』、筑摩書房、一九九八年所収の「年譜」の一九六三年一〇月、一九六四年一二月の記述を参照のこと。同年譜は、『フーコー・ガイドブック』、ちくま学芸文庫、二〇〇六年に再録されている。

もともとは、スタンフォード大学のデジタル図書館のためのプロジェクトだったのだから、ブリンとペイジの発明は大学としての「知の序列」を前提としていたのかもしれなかったが、企業としてのGoogleは、WWW全体の全ウェブページの情報オントロジーを、PageRankで序列化して検索と広告を連動させせたりするようになった。ウェブページをせりにかける制度としてPageRankを運用しはじめたのだ。あなたの会社に関連する検索ワードにたいしてあなたの頁がヒットする度合い（rate）を高めて、自分のサイトに誘導するような広告を打てますよと企業にアピールし、その広告収入によって、Googleの企業としての経済活動が成り立つようになった。

GoogleのAdWordsというサービスでは、学術論文のインパクト評価と同じ仕組みを使い、検索ワードをランク付けする。インタラクティブなメディアとしてのネットワークに入るためには、だれもが検索しなければならない。いまではヤフーをふくむありとあらゆる検索サイトはGoogleの検索エンジンを採用しているが、たいていの閲覧者は検索結果の三頁ぐらいまでしか見ない（四頁以降を見るひとは全体の一〇パーセント以下と言われる）。三頁までに自分の会社のサイトが載っていなければ、ユーザを誘導できる可能性はきわめて低くなる。だから企業にとっては、一から三頁のどこに自分の会社のサイトが出てくるかが重要になる。検索にひっかかる頁を維持するためには、当然、頻度の高い検索語を使用しようとする。競争原理が働いて、そういう言葉が三頁以内に出てくる頻度がますます高くなる。そうなるとネットで生活しているひとたちは、検索頻度が高い言葉を多くふくむ言語生活をするように自然になっていく。

検索ワードがランク付けされ、それに伴って広告料金が変動する。ここでは検索語という「言葉」が売られている。検索ワードが商品価値をもち、なおかつその言葉に広告価値という知的所有権のようなものが設定されている。しかもその価値は、株価のように日々変動していく。たとえば「精神」という言葉とそれに関連した語を使うと、今日は五〇〇円だったが明日は七〇〇円になるかもしれない。言葉が「変動相場」によって価値が上下するようになる。言葉の価値の変動メカニズムと、広告市場という「意識のメタ市場」が連動する。これはGoogleの「言語資本主義 linguistic capitalism」［★29］と名づけられている。

記号論と資本主義

Googleを使うユーザは高いランクに位置づけられた言葉、すなわちネットでよく使われる言葉へ知らず知らずのうちに誘導され、頻繁にそういった「グーグル語」によって自分の精神生活を営むよう

★29　Kaplan, Frédéric. "Quand les mots valent de l'or: Vers le capitalisme linguistique," *Le Monde diplomatique*, Novembre 2011, p.28. URL = https://www.monde-diplomatique.fr/2011/11/KAPLAN/46925（二〇一八年八月二一日アクセス）

になるだろう。歴史を一定程度の長いスパンで見れば、人々の使う言語がなんらかの影響を受けて変質していく可能性はある。

ぼくたちは一日にどのぐらいの語を検索して、それぞれの検索語について何頁読んだかなんていちいち覚えていない。しかしじつは膨大な数の頁を読んでおり、これにそって自分の言葉を使って生活している。自分の精神を生みだしていると言ってもいい。これがGoogleの言語資本主義と連動してきている。

検索することにより、ぼくたちの「自分であることの意識」は生みだされている。検索しているとき、あたかも「自分」がイニシアティヴを取っているように思いがちだが、しだいに検索語にもとづいて自分を「個体化」していくようになる。ネットでは言語における個体化の活動が、ハイパーテキストのリンクによって横断されて断片化し計算論化され、個体individusが可分子dividuelsに変えられていくようになる。言葉や知識、記号や言説までが、資本主義の計算によぎられる時代に人類は到達したということなのだ。

誤解してもらいたくないが、この「言語資本主義」によって、言語全体が今後必ず著しく変わってしまうだろうとか、広告の言語によって人々の精神がすぐさま大きく変質するだろうと言っているわけではない。ひとの言葉の活動にもさまざまな次元があって、いわゆる流行の言葉もあれば、長い間をかけて変化をしていく、学問や宗教などのような別の言語の活動もある。

しかし、言語資本主義の議論が示しているのは、学問の言説であれ、広告の言説であれ、計算のテクノロジーによって、ひとのシンボリックな活動がシステマティックに計算にかけられ資本主義と連動するようになったという新しい現実である。

ふたたび、普遍図書館の譬え話に戻ろう。「地下」に電子計算部門をGoogleがつくったことで、「地上」の普遍図書館は普遍的な計算をとおして資本主義と連続して「運営」することができるようになった。普遍図書館と普遍的な計算システムが連動することで人間の象徴活動全体が資本主義と完全に連動することができるようになったというわけだ。資本主義が知識資本主義となり普遍資本主義となった。

ぼくは同じ大学人として、ブリンとペイジはなんと頭のいい学生たちだったんだろうと感心してしまう。こんなふうに大学の知全体と資本主義を連動させることを思いつけたのだから。かれらが、世界の大学の図書館をタダで電子化してあげると申しでたことにはじつに深く遠大な野望があったと言わざるをえない。まず大学の書籍が含有している「上位オントロジー」から自分たちのヴァーチャルな普遍図書館に組み込んだのだ。そのようにして、この宇宙を整理する方法を精密化したうえで、それ以外の日々増えつづける、ライプニッツであれば「ろくでもない」と形容したであろう〈本のようなもの〉を、この普遍図書館のなかで整理していけばよい。そのようにプランニングしたのだろう。

同じ大学人としてスタンフォード大はなんて頭のいい大学なのだろうとも思う。大学を世界資本主義の中心装置にする計画を若い研究者たちに任せたのだから。その計画どおりに、いまでは、知と計算が連動し、知識生産と資本主義が一体となって動くようになってきた。

「言葉」と「記号」と「情報」と「知識」と「計算」とを同じフォーマットで扱える「普遍学」のみが、二一世紀の知識資本主義を批判――カントやマルクス的な意味で――し変革することができる。それができるのも大学や知識界であるはずだ。スタンフォードやMITだけでない。東大や京大や早稲田や慶應だって――知性さえあれば――できるはずだ。ゲンロンだってもちろんできる（アズマがいれば大丈夫！　笑）。そのために、記号論をつくり替えなければいけないというのが、この講義でぼくたちが話してきた記号論と資本主義をめぐるテーマだったのである。

第3の追伸　権力について

ぼくは日ごろ学生たちに、ルソーの『社会契約論』の有名な冒頭「人間は生まれながらにして自由である、しかし、いたるところで鎖につながれている」[★30]を、「人間は生まれながらにして自由である、しかし、いたるところでネットにつながれている」と言い換えれば、いまの世界における人間の条件を表すことになると言っている。

人間は生まれながらに「自由」である、はずである。これは権利問題だ。しかし、いたるところで、「ネットに」つながれている。こちらは事実問題だ。ふたつの命題を結んで、「自由の問い」――「人間」は、いかに「自由」でありうるのかという「権利」の問い――が浮上する。

★30　ルソー『社会契約論』、桑原武夫、前川貞次郎訳、岩波文庫、一九五四年、一五頁。

三位一体の植民地化

ハーバーマスの「生活世界」と「システム」の区別を援用すればこの問題はより明確になるかと思われる（ぼくはハーバーマスの信奉者ではないが）［★31］。言語コミュニケーションのようなヒトの象徴活動は、万有引力の自然と同じく、本来「システム」からは分離されているはずだった。生まれながらにして自由であるはずの生活世界を「植民地化」する「システム」にはふたつある。ひとつは「権力」（政治システム）、もうひとつは「市場」（経済システム）だ。このふたつのシステムによる生活世界の植民地化に、「ネット」という記号テクノロジーの次元が関与しているというのがここでの問題の構図である。このように整理するメリットは、「権力」と「市場」と「生活者（市民）」が三位一体となった、ネット時代における生活世界の全面的な植民地化をうきぼりにできることだ。

ネットが生活者のコミュニケーションを市場と連動させることはすでに前節で見た。ネットは生活者を監視する権力のテクノロジーとしても機能していることも周知のとおりだ。これにくわえて、ネット時代には生活者自身が自ら進んでシステムに参加する。それが可能になったのは、ネットが普遍的なコミュニケーション圏として人々を「解放」したからである。

いまの情報環境は、生活者のコミュニケーション行為を、最もプライベートなレベルから高次のパブリックなレベルまで、同じプラットフォームで実現する。プライベートとパブリックの階層性が技術的には無効化された。メールやチャットのようなプライベートなコミュニケーション行為も、メディアサイトへの投稿やＨＰでの公表のようなパブリックなコミュニケーション行為も、掲示板、ブログやツイートのような中間的なものも、あらゆるタイプのコミュニケーション行為が、有名、無名、実名、偽名を問わず可能となり、混合するようになった。

「だれでも一五分は有名になれる15 minutes of fame」は、一九六〇年代テレビ時代のアンディ・ウォーホルのキャッチコピーだったが、いまではだれでも写真や動画をInstagramやFacebookやYouTubeに投稿して三分間はセレブ気分になれる。かれら彼女らは王侯貴族のような「具現的公共性」を経験できる。あるいは、ブログや掲示板などで「討議する公共圏」を経験したり、ツイートによってメッセージを流通させたりという具合に、コミュニケーション圏のエントロピーが増大し、パブリックとプライバシーのあいだの自由度が急速に増大した［★32］。

そこから生みだされたのは、技術的には――権利上は――最も自由でありうるはずの普遍的なコミュニケーション圏における生活者たち自身による自由なコミュニケーションが、生活世界を最も完全な市場化と最も完璧な監視社会化の危機にさらすというパラドクスだ。これは「システム」の完璧な「内在化」であって、ネットという情報システムが人々の生の「内在の野」になったことを意味し

★31　システムによる生活世界の植民地化については、ハーバーマス『コミュニケイション的行為の理論』上・中・下、河上倫逸訳、未來社、一九八五 - 八七年が基本文献。

★32　「具現的公共性」「討議する公共圏」については、ハーバーマス『公共性の構造転換――市民社会の一カテゴリーについての探究』、細谷貞雄、山田正行訳、未來社、一九九四年を参照。

ている（「内在」は、このとき、「システム」が「生活世界」を「超越」していないということ、ネットと生活世界が同じ平面に成り立つようになったことを意味している）。その内在化のカギは、前項で引いたドゥルーズが言っていたように数字である。すべての行動は数値として捕捉され蓄積され管理される。すべてがデータと化すとはそのようなことなのだ。

便利でタダで汎用性があるソーシャルメディアに、人々は無邪気にプライバシーを公開する。ツイート、メール、写真の投稿の輪が、Facebook や Twitter の友人関係、「いいね」やリツイートをとおして、コミュニケーションの模倣と感染の輪を拡げ、相互に自己露出しあう。それは、いっけん「プライバシーの自由」の拡大でもあろうけれど、「システム」の側から見ればこれほど都合のよいことはない。ユーザたちがせっせと情報を吐きだしてため込むミツバチのような無償労働（digital labor）の結果、何十億人分もの個人データを売買する巨大企業が巨額の利益を上げ、データがマーケティングや企業戦略に生かされる。アル・ゴア元米副大統領は、「資本主義はストーカーエコノミーになってしまった」と警告している［★33］。

あるいは、中国が向かっているとされる「超・監視国家」のように、ネットは完璧な監視の道具ともなりうる。顔認識技術、携帯機器のＧＰＳ情報、ＳＮＳによるユーザ間のネットワークの監視にくわえて、モノのインターネットＩｏＴが一般化しつつあるとなれば、生活者の一挙手一投足が四六時中いたるところで監視される。二〇一三年のエドワード・スノーデンの内部告発が衝撃的だったのは、ヨーロッパ、日本をふくめて全世界を対象にＮＳＡ（米国家安全保障局）による網羅的な情報監視体制が敷かれている実態が暴露されたからだ。

ハイパーコントロール社会

現代思想では、こうした問題系は、フーコーの『監獄の誕生』での「パノプティコン」モデルや「規律権力」論を源流に、ドゥルーズの「コントロール社会」論やネグリとハートの「コントロール権力」論へと発展し、監視権力論の系譜がつくられてきたことはよく知られている［★34］。ハーバーマスとの関連で言えば、フーコーの「生政治」や「生権力」、そして「統治性」をめぐる後期の仕事が現状を考えるうえでは効果的な理論パラダイムとして参照されてきた［★35］。

ドゥルーズやネグリ＝ハートが語っていた「コントロール社会」は、規律権力のように個人を空間に閉じ込めて鋳型に嵌めるのではなく、開かれた社会野に放たれた人々をデータの変動を基本に数値

★33　Foster, Alisha. "Al Gore: 'We now have a stalker economy'," *The Tennessean*, June 10, 2014. URL＝https://www.tennessean.com/story/money/tech/2014/06/10/al-gore-now-stalker-economy/10295283/（二〇一八年八月二一日アクセス）

★34　フーコー『監獄の誕生——監視と処罰』、田村俶訳、新潮社、一九七七年。ドゥルーズ、前掲書。アントニオ・ネグリ、マイケル・ハート『マルチチュード』上・下、幾島幸子訳、ＮＨＫブックス、二〇〇五年。

★35　フーコー『性の歴史』Ⅰ・Ⅱ・Ⅲ、新潮社、一九八六－八七年、『ミシェル・フーコー講義集成7　安全・領土・人口』、筑摩書房、二〇〇七年、『ミシェル・フーコー講義集成8　生政治の誕生』、筑摩書房、二〇〇八年など参照。

的に管理していく体制への移行を表した概念だった。現在では、その開放型のコントロール権力は、普遍的なデジタルメディア環境という、具体的で明確な技術的基盤の上に成り立つようになった。第2講義で見たように、人々が週七日二四時間ネットに常時接続した「ハイパーコントロール社会」がいまでは実現しつつある［★36］。

じっさい、前節で述べたように、デジタル基盤においてマーケティング・テクノロジーが生活者をパーソナライズされたサービスによって囲い込むように、市民生活のあらゆる場面でアルゴリズム化されたデジタルテクノロジーが働き、人々の生を監視しかつケアしていくような社会になりつつある。

アルゴリズム的統治性

ベルギーの若いふたりの学者、法学者のアントワネット・ルーヴロアと政治哲学者のトマ・ベルンは、フーコーの統治性の概念を発展させて、これを「アルゴリズム的統治性」と呼んでいる［★37］。

このタイプの権力は、ジョージ・オーウェルの『一九八四年』に出てくるビッグ・ブラザーとは明らかにちがった権力だ。ビッグ・ブラザーは、国民をつねに監視していた。現在のハイパーコントロール社会には、一義的には、そういう人格的な管理者が存在するわけではなく、たんにデータが変動し流通するだけで人々の行動が原理的にコントロールされていく仕組みになっている。強いて言えば、「人工知能」がビッグ・ブラザーのような人称的な表象として語られているかもしれないが、それはむしろ人々の思い込みで、権力についてのそのような人称的な表象はもはや意味をもっていないように見える［★38］。

だれも監視していないけれど、しかし現実的にはすべてが監視され活動がトレースされ、規制されうる「スマート」な体制のなかに置かれている。それが（ビッグ・ブラザーならぬ）「ビッグデータ」による、サーヴェイランスならぬ「データヴェイランス」（Dataveillance: データ＋サーヴェイランスからつくられた造語）の体制なのである。すべてがデータになるときには、記号のピラミッドのボトムでは、なにが伝わり、なにが論理を基礎づけ、なにが集団を生みだす次元となるのかを第3講義では論じたが、記号を生みだす最底辺の最も生《なま》のデータのレベルで、機械学習のアルゴリズムが働くようになる。ぼくたちの図式で言えば、記号の「逆ピラミッド」がそのように生をコントロールするようになったのだ。

都市や居住環境全体がスマート化され、人々が治安・健康に関するセキュリティーの範囲内に「安

★36　「ハイパーコントロール社会」「ハイパー監視社会（超監視社会）」という用語は、多くの理論家によってそれぞれの観点から使用されている。いずれも、ドゥルーズ、フーコーをふまえて、二一世紀の社会と権力の変容をその延長上での進化として捉えている。たとえば、Stiegler, Bernard. *La société automatique*. Paris, Fayard, 2015 など。

★37　Rouvroy, Antoinette. et Thomas Berns, "Gouvernementalité algorithmique et perspectives d'émancipation: Le disparate comme condition d'individuation par la relation?," *Réseaux*, no.177, Janvier 2013, pp.163-196.

★38　とはいえ、中国のケースのように、情報革命にビッグ・ブラザー型の権力がプラスされることで、「超－１９８４」的な独裁国家が生まれうる可能性は排除されない。

全安心」に生かされ管理されている。ひとりひとりの生が、アルゴリズムによってきめ細かくケアを施され人工知能によって管理され、生活は自動化され、すべてがスマート化された「ガラスの檻」（ニコラス・カー）［★39］の世界に、このまま行くとこの社会は行き着くことになるのかもしれない。

記号のゼロ度による監視

冒頭でルソーの社会契約論を言い換えてみたことには理由がある。「ネットにつながれる」ことによって、人々は自由に生かされる（これは形容矛盾だ）ようになってきている。あなたは、なんの不自由もなく生きてよい。だれもあなたを人格的に監視してはいないし、だれもあなたに差し出がましい口出しもしない。通信料以外、基本的に接続はタダだ。しかしデータだけは自動的に蓄積されアルゴリズムがそれを黙々と処理している。

なにごとかを監視するという場合、監視には意図があり、監視される行動には意味があり、監視の対象や監視の主体が成立しているというのがいままでの常識だった。しかし、データヴェイランスには、対象も主体も意図も意味も関与していない。監視の対象や主体の意図や意味や意識が成立するためには表象が成立する必要があり、そのためには、データは意味のある「記号」に変えられる必要がある。データとは記号が成立する以前のなにも意味しない純粋な素材、フッサールならヒューレーと呼んだレベルなのだ。データヴェイランス（＝データの／による監視）とは、監視の記号論的「ゼロ度」なのだ（パノプティコンが監視の眼差しの光学的ゼロ度であったように）。
すべてをデジタルデータとして収集するテクノロジーが生まれることで、「現実」そのものと同値とされる「データ」が収集されるようになり、データを「解釈」して「意味」を取りだすより前に、データが計算可能 computable になった。「記号のピラミッド」のセミオーシスが成立する以前に、逆ピラミッドの「アルゴリズム」が情報処理するようになったのである。「アルゴリズム」が「計算」するのはデータ間の「関係」の可能性のみである。つまり計算されるのは、AというデータとBというデータのあいだには相関があるかどうか、どのような関係かはわからないが、AというデータとBというデータは相関している可能性があるかという「関係」の可能性（＝ありうる度）なのである。それが可能なのは、データが0と1で書かれているからであり、そこだけはすでにナマの計算可能性、記号化のゼロ度なのだ（たとえば、雨が降った翌日にはハンバーグの売り上げが伸びるとか、風の強い日の翌日には桶が売れるとか、そのようなデータがあったとしよう。ふたつのデータには因果的関係を認めにくいが、数値が相関しているということはすぐにデータから捕捉される）。

Googleのクローラーがハイパーリンクを収集し、アルゴリズムがすべてのテクストとのリンク関係を計算していたのと同じである。収集されるのはなにかが関係しているかもしれない可能な関係性の

★39　Carr, Nicholas. *The Glass Cage: Automation and Us*. NewYork, W.W. Norton & Company, 2014. 邦訳は『オートメーション・バカ――先端技術がわたしたちにしていること』、篠儀直子訳、青土社、二〇一四年。

痕跡、意味が生みだされる以前、記号や表象が成立する以前の、記号のゼロ度としての計算可能性だ。

このアルゴリズム的統治性が新しいのは、アルゴリズムが「人間」や「意識」や「意味」といった「解釈作用」を必要としていない「現実（リアル）」そのものの「計算」だからだ。ボルヘスの短編「学問の厳密さについて」に出てくる地図と同じで、「現実」そのものと区別されない「情報」を収集することで、あらゆる「現実」が「計算可能性」となる。現実の出来事が起こるよりもはやく、現実を計算することが射程に入るのである。

サイバネティックな「個人の自己統御」

ネットにつながれて、あなたの生がデータ化されることで、あなたは「自由に生かされる」ようになる。リアルタイムで更新されつづける天候図のように、あなたの生の地図（マップ）がサイバネティクス化し常時情報をモニタリングしながら、あなたは自己制御（セルフコントロール）して生きていくようになる。

いまでは、日常生活のあらゆる領域で、日々のデータを記録しつづける「ライフログ」の実践が進んでいる。

モバイル機器はＧＰＳと連動して通信ログが記録され、車にも車載カメラが搭載され、個人はアップルウォッチのようなウエアラブル端末を身につけ、歩数、血圧や心拍数、消費カロリーなどを常時測定して記録し、アプリでさまざまなサービスと連動させている。
The Quantified Self（QS）という自己のデータ測定、自己数値化のムーブメントを知っているだろうか。一〇年ほど前にシリコンバレーのヴィジョナリーのケビン・ケリーらが提唱したムーブメントで、自己に関わる生物、物理、行動、環境などの情報を自己のコントロール下においてその数値を分析して自己改善に役立てようという、フーコー流に言えばデジタル環境での「自己の技法Technologies of the self」の実践だ。体重、カロリー消費、気分、時間の使い方、睡眠の質、健康、認知力、スポーツや学習効率など、あらゆる種類のデータが、トラッキングされ記録され分析の対象となる。そして、当然、そこから得られる大量のデータは、健康福祉産業や保険会社、公的な保険制度などとリンクして、「生政治」の一環となる。

フーコーは「自己の技法」とは、「個人が、ひとりであるいは他者とともに、自らの身体と精神、自らの思考、自らの行動、自らの生活様式にいくつかのやり方で働きかけ、自分自身をつくりかえ、一定の幸福、純粋、知恵、完成あるいは不死の状態に達しようとする一連の技術」のことだと述べていた［★40］。

デジタルベースの「自己の技法」は、体と心のサイバネティクス的自己制御と重なりあっている。

サイバネティクス cybernetics の語源はギリシャ語 kybernét（ēs）（舵取り）、動詞 kybernân（舵を取る）で、

★40　フーコーが念頭においていたのは、セネカらストア派や初期キリスト教の文献で、ライフログやQSとの比較は、両者の差異にこそヒントがある。

英語はto governに対応、仏語ではgouvernerだから、英government／仏gouvernement、英governance／仏gouvernanceなど、いずれも舵取りにまつわる技術なのだ。その点でもフーコーの言う「統治性gouvernementalité」と照応関係にあって興味深いのである。

あなたの身体の数値をモニタリングして「自己」を把握する数値コントロールとパフォーマンス向上の実践は、さらに、モチベーションを高める「ゲーム化gamification」の実践とも組みあわされている。数値目標をクリアして心身を「最適化」した状態に保つという意味づくりの物語story tellingのアルゴリズムと結びつく。そのようなゲーム化をとおして数値と意味とが縒りあわされてモチベーションが生みだされていくようになっているのだ。

ドゥルーズやガタリの時代には、電子ブレスレットやＩＣ認証カードでしかなかったコントロール社会のツールは、ハイパーコントロール社会ではウエアラブル端末としてあらゆる場面で人々の生を捉えている。個人individualsの生を、デジタルな数値に変えて可分子dividualsと化すテクノロジーが人々を包囲しているのだ。

「自己のエクリチュール」

ソーシャルメディアにおいても同じだ。人々は生のデジタルな「内在の野」と化した情報プラットフォームの上でデジタルな「社会生活」を営むようになってきている。

あなたは、FacebookやTwitterをベースとして、日々の雑事の書き込みやツイートを行い、写真や動画を投稿し、ニュースフィードをブラウズして、拾い読みした記事や他者たちの投稿をリツイートし、いいね！ボタンを押し、デジタルな自己の生活を送っている。

フーコーはローマ帝政期の最初の二世紀、グレコ・ローマン文化の賢人たちにとっては、「ヒュポムネーマタhupomnemata」と呼ばれる覚え書きが、「自己の技法」のひとつとしての「自己の書法（エクリチュール）」の実践となっていたと述べている。

ヒュポムネーマタ（覚え書き）とは、語の意味としては、帳簿や公的な登記簿、備忘のための個人的な手控えなどでありうる。この語の生の手引き書や行為の指針としての用法は、教養ある公衆全体に流布する事象となっていたように思われる。書き留められるのは、引用であり、著作の抜粋であり、実地に体験したり、話として読んだ行為の実例であり、理解したり念頭に浮かんだりした考察や推論である。ヒュポムネーマタは、読んだり、聴いたり、考えたりしたものごとの物質的な記憶だったのである。［★41］

★41　Foucault, Michel. "L'écriture de soi," *Dits et Ecrits* IV. Texte no. 329, Paris, Gallimard, 1994.「自己の書法」、『ミシェル・フーコー思考集成IX　自己・統治性・快楽』、筑摩書房、二〇〇一年、二八一頁（訳文を修正した）。

このセネカの時代の「自己の書法」は、表面的には、ネットユーザがFacebookやTwitterに日々日常を書く行為と似ていなくもない。ぼくたちもまた、ネット上で読んだ記事を引用したり、日常の経験を書き込んだり、思いつきを書き込んだり、「読んだり、聴いたり、考えたりしたものごとの物質的な記憶」を、Evernoteのようなノートツールにコピーして留めておくこともあるし、ブログに引用したり、あるいはさらにFacebookやTwitterで共有したりもしている。これはすなわち、それらの電子媒体もまた、フーコーの言うような「自己の書法」の支持体となりうるということだろうか。

じっさい、デジタル・ライティングを、フーコーの言う「自己の陶冶 Culture de soi」に近い「自己のキュレーション」といった文脈で考えようとする研究動向もあるようだ[★42]。もちろん、差異は歴然としている。フーコーの言及している「自己の書法」は、セネカの時代の「禁欲的な生」における「自己の陶冶」の実践であって、すぐさまコピペしたり他者たちにリツイートしたりするようなものではなかっただろう。もちろんそんな技術は当時なかったのであるが、しかし、セネカは、自己の技法の一環としての「書簡の交換」についても書いていて、引用やアイデアの共有もまた自己の技法のなかにしっかり位置づけられていた。

ぼくが注目したいのは、FacebookやTwitterと比較することの妥当性ではなくて、今日の「自己の書法」が置かれている「エクリチュール（書法）」としての状況なのだ。

もう一度確認しておくと、フーコーがこの論考「自己の書法 L'écriture de soi」で問うているのは、まさしく、「書法（エクリチュール）」の問題なのだ。そして、忘れてほしくないのは、コピペもエクリチュールだし、リツイートもエクリチュールだし、いいね！もエクリチュールだということである。これらすべてをエクリチュールとして扱うのが、ぼくたちが講義をとおして熱く（！）語った「一般文字学」の問題なのだ。

そのような観点から、セネカの時代における「自己の書法」の問題系をFacebookやTwitterをめぐる現代の文脈で受けとめると、今日の「自己の書法」が直面するインターフェイスの問題が浮かび上がってくる。

セネカの時代には、自己の書法は、詳細に規則立てられた自己の陶冶のための技術だった。覚え書きが種々雑多な「ロゴスの断片」を抜き書きして寄せ集めたものであるとしても、それを禁欲的に咀嚼して自己の言説を練り上げるための修練とし、自己同一性を自ら形成していく、文字どおりテクニカルな自己の技法の手続きをフーコーは詳細に跡づけてみせていた。そのような「自己と他者たちの統治」が「統治性 gouvernementalité」の起源にはあり、やがては、政府 gouvernement やガヴァナンス gouvernance と呼ばれる統治権力の系譜をつくっていくということを後期のフーコーは示したかったのだ。

★42　Coutant, Alexandre. "Des techniques de soi ambivalentes," *Hermès, La Revue*, no.59, Janvier 2011, pp.53-58; Weisgerber, Corinne. and Shannan H. Butler. "Curating the Soul: Foucault's concept of *hupomnemata* and the digital technology of self-care," *Information, Communication & Society*, vol.19, no.10, 2016, pp.1340-1355 等の論文を参照。

権力のサイバネティクス化と一般文字学

他方でぼくたちが問いたいのは、そのような「自己の技法」までもがデジタル化しサイバネティクス化することの意味である。

Facebook や Twitter でのエクリチュール——メッセージ、ツイート、リツイート、いいね!、等々——は、すぐさま情報処理されて、社会的ネットワークのなかに流通し、その流通についても「スタティクス」「アナリティクス」とともに、views や tweets の数、「インプレッション」の数、増減する「友だち」や「フォロー」「フォロワー」の数、投稿の「いいね!」「リツイート」の数、とともにあなたのもとにフィードバックされる。あるいは、プラットフォームのほうでアルゴリズムが内在的に機械学習して、ニュースフィードやレコメンデーションを自動化し、あなたの社会的自己の形成を支援する。

ぼくたちが目にしているのは、文字がサイバネティクス化する社会であって、そこであらためて問われるのが、文字をだれがコントロールするのか、文字とはそもそもコントロールできるものなのか、である。

ハイパーコントロール社会とは文字をコントロールする社会なのか——これこそ優れて文字学の問いなのであって、そのように理解されるなら、一般文字学が、サイバネティクス化する権力に対するラディカルな批判の問いを内包していることをわかってもらえただろう。

＊

ブラウザーの検索ウィンドウにあなたが文字入力を始めるや、オートコンプリート・システムが立ち上がり、あなたの入力に先回りして、候補をつぎつぎと提示して参照先へとガイドしてくれている。あなたがワープロソフトに入力するときにも、あなたのエクリチュールに先んじて自動的に入力を支援してくれる。あなたのつぶやきを、SiriやAIスピーカーの音声認識ソフトが拾い、あなたの連想から多様なサービスへとつないでくれる。あなたは文字においても、言葉においても、思考においても、たしかに自由であったはずだ。だが、あなたはいたるところでやはりネットにつながれている！

第4の追伸　自由について

最後に、「コミュニケーション文明の中の居心地悪さ」についてあらためて考えてみることにしよう。

文化の中の居心地悪さ

フロイトは、「文化の中の居心地悪さ」で、人間が補助具をまとった神となった文明に警鐘を鳴らしていた。普遍的メディア圏に住まうようになった人類にとって問題の核心は、人間にとって「自由とはなにか」という問いである。自由の問題は、いまでは、外形的自由（身体的で外的な拘束からの自由）、内面的自由（良心や表現の自由）の問題であるとはかぎらない。自由意志や、自由な想像力、自由な判断力の成立可能性に問題化は及んでいる。人間を代補するテクノロジックな補助具が、人間の自由の成立条件自体に働きかけるようになったからだ。

すでに見たように、二〇世紀以後の人間の意識はテクノロジーの無意識をベースに成立するようになった。これがメディア論の根本問題であることをぼくたちは語ったし、記号論が二〇世紀に現れた理由をそこに見た。

「見る」「聞く」という意識の能動的活動から、「見えてしまう」「聞こえてしまう」という受動的作用へ、メディア環境において意識が置かれる条件が変化した。「書き込みシステム1900」（キットラー）以降、自由の問題は、現象学の言う自我の「受動総合」のレベルにまで下降したわけだ。第3講義の話題で言えば、「述定以前」にこの問題が記入されるようになったのだ。

自由の問い直しは、テクノロジーによる自動化が進行したいまではさらに複雑化している。スピノザやダマシオが言うようにコミュニケーションは、精神や思考よりも前に身体や情動に働きかける。テクノロジーは瞬時に模倣と情動の感染を媒介して拡げていく。メディア論も脳神経科学も、人間の自由の成立条件について、根本的な問いを提起するようになってきている。

写真は〈だれ〉が〈いつ〉撮ったのか?

脳神経学的な知見と自由意志との関係を問題提起したものとして、「リベットの実験」が有名だ。手首を自発的に曲げるという単純な運動を、被験者がじっさいに実行するより八〇〇ミリ秒以上前に、脳ではすでに動作のための「準備電位」が始まっているという先行する研究報告を受けて、神経学者ベンジャミン・リベットにより一九八〇年代に行われた実験である。この実験においては、I 準備電位の始動、II 被験者に手の運動を実行しようする意識的な「意欲」が生じたと被験者が報告する時点、さらに、Ⅲ　じっさいに意識的な意欲が生じた時点、そして、Ⅳ　じっさいの手の運動の時点、がそれぞれ割りだされた。そして、これら一連の脳神経学的時間ギャップをどう解釈するかをめぐってさまざまに論議されてきたのである［★43］。ここではその論争に深く立ち入らないが、自由意志による決定に先行する脳神経学的な無意識の時間と意識の現在との関係、あるいはさらに、被験者が行為を意識的に意欲したとする時点が脳神経学的にはじっさいよりもさかのぼって報告されるという事実をどう解釈するか、現象学がいうような「幅のある現在」の問題系と脳神経学的な「マインド・タイム」の問題がどのように絡みあっているのか、等々、重要な問題系が交錯していることは容易に理解できる。

リベット実験の問題提起を、メディア論的に受けとめるとすれば、「写真を撮る行為におけるシャッターチャンスの現在とはなにか?」というような例題がすぐに思い浮かぶ。〈私〉が写真家であるとして、写真を撮る〈私〉が、〈自由意志〉によって意識的に〈いま〉シャッターを切ったと考えるとしよう。そのときの時間プロセスは、リベットの実験の論争点をふまえればつぎのようになる。

Ⅰ　〈私〉がシャッターを切るじっさいの指の〈行為〉の〈いま〉よりも八〇〇ミリ秒前に脳神経でシャッターを切る〈準備電位〉が始まっている。

Ⅱ　〈私〉がシャッターを切る〈意欲〉を持ったと〈私〉が事後的に意識する〈時点〉は、シャッターを押す指の動きの二〇〇ミリ秒前である。

Ⅲ　脳活動の電位変化の観測から見れば、〈私〉がシャッターを押す〈意欲〉を持つのは、じっさいにはそれよりも遅く、指の動きの一五〇ミリ秒前である。

Ⅳ　そして、シャッターが切られる。

リベットの実験が教えてくれる、シャッターを切るという決断と行為をめぐる脳神経学的な時間プロセスはだいたい以上のようになる。

しかし、写真のシャッターチャンスの場合、時間と意識の問題はそれだけにはとどまらない。なぜなら、この講義をとおして語ってきたように、写真機のシャッターはヒトの意識の知覚閾の下の時間幅で時間を切り取るので、メディアの「技術的無意識」と呼んだ問題系が介在することになる。ヒトは写真機が撮った〈いま〉の瞬間を、事後的にしか見ることができない。ぼくたちは、「写真はだれがいつ撮ったのか？」という、きわめて複雑な問いを前にすることになるのだ。

そこには、（1）脳神経学的な無意識と時間性、（2）技術的な無意識と時間性、さらに、（3）撮った瞬間を見ることはできなかったが、撮られた写真を前に、「〈私〉が撮った」という事後的な時間意

★43　リベットの実験とリベット自身の論考については、ベンジャミン・リベット『マインド・タイム――脳と意識の時間』、下條信輔訳、岩波書店、二〇〇五年を参照。問題の整理として、近藤智彦「脳神経科学からの自由意志論」、信原幸弘、原塑編著『脳神経倫理学の展望』、勁草書房、二〇〇八年、第九章が役に立つ。ここでの整理は、この論文に負っている。

識においてその像を捉え返す、写真を撮る〈私＝主体〉の総合という、複雑な時間経験が介在していることになる。

この複雑なオペレーションをとおして、写真技術 photography という〈テクノロジーの文字〉を書く「自由な」表現主体と、記号表現としての「写真 photograph」が「文化的」に成立しているのだ。

メディアと自由

写真と同じロジックは、アナログ革命以後のメディア・テクノロジーによるすべての表現に当てはまる。神経学的に基礎づけられ、メディアの技術回路に媒介されて、二〇世紀以後の「補助具をまとった」人間の表現とその「自由」は成立するようになったのだ。

じっさい写真や映画を見ればわかるように、ぼくたちが技術的無意識と呼んだ認知的ギャップを人間は文化的に「文法化」することで、新しい記号表現を生みだしてきた。新しいテクノロジー環境で、ある意味で自分たちの無意識を乗りこなしてきたのである。

写真は見えない瞬間を撮ってしまうわけだが、そのことで、バルトがかれの著名な現象学的写真論で語ったように、〈それ・は・あった〉という新しい時間性のカテゴリを生みだした［★44］。映画にしても、人間には毎秒二四フレームは見えないが、運動イメージを再現することを可能にし、シーケンスをつなぐことでモンタージュ編集に固有な「クレショフ効果」を生みだした［★45］。

メディア表現には、脳と神経のプロセス、技術的無意識とのゲーム、偶発的な創発の契機、技術の効果を再認して文法化する意識的な捉え返しの作業という、複雑で文化的な練り上げのプロセスが関与している。意識を逃れている偶発的要素を取り込んで、新たな「期待の地平」が生みだされる。そこに「カメラを持ったひと」の「自由」が成立するのだ。

リベット実験を格好の考察題材として、自身の心の哲学を展開したのはダニエル・デネットだが、かれは脳内に住まうひとりの小びとがその自由意志において感覚データを統合するような「デカルト型劇場」のモデルに対して、競合するさまざまな感覚データを意識の多元的なドラフトとして編集していくような意識の多元モデルへの転換を主張していた［★46］。メディアという補助具をつけた現代人においては、もはや、ひとりの小びとが、独我論的に自我のコントロールルームを占拠しているのではない。パンデモニアム（百鬼夜行）と呼ばれる複数の小びとあるいはエージェントたちが、それぞれの脳神経学的あるいはメディア・テクノロジー的セグメントを担当していて、オーケストラのように協調して、「表現の自由」を組織運営しているというエージェンシー・モデルへと「主体」の概念を転

★44　ロラン・バルト『明るい部屋――写真についての覚書　新装版』、花輪光訳、みすず書房、一九九七年。
★45　「クレショフ効果」については、ベルナール・スティグレール『技術と時間3　映画の時間と〈難－存在〉の問題』、石田英敬監修、西兼志訳、法政大学出版局、二〇一三年、第一章「映画の時間」を参照。
★46　ダニエル・C・デネット『解明される意識』、山口泰司訳、青土社、一九九八年。

換すべきなのである。

テレビ番組や映画制作の現場を考えればよい。現代のメディア化された〈私〉のコントロールルームには、複数の小びとたちがいて、それぞれ神経的な無意識を担当したり、技術的無意識のパートを担当したり、事後的な評価判定を担当したり、複数のアクターたちで合議して「自由な意志決定」を行っていると考えるべきである。これはつまり、いまでは「自由の主体」とは、あらかじめつねにすでに脳神経学的プロセスと、テクノロジックな意識生産プロセス、文化的総合のプロセスを繰り返している、本質的に複数主義的な「プラットフォーム型の主体」だということだ。

そういう意味でならば、「補助具をつけた人間」の自由は、いまでは確実に拡大し、その判断力は高度化してきている。それこそが、脳神経科学とメディア論とがぼくたちに教えている、新しい自由の在り方なのである。

アルゴリズムと自由

「ビッグデータ」が喧伝される時代となって、計算論的な決定と人間の自由に関わる問題がクローズアップされてきている。

第3講義でも述べたように、感染と模倣のテクノロジーに取り囲まれつぎつぎとレコメンデーションを受ける人々の行動は自由でありうるのかという問いだ。

人々のすべての行動の痕跡がデータとなっていく時代においては、人々自身がデータ化の素材であると同時に、データのアルゴリズム処理にしたがって行動するアクターであり、そのことによってデータ解析による予測をパフォーマティヴに「自己」実現してアルゴリズムの有効性を証明してしまうのだ。

あらゆる場面で痕跡が収集される環境では、あなたよりもあなたのデータのほうがあなた自身をよく知っている。データとはあなたの無意識である。しかしそのデータから多くの情報をあなたは引きだすことができるのだから、原理上は、データはあなたの自由を増大させているはずである。その意味では、データとはあなたの潜勢的（ヴァーチャル）な〈力〉である。しかし、同じ理由によって、データにもとづく支配のリスクも増大する。あなたが残してきた過去のデータはあなたの未来を確率論的に決定している力でもあるからだ。だから、データ社会においては、データに関わる戦略が、「データの自由」をめぐる絶えざる抗争を引き起こしていく。データを処理するアルゴリズムが核心的な争点となるのである。

アルゴリズムの四類型

フランスの社会学者のドミニック・カルドンは、データに対する、計算モジュールの位置を比較することで、現在のメディア環境で機能しているアルゴリズムの四つの類型を提示している［★47］。

Ⅰ　計算モジュールがデータの「横」に位置しているもの。具体例としては、PVをカウントするYouTubeのようなプラットフォームで、テレビの視聴率と同じようにオーディエンスを計るもの。この場合、「クリック数」によってアルゴリズムが計るのは「人気 popularity」である。

Ⅱ　計算モジュールがデータの「上位」に位置するもの。具体例としては、Google PageRankのように「リンク」の相関から情報間の「序列」を計算して提示するもの。この場合に計測されているのは、「権威 authority」だ、という。

Ⅲ　計算モジュールがデータの「内部」に位置するもの。具体例として、FacebookやTwitterのようなSNSで、「いいね!」や「リツイート」によって、ユーザたちがデータのカウントに「参加」することで、データが計測されるもの。この場合に計測されるのは、「評判 reputation」だ、という。

Ⅳ　計算モジュールがデータの「下」に隠れているもの。Amazonのような機械学習によるレコメンデーションのシステム。この場合はユーザがウェブに残す「痕跡」をもとに計測されるのは、「予測 prediction」だ、という。

カルドンが注目するのは、データを処理するアルゴリズムによって生みだされる集団性のタイプが異なることだ。

アルゴリズムとは、データに対して一定の決められた作業を繰り返す数理的処理の指示の束である。ユーザたちの行動履歴がデータとして捕捉され計算処理されることで、一定の集団性が生みだされる。注目したいのは、ぼくたちが「社会的」と思っている効果が、アルゴリズムによって黙々と処理されて自動的に文法化され生みだされていることだ。

カルドンが挙げた四つの類型はウェブの進化の歴史とも対応している。

Ⅰのタイプは、マスメディアの視聴率やランキングと原理的に変わらない。評価の対象がデータ（クリック数）の外にある。Ⅱは Google の PageRank のようにリンクを手掛かりに情報の価値序列の存在を前提としている。Google についてはぼくたちも第2の追伸で見たが、やはり文化的序列というものを情報に対して適用しているのだ。Ⅲは情報自体の内在的価値の評価というよりも、Facebook にせよ Twitter にせよソーシャルメディアのプラットフォームのユーザ相互間の共感（いいね！やリツイート）の反映にコミュニケーションの価値基軸が移っている。情緒的あるいは情動的コミュニケーションが基調となることをアルゴリズムのタイプから説明している。Ⅳはユーザ個人の情報履歴に照準して、処理基準に前提を設けず、大量のデータを機械学習させて個別のユーザごとの行動パターンを割りだして予測するやり方である。

四つのタイプはネット空間に共存して、ひとつの情報プラットフォームのサービスでも、それらの運用も交じっている。しかし、ウェブの進化はおおむね、ⅠからⅣへとこの順番で進んできた。ウェ

★47 Cardon, Dominique. *À quoi rêvent les algorithmes: Nos vies à l'heure des big data*. Paris, Seuil, 2015.

ブの問題史としても、Ⅰは Web 1.0 的な段階、Ⅱは Google 問題、Ⅲはソーシャルネットの情動問題、Ⅳはビッグデータと The End of Theory 問題に対応していると考えていいだろう。

アルゴリズムと知能環境

さて、そこで、「アルゴリズムと自由」の問題を、ぼくたちはどのように問うことができるか。さきほど、メディア・テクノロジーが人間の自由をどのように変容させるかをぼくたちは見たところだ。ややカント的な言い方をすれば、メディア装置の補助具をつけた人間においては感性的経験と判断力の結びつき方が変化することで自由の概念も変容することを示したつもりだ。

では、アルゴリズムについては、どうか? 人間をアルゴリズムが補助すると、人間の自由はどのような影響を受けることになるのか。

ぼくの考えは、ウェブにおけるアルゴリズム問題は「知能化した環境」の問題として問われるべき、つまり、アルゴリズムとは環境問題だ、という立場だ。

その説明のために、第2の追伸で語った「普遍図書館」の譬え話に少しのあいだ立ち戻ることをゆるしてもらいたい。WWWの普遍図書館では、アルゴリズムがコンピュータを動かして図書館司書の仕事をやっていると理解すればいいからだ。

ぼくたちは Google による「普遍図書館」の実現まで話したのだった。カルドンの分類ではそれは

IIの段階にあたり、Googleではたしかに古い「紙の図書館」は廃絶されたが、学術誌のピアレヴューにインスパイアされたウェブページの序列関係は維持されたのだった。それは「世界の情報を組織化」するというこの企業のモットーが述べていたことだ（だからカルドンの言うようにGoogleのPageRankのアルゴリズムは「権威」を測定して世界の情報を秩序づけている）。

その後、FacebookやTwitterの時代がやってきた。FacebookやTwitterもやはりあのWWWの「普遍図書館」のなかのサービスに加えられたのだが、本や論文にはあまり興味のないひとたちのためのものだ。本に書かれている中身がどの程度の価値があるかとか、知識の信頼度がどれくらい高いのかといったGoogleがメインにしていた図書館の本来業務とはちがう軸のサービスをFacebookやTwitterのアルゴリズムは始めたのだ。

ザッカーバーグ（Facebookの創始者）はハーヴァードの学生ではあったが、かれは勉強よりもクラスメート、とくに女の子たちに興味があった。そこでクラスの女の子の写真で容姿を格付けするサイト（なんてヤツだ！）を立ち上げて停学処分を食らったりしていた。facebookとは英語で、高校とか大学で学年度の初めにお互いを知ることができるようクラスで配布する、みんなの顔写真と名前が載った名簿のことだ。つまりは始まりからそういうことだったわけだ。そのかれがWWWの普遍図書館のなかにつくったのが、うわさ話やおしゃべりの話題のキャッチボールのための談話室のようなサービスだった。そこではマジメな学生たちが閲覧室で一生懸命に読んでいる本の知識よりも、仲間内のおしゃべりやうわさ話が重要で、「いいね！」を言いあったりして盛り上がるとか、うわさ（リツイート）

を拡散するほうがみんなの関心の的だ。カルドンの分類のⅢが、SNSは「評判」の計測のためのアルゴリズムが動かしているというのはそういう意味だ。FacebookやTwitterが「ポストトゥルース」のメディアとなるには設計上の必然的理由があるわけだ。

そして、カルドンのⅣの段階、つまりビッグデータと機械学習の時代がやってきた。ぼくがアルゴリズムの問題は「環境問題」というのはつぎのような意味だ。

いままで繰り返し言ってきたように、コンピュータの歴史はハノーヴァー公図書館司書ライプニッツに始まりWWWにいたるまで、図書館司書が主要な発明を行ってきた。Googleによる閲覧システムの革命、FacebookやTwitterによる談話ルームの発明に続いて、現在進んでいるのは図書館業務の「ステルス革命」とも言うべき事態だ。Ⅳのタイプでは計算モジュールがデータの下に隠れているとカルドンが言っていたように、この新しいタイプのアルゴリズムにもとづくサービスでは、まったく取るに足らない痕跡の履歴から、図書館司書があなたが読むべき本を取りだしてきてくれる。本を借りるためにあなたはなにもする必要がない。図書館のほうではすでにあなたがこれまでに借りた本のすべてについて、どんな組みあわせでどの順番で読んだか、どの時期にどれくらいの時間をかけてどの頁を読んだか、どこでノートをとったか等々だけでなくて、開架図書ではどのコーナーに行くことが多いか、どんな本を手に取ったか、どのぐらいの時間をかけてどの順番で探したか、等々、あらゆる履歴を記録している。そして、他のすべての閲覧者の膨大な履歴データとすぐさま照合して、あなたの専攻分野やいま取り組んでいるテーマを「予測」して、これからはこんな本を読むべきだと書庫から取りだしてきてすすめてくれる。あなたはただたんに図書館に行って閲覧室の席に座りさえすればよい。あとはなにも言わなくてもすべてが自動化されている。現在のぼくたちのWWW普遍図書館の状況は、だいたい、そんな「スマート業務」が実現しようとしていると考えればいいわけだ。これが、カルドンが言うⅣのタイプの「機械学習」のアルゴリズムが行っている「予測」というものなのだ。

この自動化のサービスはたしかにとても便利だ。Amazonはもうすでにだいぶ前からそういうふうに書籍をレコメンデーションしている。著者のぼくにさえ（というか、だからこそと言うべきか）、あなたにおすすめの本はこれです、とぼくの本をレコメンドするメールをときに送ってくるし、自分の専攻分野で新刊とか知らなかった本を推薦してきたりもして、とても便利だ。

他方でしかし、このシステムはあなたをあなたの「過去」の履歴にもとづく「予測」に閉じ込めるし、社会的にも他の「同じタイプ」の履歴のグループのなかにあなたの行動を固定化する弊害があると言われている。このアルゴリズムでは同じ者たちは同じ者たち同士としてソートされる。このアルゴリズムで情報が整理される世界になると、世のなかの格差は固定される。文化資本の偏在も固定する。

これは同じ者たち同士を出会わせようという、カルドンのタイプⅢのソーシャルネットについても言えることだし、タイプⅡのGoogleでも上位サイトはどんどん上位に上がり、ロングテールは情報における弱者のために固定される。これらは、一般的に、インターネットの「フィルターバブル」［★48］問題と呼ばれている。

作業を自動化するアルゴリズムがネットを駆動させているかぎり、原理的にはそれは現状では、仕方のないことなのである。ネットになぜリバタリアンが多いかわかってもらえるだろう。

心理的・集団的個体化

さて、以上で、アルゴリズムは知能環境化という環境問題であることがわかってもらえただろうか。

そこで、ようやく「自由の問題」だ。

環境が知能化したからといって、あなたが知能的になることも自由になることも保証されていない。アルゴリズムが情報プラットフォームを駆動させ、情報の組織のされ方によって個と集団の形成が自動化されていく傾向にある情報社会で、自由であるとはどのようなことなのだろうか。

「心理的・集団的個体化 individuation psychique et collective」は、ジルベール・シモンドンの理論概念だ[★49]。シモンドン哲学においては、個人を環境や集団から孤立した閉じたアトムと考えるのではなく、技術環境に媒介され、他者たち（＝集団）との相互規定関係にあり、心理的かつ社会的に個人になりつづけている存在と考える。個人とは、いつも個体化しつつある生成プロセスだと考えるのである。この「個体化」（フランス語、英語でindividuation）は、「心理的」（＝「私」になっていくプロセス）であると同時に「集団的」（＝社会「私たち」になっていくプロセス）であり、そのためには技術環境に媒介されていなければならない。技術環境が固有な私、固有な私たちを生みだす固有な環境になりつづけている必要があるのだ。個体化とはしたがって、心理的・集団的であると同時に技術的でもあるのだ。

アルゴリズムは、データ処理を自動化する。そのことによって、情報環境でのぼくたちの心理的・集団的個体化をも自動化しサポート——その自動化によるサポートの評価は肯定否定いろいろあるだろうが——しようとしている。その意味で、ぼくたちは情報プラットフォーム上で「補助具をまとった」市民となっているのだ。

Facebookは友だちとの友愛関係という「心理的・集団的個体化」のエンジニアリングの補助具と言えるだろうし（ただしあとで言うように大きな問題がある）、Twitterもそのツイートの流通によって人々の社会身体を連結していく仲間形成の補助具だろう（ただしあとで言うように大きな問題がある）。Googleで検索ができなければ、ネット空間で世界の知識や情報にアクセスして知識や情報の主体として個体化することなどできない（ただし大きな問題があることはすでに指摘した。Amazonはぼくの読書履歴をぼく以上によく知っていて、本を探しだして読むという知識形成つまり個体化に役立っているが、それはあくまでAmazonのマーケティングのためだし、ぼくの読書を閉じ込めるリスクがある）。

つまり、アルゴリズムが駆動させている情報プラットフォームは、ぼくたちが個になること、社会になることに大きな影響を与えている補助具と言える。だがその補助具は、ぼくたちの「心理的・集

★48　イーライ・パリサー『閉じこもるインターネット——グーグル・パーソナライズ・民主主義』、井口耕二訳、早川書房、二〇一二年。
★49　ジルベール・シモンドン『個体化の哲学——形相と情報の概念を手がかりに』、藤井千佳世監訳、法政大学出版局、二〇一八年。

団的個体化」といつも一致しているとはかぎらない。いやむしろ、「個体化」は「個になりつづける」プロセスであるのに対して、アルゴリズムはつねにあなたを計算可能なデータとして扱っているのだから、あなたをデータにしつづけている。逆のベクトルの力を働かせていると考えるほうが妥当だろう。

そして、心理的にも社会的にも、そして技術的にも、個になりつづけることができること、すなわち、個体化しうること、それが「自由」である。

Facebookはあなたの心理的・集団的個体化をサポートしてくれているように見える。じっさいにも一定程度はそうであろう。地球上の二五億人がユーザとなっていて、あなたの新しい知り合いとの出会いを支援する。実名で「個人」を起点とした世界規模のコミュニティで情報共有するのだから、あなたにとっての心理的な〈私〉とあなたにとっての社会的な〈私たち〉の関係をとりもつ「心理的・集団的個体化」をサポートしてくれる技術環境であることは一見疑いない。しかし、あなたがFacebookを使ってみればすぐにわかるとおり、それは決してあなたをスムーズに他者とともにあらしめてくれるような環境ではない。人工的で機械的なパラメータによって個人のプロフィールを分類している。あなたはその技術環境に合わせて、できる範囲で活用しているにすぎないだろう。

Twitterにしても同じだ。あなたを個体化する言説は、ツイートという言説の断片をとおして、別の人々の言説世界と結びつくことができる。だから、あなたはそのようにして、ツイートをとおして、言説の断片を共有することで他者たちと結びつき、集団的にも個体化してゆく。これはドゥルーズとガタリが、「言表行為の集団的連結」と言っていた結びつきが機械的にサポートされるようになったことを示している[★50]。それはそれで社会に新しいコミュニケーションの可能性を開いたが、同時に、あなた個人の言説世界の固有性と、刻々と更新されフィードを流れていく一四〇字未満の言葉の断片群のあいだには、なんとも無機質な違和感があって、その落差を埋めているのはあなた自身の心的努力(それもひとつの「デジタルレイバー」と言える)のストレスなのである。

Amazonはあなたの購買活動を支援すると同時に消費者として囲い込んでいる。すでに見たようにGoogleで序列化された情報の有意度と広告活動は連動し、SNSで毎日ツイートしたり、ラインでチャットしたりしているうちに、個のレベルでも集団のレベルでもコミュニケーションの世界はフィルターバブルで閉じてしまっているかもしれないではないか。

アルゴリズムによって知能化された情報環境はたしかにプログラム化された機能においては、「めざましいが、人間とともに成長したわけではなく、しばしば人間に危難を与える」とフロイトも言っていた「補助具をつけた」環境なのである。ネットで行き交うあからさまな攻撃性や寛容の劣化はそれと関係していないか。そのような光と影の交錯する情報のエコロジー問題こそ「メディア文明の中の居心地悪さ」と言うべきものなのである。

★50 Deleuze, Gilles. et Félix Guattari, "Postulats de la linguistique," *Capitalisme et schizophrénie 2: Mille Plateaux*. Paris, Minuit, 1980. 邦訳は、ジル・ドゥルーズ、フェリックス・ガタリ『千のプラトー——資本主義と分裂症』上、宇野邦一ほか訳、河出文庫、二〇一〇年、第四章「言語学の公準」。

「自己のプラットフォーム」をいかにつくるか?

東浩紀が『一般意志2・0』で論じた、ルソーの「一般意志」に関して、フランスでは政治哲学者のアレクシス・フィロネンコ以来、ライプニッツの微積分学と関係しているという読み方が一定の支持を得ている(それにはルソー学者による批判や論争もあるようだが)[★51]。「万人の意志」と「一般意志」の区別に関して、「個々の特殊意志からそれぞれのプラスとマイナスを相殺して得られる差異の総和こそが一般意志である」という問題の箇所だが、これを前述のドゥルーズによる、コントロール社会における個人individu / individual の可分子dividuels / dividuals化の議論や、いま紹介したシモンドンの個体化論に重ねるとひとつの展望が見えてくる。

ルソーの「一般意志」とは、それぞれの個人の固有な意志、固有な価値の差を積分する「差異の総和」と解釈できるはずである。ぼくはそれをシモンドンの「心理的・集団的個体化」と結びつけて考えてみたい気がする。東が論じたように、ルソーは、相当に特異な人物で孤独な個にどんどんなっていったひとだったが、その「心理的個体化」は同時に理想の社会を追求しつづけるラディカルな「集団的個体化」のプロセスでもあった。それが『新エロイーズ』と『社会契約論』との関係を説明するだろう。人々はかけがえのない——つまり、孤独な——個になりつづけるなかで、それぞれの固有性の差異を失わない「差異の総和」として、人々が固有性において共にありうる「社会」を希求しつづけるものだ。

ハイパーコントロール社会においては、情報テクノロジー環境が、個人たちを〈微分化〉する——すなわちドゥルーズの言う可分子 dividuels 化する——ことで数値化し、「サンプル、データ、市場、データバンク」（ドゥルーズ）のシステムに組み込んでいる。

人々の生のあらゆる情報を微分していくデジタルテクノロジーが実装された時代なのだから、そのようにして個人たちの生を微分して均質化しデータとして組み込んでいこうとするシステムの強力な力が働いているのだ。

「自由」とは、そのような〈ハイパーコントロール権力〉に対して、個人および社会としての個体化 individuation——シモンドンの言う「心理的・集団的個体化」——のベクトルを働かせうることであるだろう。

シモンドンは、「個体化」は「ちぐはぐなもの、比較不可能なもの disparate」が結びつくプロセスとして起こると言っている。それを「網膜像差 disparation」を例に説明している。人間の視覚経験では、両眼にうつる網膜像は互いに異なっている。ふたつのちぐはぐな像を結びつけることで、どちらの目の像にもない「奥行き」という、どちらの目にも見えない新しい次元を生みだしつづけて

★51 Philonenko, Alexis. *Jean-Jacques Rousseau et la pensée du malheur 3: Apothéose du désespoir*. Paris, Librairie Philosophique J. Vrin, 1984.

Philonenko, Alexis. "Rousseau. Contrat social," *Dictionnaire des oeuvres politiques*. François Châtelet, Olivier Duhamel et Évelyne Pisier dir., Paris, Presses Universitaires de France, 1986.

いるのだという。

心理的・集団的個体化も同じだ。「ちぐはぐなもの disparate」それぞれが固有性を保ったまま「寄せ集まる disparation」ことで、「差異の総和」が現れるのである。

それぞれの「ちぐはぐ」なn個は相互差異の比較不可能性を際立たせて「差異の総和」としての集合を構成していく。それがドゥルーズとガタリがかつて定式化したn-1の個体化の論理だ[★52]。その個体化のプロセスは「ちぐはぐさ」を掛けあわせるn次元の集合として「差異の総和」を浮かび上がらせる。そこに働きはじめるのはn個の加算からなる均質的集合ではなく、累乗化する個体化のダイナミクスなのである。

すべてがデータベースと化し、いたるところでネットにつながれ、オンラインでもオフラインでも、週七日二四時間、いくつもの情報オントロジーによぎられる生活を営むようになった二一世紀の個人にとって重要なのは、心的にも集団的にも情報コミュニケーションテクノロジーによって可分子dividuels化されつづける、彼女ら／かれらが、心理的・集団的個体化のための「自己のプラットフォーム」をどうしたらつくれるかだろう。

プラットフォームとはこのとき実践のかたちという意味だ。相互に分けることはできないが、三つのモーメントで考えることが必要だ。そのためのプラクティカルな要点を思いつくままに記しておこう。

I　あなたには、まず心理的個体化のプラットフォームが必要だ。第3の追伸で見た、フーコーの

「自己の技法」がその参考になる。とくにメディア経験によぎられ、データ化されつづけているのだから、あなたの固有な時間の回復をとおしてあなたを心理的に個体化する必要がある。「ヒュポムネーマータ」として見た「自己のエクリチュール」も役に立つかもしれない。

II　情報テクノロジーは社会をデータとして均質化する。集団的個体化のためには、「ちぐはぐさ」の次元の回復が必要である。ソーシャルメディアは決して「社会」に代わることはできない。そのつながりの向こう側にはそれぞれがちがった「ちぐはぐな」個人たちが「寄せ集まって」いる。ぼくたちはソーシャルメディアに補助具としての不均質性の実践を回復するべきなのである。メディア経験に「網膜像差」を取り戻そう。それは、端的に、ソーシャルメディアは社会ではないと考え、あくまで補助具としてリアルとの混合を定着させることだ。

III　「自己のプラットフォーム」が開花するためには、「技術的個体化」の大きな課題がある。いまのウェブはこれでよいのか、情報端末は技術的可能性を企業がユーザに閉ざしているではないか。そもそもデータはだれのものか、アルゴリズムは企業秘密でよいのか、などの問題とこの課題は関連している。

ぼくたちの講義では、この点については詳しく触れられなかった。だが、フリーウエアやオープン

★52　ドゥルーズ、ガタリ、前掲書、第一章「序——リゾーム」。

データやデータポータビリティなど、取り組むべき課題はたくさんある。ぼくたちが消費者ではなく、本来の意味でのユーザになるために、この点でぼくたちが考えるべきことがたくさんある。

補助具をつけた「自由」

ぼくたちが携行しているスマホ一台だけでも、二〇世紀半ばのハリウッド文化産業の制作部やテレビ局以上の技術的キャパシティをすでに備えている。ぼくたちが日常使用しているパソコンは、二〇世紀の最初期のコンピュータ、ＥＮＩＡＣの数百万倍もの演算能力をもち、公共図書館に匹敵するメモリーを備えている。

二一世紀の人間とは、フロイトが言っていた「補助具をつけた神」となった人間のことである。前半では、「メディアと自由」について考察した。

写真や映画を例に語ったが、脳神経的プロセスから技術的無意識、文化的文法化にいたる自由の協働のプラットフォームのモデルで、メディアという補助具をつけた人間の心理的・集団的、そして、技術的な個体化を説明した。「カメラを持ったひと」の自由を説明したつもりである。

後半での問いは、「アルゴリズムと自由」についてだった。

その問題は、人間の判断力を、プログラムによって代行しようという、知性のテクノロジックなモジュール化に関わっている。アルゴリズムとは計算であり、「コンピュータ」を人間が手にしたときすでに、「コンピュータを持ったひと」にとって自由と計算の問題は提起されていた。どこまで数字に変えられるのか、どこまで計算できるのか、どこまで確率論化できるのか。これらはコンピュータという補助具をつけた人間に必然的に突きつけられた問いである。

補助具をつけた人間とは、いかにも「ちぐはぐ」な存在である。決して割り切れることのない共約不可能な関係にこそ、インターフェイスという「寄せ集め disparation」の力がある。その意味では、厳密に言えば、ひととマシン、ひととコンピュータとのよく言われる「協働」や「共進化」などありえない。むしろ、ひととマシン、ひととコンピュータのあいだの「齟齬」こそが、メディアやコンピュータという補助具をつけたヒトの力の源泉というべきなのである。

その意味でやはりフロイトは正しく、「補助器官をまとえばめざましいが、人間とともに成長したわけではなく、しばしば危難を人間に与える、補助具をつけた神」のこのちぐはぐな居心地の悪さを、人類は、よくも悪しくも、まだしばらくは生きつづける以外にないのである。

おわりに

石田英敬

わたしは東浩紀と二度出会った。

最初の出会いは一九九〇年代のはじめ、駒場の授業でフーコーの『知の考古学』を読んでいたころ、学部生だった東は「言表を定義する」という忘れがたいレポートを書いて彗星のように目のまえを過《よ》ぎっていった。その後まもなく思想界に華々しくデビューしたが、わたしが出会ったときには東はすでにいまの東だった。天才とはそういうものである。わたしがかれになにかを教えたということはない。

二度目の出会いはいまから二年ほどまえ、中国・杭州で開かれた国際シンポジウムのときだった。外国にいるとふしぎに自由な時間が宙に浮く。打ち上げの席で互いの近況など話しているうちに、脳神経認知科学について、デリダについて、フロイトについてなどに話題は及び、わたしの考えようとしている問題の核心をかれは即座に理解した。深くてスピードのある洞察力になんて頭のいいやつなんだとあらためてわたしは舌を巻いた。ふたりが同じタイプの問いを共有していることがわかって勇気づけられた。

そのときの会話がきっかけで実現したのが、この本のもとになったゲンロンカフェでの三回のトークである。それはとても愉しい経験だった。それぞれの回は四時間以上の長丁場で、途中でアルコールが入ったりして話題の自由度も増し、議論はどんどん深まった。今回書籍化にあたって相当に手を入れたので、即興ではできない論点の深掘りができたと思う。だからこれは、ふたりの対話者が口語体で書きおろした本、文字どおり本気の——ガチの——思想書なのである。

全三回を通して、記号論やメディア論と呼ばれてきた知の系譜とそのアクチュアリティを論じている。脳神経科学の知見とデリダを重ね、フロイトを神経学者としてよみがえらせ、スピノザを現代に召還する。そのようにして根本的には現代思想の更新をめざした対話である。その方法にはひと工夫あって、それは要するに、いままでドグマとされてきた読まれ方や論じ方を根底から疑い、ひっくり返し、いままでにない読み方を提示し、新しい知の文脈のなかに思想を据えなおそうと試みることなのである。わたしの場合、人文学者なので相手にしているコーパスをまずは原書で徹底的に読んで身体のなかに入れることからそれは始まる。今回そのような作業の一端を示すことができたとすればうれしい。

現代思想というと欧米の流行言説の輸入と考えられがちだが、そのような図式はとうの昔に成り立たなくなっている。あたりまえのことだが、思想とはわたしたち自身が自分たちの「いま・ここ」からつくり出すものなのだ。

その点で、ゲンロンカフェのような場所と時間を、東とその仲間たちが、東京の一角に出現させたことはスゴいことだ。いまの世の中、みなスモールワールドに閉じこもっている。わたしのような大学人も多忙になって研究室に閉じこもり、大学の同僚とさえ話す機会は少ない。編集者やジャーナリストもパソコンをまえに黙々とデスクワークをこなすようになってきているようである。社会生活がメールのやりとりに縮減され、いちども会ったことのない相手から執筆依頼を受け、メールで原稿を送っておしまいという経験もわたし自身しばしばだ。しかし、それではダメなのだ。ともに好奇心や関心を育て、お互いの知見を交換して世界が拡がるという経験が成り立たない。重要なのはやっぱりひとりひとりに時間をかけて会い、ともに語り合い、お互いの問いを共有することなのだ。

ゲンロンカフェは、一八世紀ヨーロッパ啓蒙期のコーヒーハウス、サロン、読書クラブのようなもので、どこからともなく人々が集まってきて話を聞き議論する。ニコニコ動画で同時中継されて、リアルタイムでコメントが加えられていく。シンポジウムやテレビ番組のような時間の制約がないので議論が深まる。これは現代版の議論する公共圏の出現とでも言うべき現象ではないのか。東たちが批評の現代的な復権をめざしていることがよくわかるのである。

現在の世界は、人間の知も心もどんどん貧しくなっていくようにだれもが不安に感じている。そのような時代に求められるのは思想の力である。ひとは思想を持つことで困難な状況のなかに立つことができる。思想はファッションのように選ぶことができるものではない。思想はドグマではもちろんない。レディーメイドの思想はない。思想はあなた自身が自分でつくるしかない。そのためには、あなたはカントやフロイトやスピノザといった先人たちの書を読み、かれらの思想の問いのなかに入ることで対話を重ねることができる。現代思想とはそのような思想の問いへの誘いなのだとわたしは思っている。

末尾になってしまったが、この本の実現に多大な努力を傾けてくれた、ゲンロン代表の上田洋子さん、編集のプロとして本づくりのノウハウをふんだんに提供してくれた斎藤哲也さん、実務を担当してくれたゲンロン編集部のみなさん、ゲンロンカフェの仲間たちの多大な尽力に感謝申し上げたい。東浩紀とゲンロンのますますの発展を熱く強く応援しています。

Obsolete.” URL=https://www.wired.com/2008/06/pb-theory/

Brin, Sergey, and Lawrence Page. “The Anatomy of a Large-Scale Hypertextual Web Search Engine.” URL=http://infolab.stanford.edu/~backrub/google.html

Foster, Alisha. “Al Gore: 'We now have a stalker economy'.” URL=https://www.tennessean.com/story/money/tech/2014/06/10/al-gore-now-stalker-economy/10295283/

Hern, Alex. “Yes, androids do dream of electric sheep.” URL=https://www.theguardian.com/technology/2015/jun/18/google-image-recognition-neural-network-androids-dream-electric-sheep

Kaplan, Frédéric. “Quand les mots valent de l'or: Vers le capitalisme linguistique.” URL=https://www.monde-diplomatique.fr/2011/11/KAPLAN/46925

Shullenberger, Geoff. “Mimesis, Violence, and Facebook: Peter Thiel's French Connection.” URL=https://thesocietypages.org/cyborgology/2016/08/13/mimesis-violence-and-facebook-peter-thiels-french-connection-full-essay/

Thompson, Alex. “Parallel narratives: Clinton and Trump supporters really don't listen to each other on Twitter.” URL=https://news.vice.com/en_us/article/d3xamx/journalists-and-trump-voters-live-in-separate-online-bubbles-mit-analysis-shows

Vongehr, Thomas. “Husserl's handwriting in shorthand: the “Gabelsberger Stenographie.”” URL=http://hua.ophen.org/2015/12/04/husserls-handwriting-in-shorthand-the-gabelsberger-stenographie/

“Federal Reserve Chair Powell News Conference.” URL= https://prattle.co/powell-press-conference

参考文献は、書籍・論文とウェブサイトの2つに大別した。

書籍・論文については、著者の姓の五十音順で並べた。日本人以外の場合も標準的なカタカナ発音での五十音で並べている（例：Saussure →ソシュールの「ソ」）。同著者のなかに複数の言語がある場合は、著者の使用言語にかかわらず、日本語、英語、フランス語、ドイツ語の順番で並べた。各言語のなかでは、書籍をさきに、論文をあとに並べた。日本語の書籍・論文は書籍・論文名の五十音順で、それ以外の言語の書籍・論文は書籍・論文名の冠詞を抜いたアルファベット順で並べてある（例：La dissémination→「D」）。無記名の記事は最後に掲載した。

ウェブサイトについては、日本語と日本語以外にまとめ、前者をさきに、後者をあとに掲載した。前者は著者の姓の五十音順で並べ、無記名の記事は最後に掲載した。後者は著者の姓のアルファベット順で並べ、無記名の記事は最後に掲載した。

スティーヴン・ミズン『歌うネアンデルタール――音楽と言語から見るヒトの進化』、早川書房、2006年

御園生涼子『映画と国民国家――1930年代松竹メロドラマ映画』、東京大学出版会、2012年

宮沢賢治『宮沢賢治全集１』、ちくま文庫、1986年

スチュアート・ユーウェン『ＰＲ！ 世論操作の社会史』、法政大学出版局、2003年

Leibniz, G. W. *Sämtliche Schriften und Briefe. Politische Schriften.* Reihe. IV, Band 3. Akademie-Verlag, 1986.

ジャック・ラカン『精神分析の四基本概念』、岩波書店、2000年

Lacan, Jacques. *Autres écrits.* Seuil, 2001.

―― *Écrits.* Seuil, 1966.

―― *Encore.* Seuil, 1975.

―― *Le Séminaire: livre XI: Les quatre concepts fondamentaux de la psychanalyse 1963-1964.* Seuil, 1973.

ジャン・ラプランシュ、J-B・ポンタリス『精神分析用語辞典』、みすず書房、1977年

ベンジャミン・リベット『マインド・タイム――脳と意識の時間』、岩波書店、2005年

Rouvroy, Antoinette. and Thomas Berns. "Gouvernementalité algorithmique et perspectives d'émancipation : le disparate comme condition d'individuation par la relation ?" *Réseaux,* no.177, La Découverte, 2013.

ジャン＝ジャック・ルソー『社会契約論』、岩波文庫、1954年

ギュスターヴ・ル・ボン『群集心理』、講談社学術文庫、1993年

アンドレ・ルロワ＝グーラン『身ぶりと言葉』、ちくま学芸文庫、2012年

ジョージ・レイコフ、マーク・ジョンソン『レトリックと人生』、大修館書店、1986年

Lakoff, George, and Mark Johnson. *Metaphors We Live By.* The University of Chicago Press, 1980.

Lenin, Vladimir. *Lenin Collected Works.* Vol.20, Progress Publishers, 1972.

ジョン・ロック「人間知性論」、『世界の名著 32　ロック　ヒューム』、中公バックス、1980年

Weisgerber, Corinne, and Shannan H. Butler. "Curating the Soul: Foucault's concept of hupomnemata and the digital technology of self-care." *Information, Communication & Society*, vol.19, no.10, Routledge, 2016.

「『私』が奪われる（３）」、日本経済新聞、2018年7月18日朝刊

【ウェブサイト】

石田英敬「新『人間知性新論』:〈本〉の記号論とは何か」URL＝http://nulptyxcom.blogspot.com/2018/06/blog-post.html

「睡眠中の脳活動パターンから見ている夢の内容の解読に成功」URL=https://bicr.atr.jp/dni/research/睡眠中の脳活動パターンから見ている夢の内容の/

Anderson, Chris. "The End of Theory: The Data Deluge Makes the Scientific Method

——『フロイト全集 21　1932-37年　続・精神分析入門講義　終わりのある分析とない分析』、岩波書店、2011年

Freud, Sigmund. *The Complete Letters of Sigmund Freud to Wilhelm Fliess 1887-1904.* Belknap Press of Harvard University Press, 1985.

—— *The Standard Edition of the Complete Psychological Works of Sigmund Freud.* Vol.V, Hogarth Press, 1953.

—— *Lettres à Wilhelm Fliess: 1887-1904.* PUF, 2006.

—— *Briefe an Wilhelm Fließ 1887-1904.* S.Fischer, 1986.

—— *Gesammelte Werke / Band 2/3: Die Traumdeutung / Über den Traum.* S.Fischer, 1968.

—— *Die Traumdeutung.* F. Deuticke, 1900.

Provine, Robert, R. *Laughter: A Scientific Investigation.* Viking Adult, 2000.

Hayles, N. Katherine. *How We Became Posthuman: Virtual Bodies in Cybernetics, Literature, and Informatics.* University of Chicago Press, 1999.

—— "Hyper and Deep Attention: The Generational Divide in Cognitive Modes," *Profession.* Modern Language Association, 2007.

G・W・F・ヘーゲル『精神哲学』下、岩波文庫、1965年

——『美学講義』、法政大学出版局、2017年

Hessing, Siegfried. "Freud et Spinoza." *Revue Philosophieque de la France et de l'Étranger,* t.167, no.2, Presses Universitaires de France, 1977.

Penfield, Wilder, and Theodore Rasmussen. *The Cerebral Cortex of Man: A Clinical Study of Localization of Function.* Macmillan, 1950.

トマス・ホッブズ『物体論』、京都大学学術出版会、2015年

ジャン・ボードリヤール『アメリカ——砂漠よ永遠に』、法政大学出版局、1988年

——『物の体系——記号の消費』、法政大学出版局、1980年

Hobson, J. Allan. *Dreaming: a very short introduction.* Oxford University Press, 2005.

Hoffmann, D. L. et al. "U-Th dating of carbonate crusts reveals Neandertal origin of Iberian cave art." *Science,* vol. 359, American Association for the Advancement of Science, 2018.

マックス・ホルクハイマー、テオドール・アドルノ『啓蒙の弁証法——哲学的断想』、岩波文庫、2007年

ジェイ・デイヴィッド・ボルター『ライティングスペース』、産業図書、1994年

マーシャル・マクルーハン『グーテンベルクの銀河系——活字人間の形成』、みすず書房、1986年

マーシャル・マクルーハン、クエンティン・フィオーレ『メディアはマッサージである——影響の目録』、河出文庫、2015年

Mertz, Elizabeth, and R. J. Parmentier ed. *Semiotic Mediation: sociocultural and psychological perspectives.* Academic Press, 1985.

カトリーヌ・マラブー『新たなる傷つきし者——フロイトから神経学へ　現代の心的外傷を考える』、河出書房新社、2016年

Foucault, Michel. *Dits et Ecrits*. Tome IV, Gallimard, 1994.

Petitot, Jean. et al., ed. *Naturalizing Phenomenology: Issues in Contemporary Phenomenology and Cognitive Science*. Stanford University Press, 2000.

エトムント・フッサール『イデーン I-II——純粋現象学と現象学的哲学のための諸構想』、みすず書房、1984年

——『幾何学の起源 新装版』、青土社、2014年

——『算術の哲学』、モナス、1933年

——『内的時間意識の現象学』、みすず書房、1967年

——『内的時間意識の現象学』、ちくま学芸文庫、2016年

——『ヨーロッパ諸学の危機と超越論的現象学』、中公文庫、1995年

Husserl, Edmund. *On the Phenomenology of the Consciousness of Internal Time (1893-1917)*, Edmund Husserl collected works vol.IV Kluwer Academic Publishers, 1991.

—— *Die Bernauer Manuskripte über das Zeitbewusstsein (1917/18)*. Husserliana, Band XXXIII, Springer, 2001.

——*Phantasie, Bildbewusstsein, Erinnerung: Zur Phänomenologie der Anschaulich en Vergegenwärtigungen. Texte aus dem Nachlass (1898-1925)*, Husserliana, Band XXIII, Martinus Nijhoff, 1980.

——*Philosophie der Arithmetik*. C.E.M. Pfeffer, 1891.

——*Späte Texte über Zeitkonstitution (1929-1934): Die C-Manuskripte*. Husserliana-Materialien, Band VIII, Springer, 2006.

——*Zur Phänomenologie des inneren Zeitbewußtseins (1893-1917)*, Husserliana, Band X, Martinus Nijhoff, 1966.

ダニエル・ブーニュー『コミュニケーション学講義——メディオロジーから情報社会へ』、書籍工房早山、2010年

プラトン『プラトン全集 5 饗宴　パイドロス』、岩波書店、1974年

ジークムント・フロイト『フロイト全集1　1886-94年　失語症』、岩波書店、2009年

——『フロイト全集3　1859-99年　心理学草案 遮蔽想起』、岩波書店、2010年

——『フロイト全集5　1900年　夢解釈II』、岩波書店、2011年

——『フロイト全集12　1912-13年　トーテムとタブー』、岩波書店、2009年

——『フロイト全集13　1913-14年　モーセ像 精神分析運動の歴史 ナルシシズム』、岩波書店、2010年

——『フロイト全集14　1914-15年　症例「狼男」メタサイコロジー諸篇』、岩波書店、2010年

——『フロイト全集17　1919-22年　不気味なもの 快原理の彼岸 集団心理学』、岩波書店、2006年

——『フロイト全集18　1922-24年　自我とエス みずからを語る』、岩波書店、2007年

——『フロイト全集 20　1929-32年　ある錯覚の未来 文化の中の居心地悪さ』、岩波書店、2011年

——『スピノザと表現の問題 新装版』、法政大学出版局、2014年

Deleuze, Gilles. *Pourparlers: 1972-1990.* Minuit, 1990.

—— *Spinoza et le problème de l'expression.* Minuit, 1969.

ジル・ドゥルーズ、フェリックス・ガタリ『アンチ・オイディプス——資本主義と分裂症』上・下、河出文庫、2006年

——『千のプラトー——資本主義と分裂症』上、河出文庫、2010年

Deleuze, Gilles, et Félix Guattari. *Capitalisme et schizophrénie 2: Mille Plateaux.* Minuit, 1980.

アントニオ・ネグリ、マイケル・ハート『マルチチュード——〈帝国〉時代の戦争と民主主義』上・下、ＮＨＫブックス、2005年

根本美作子『眠りと文学——プルースト、カフカ、谷崎は何を描いたか』、中公新書、2004年

マルティン・ハイデガー『ハイデッガー全集　第３巻　カントと形而上学の問題』、創文社、2003年

Peirce, C. S. *Collected Papers of Charles Sanders Peirce volume V: Pragmatism and pragmaticism.* Harvard University Press, 1934.

Bernays, Edward L. *Public Relations.* University of Oklahoma Press, 1952.

ユルゲン・ハーバーマス『公共性の構造転換——市民社会の一カテゴリーについての探究』、未來社、1994年

——『コミュニケイション的行為の理論』上・中・下、未來社、1985-87年

イーライ・パリサー『閉じこもるインターネット——グーグル・パーソナライズ・民主主義』、早川書房、2012年

ロラン・バルト『明るい部屋——写真についての覚書 新装版』、みすず書房、1997年

Philonenko, Alexis. *Jean-Jacques Rousseau et la pensée du malheur 3: Apothéose du désespoir.* Librairie Philosophique J. Vrin, 1984.

—— "Jean-Jacques Rousseau." *Dictionnaire des oeuvres politiques.* Presses Universitaires de France, 1986.

ミシェル・フーコー『監獄の誕生——監視と処罰』、新潮社、1977年

——『言葉と物——人文科学の考古学』、新潮社、1974年

——『性の歴史Ⅰ　知への意志』、新潮社、1986年

——『性の歴史Ⅱ　快楽の活用』、新潮社、1986年

——『性の歴史Ⅲ　自己への配慮』、新潮社、1987年

——『知の考古学』、河出文庫、2012年

——『フーコー・ガイドブック』、ちくま学芸文庫、2006年

——『ミシェル・フーコー思考集成Ⅰ　狂気・精神分析・精神医学』、筑摩書房、1998年

——『ミシェル・フーコー思考集成Ⅸ　自己・統治性・快楽』、筑摩書房、2001年

——『ミシェル・フーコー講義集成７　安全・領土・人口』、筑摩書房、2007年

——『ミシェル・フーコー講義集成８　生政治の誕生』、筑摩書房、2008年

Damasio, Antonio. *Looking for Spinoza: Joy, Sorrow, and the Feeling Brain.* William Heinemann, 2003.

—— *Spinoza avait raison: joie et tristesse, le cerveau des émotions.* Odile Jacob, 2003.

Damasio, A. and G.B. Carvalho. "The nature of feelings: Evolutionary and neurobiological origins." *Nat Rev Neuroscience,* vol.14, Springer Nature, 2013.

ガブリエル・タルド『模倣の法則 新装版』、河出書房新社、2016年

——『社会法則——モナド論と社会学』、河出書房新社、2008年

Tarde, Gabriel. *Les lois de l'imitation.* 2e édition, 1895 réimpression, Éditions Kimé, 1993.

——*Œuvres de Gabriel Tarde*, volume IV. Les empêcheurs de penser en rond, 1999.

マーク・チャンギージー『〈脳と文明〉の暗号——言語・音楽・サルからヒトへ』、講談社、2013年

——『ひとの目、驚異の進化——4つの凄い視覚能力があるわけ』、インターシフト、2012年

Changizi, Mark. *Harnessed: How Language and Music Mimicked Nature and Transformed Ape to Man.* BenBella Books, 2011.

Changizi, M.A., Q. Zhang, H. Ye, and S. Shimojo. "The structures of letters and symbols throughout human history are selected to match those found in objects in natural scenes." *The American Naturalist,* vol.167, no.5, The University of Chicago Press, 2006.

ノーム・チョムスキー『統辞構造論』、岩波文庫、2014年

フレデリック・W・テイラー『新訳 科学的管理法——マネジメントの原点』、ダイヤモンド社、2009年

ダニエル・C・デネット『解明される意識』、青土社、1998年

ジャック・デリダ『エクリチュールと差異 新訳』、法政大学出版局、2013年

——「『幾何学の起源』序説」、エドムント・フッサール『幾何学の起源 新装版』、青土社、2014年

——『声と現象』、ちくま学芸文庫、2005年

——『根源の彼方に——グラマトロジーについて』上・下、現代思潮社、1972年

——『散種』、法政大学出版局、2013年

——『哲学の余白』上、法政大学出版局、2007年

——『マルクスの亡霊たち——負債状況=国家、喪の作業、新しいインターナショナル』、藤原書店、2007年

——『有限責任会社』、法政大学出版局、2002年

Derrida, Jacques. *L'écriture et la différence.* Seuil, 1967.

—— *De la Grammatologie.* Minuit, 1967.

—— *La dissémination.* Seuil, 1972.

—— *Marges de la philosophie.* Minuit, 1972.

スタニスラス・ドゥアンヌ『数覚とは何か?——心が数を創り、操る仕組み』、早川書房、2010年

Dehaene, Stanislas. *Reading in the Brain: The New Science of How We Read.* Viking, 2009.

ジル・ドゥルーズ『記号と事件——1972-1990年の対話』、河出文庫、2007年

2011年

アントニオ・グラムシ『グラムシ・セレクション』、平凡社ライブラリー、2001年

Gramsci, Antonio. *Selections from the Prison Notebooks of Antonio Gramsci.* International Publishers, 1971.

Grubrich-Simitis, Ilse. *Zurück zu Freuds Texten: Stumme Dokumente sprechen machen.* S. Fischer, 1993.

グレン・グールド『グレン・グールド著作集2　パフォーマンスとメディア』、みすず書房、1990年

Gould, Glenn. *The Glenn Gould Reader.* Knopf, 1984.

ジョナサン・クレーリー『24/7——眠らない社会』、NTT出版、2015年

近藤智彦「脳神経科学からの自由意志論——リベットの実験から」、信原幸弘、原塑編著『脳神経倫理学の展望』、勁草書房、2008年

Searle, John R. "Minds, brains, and programs." *Behavioral and Brain Sciences,* vol.3, issue 3, Cambridge University Press, 1980.

ジルベール・シモンドン『個体化の哲学——形相と情報の概念を手がかりに』、法政大学出版局、2018年

ジャン゠ピエール・シャンジュー『ニューロン人間』、みすず書房、1989年

Juffé, Michel. *Sigmund Freud - Benedictus de Spinoza: Correspondance 1676-1938.* Gallimard, 2016.

アーネスト・ジョーンズ『フロイトの生涯』、紀伊國屋書店、1969年

ベルナール・スティグレール『技術と時間3——映画の時間と〈難-存在〉の問題』、石田英敬監修、法政大学出版局、2013年

Stiegler, Bernard. *La société automatique.* Fayard, 2015.

ジェームズ・ストレイチー『フロイト全著作解説』、人文書院、2005年

スピノザ『エチカ』上・下、岩波文庫、1951年

マルグリート・セシュエー『分裂病の少女の手記——心理療法による分裂病の回復過程 改訂版』、みすず書房、1971年

フェルディナン・ド・ソシュール『一般言語学講義』、岩波書店、1972年

Saussure, Ferdinand de. *Cours de linguistique générale.* Édition critique par Tullio de Mauro, Payot, 1972.

——*Cours de linguistique générale.* Édition critique par Rudolf Engler, 2 tomes, Harrassowitz, 1989.

竹内良知「心身平行論」、『改訂新版 世界大百科事典』第14巻、平凡社、2007年

田中久美子『記号と再帰 ——記号論の形式・プログラムの必然』、東京大学出版会、2010年

Tanaka-Ishii, Kumiko. *Semiotics of Programming.* Cambridge University Press, 2010.

アントニオ・R・ダマシオ『感じる脳——情動と感情の脳科学　よみがえるスピノザ』、ダイヤモンド社、2005年

——『デカルトの誤り——情動、理性、人間の脳』、ちくま学芸文庫、2010年

参考文献

【書籍・論文】

浅田彰『ヘルメスの音楽』、筑摩書房、1985年

東浩紀『ゲンロン0——観光客の哲学』、ゲンロン、2017年

——『サイバースペースはなぜそう呼ばれるか+』、河出文庫、2011年

——『存在論的、郵便的——ジャック・デリダについて』、新潮社、1998年

——「観光客の哲学の余白に」第9・10・12回、『ゲンロンβ』第21・22・27号、ゲンロン、2018年

Azéma, Marc. *La Préhistoire du cinéma: Origines paléolithiques de la narration graphique et du cinématographe.* Éditions Errance, 2015.

カール=オットー・アーペル『哲学の変換』、磯江景孜ほか訳、二玄社、1986年

Apel, Karl-Otto. *Towards a Transformation of Philosophy.* Routledge & Kegan Paul, 1980.

新井紀子『AI vs. 教科書が読めない子どもたち』、東洋経済新報社、2018年

Andersen, Peter Bøgh. *A Theory of Computer Semiotics.* Cambridge University Press, 1991.

石田英敬「新『人間知性新論』——〈本〉の記号論とは何か」、日本記号学会編『ハイブリッド・リーディング——新しい読書と文字学』、新曜社、2016年

——「新ライプニッツ派記号論のために——『中国自然神学論』再論」、石田英敬ほか編『デジタル・スタディーズ2　メディア表象』、東京大学出版会、2015年

伊藤守『情動の権力——メディアと共振する身体』、せりか書房、2013年

——『情動の社会学——ポストメディア時代における“ミクロ知覚”の探求』、青土社、2017年

ルートヴィヒ・ウィトゲンシュタイン『ウィトゲンシュタイン全集8　哲学探究』、大修館書店、1976年

メアリアン・ウルフ『プルーストとイカ——読書は脳をどのように変えるのか?』、インターシフト、2008年

ニコラス・G・カー『オートメーション・バカ——先端技術がわたしたちにしていること』、青土社、2015年

——『ネット・バカ——インターネットがわたしたちの脳にしていること』、青土社、2010年

Carr, Nicholas. *The Glass Cage: Automation and Us.* W.W. Norton & Company, 2014.

Cardon, Dominique. *Á quoi rêvent les algorithmes: Nos vies à l'heure des big data.* Seuil, 2015.

河村厚「フロイトとスピノザ(I)」、『關西大學法學論集』第64巻1号、關西大學法學會、2014年

イマヌエル・カント『判断力批判』、作品社、2015年

フリードリヒ・キットラー『グラモフォン・フィルム・タイプライター』上・下、ちくま学芸文庫、2006年

Kittler, Friedrich. *Discourse Networks 1800/1900.* Stanford Unirersity Press, 1990.

—— *Aufschreibesysteme 1800/1900.* Wilhelm Fink, 1985.

Coutant, Alexandre. "Des techniques de soi ambivalentes." *Hermès, La Revue,* no.59, CNRS Editions, 2011.

ナオミ・クライン『ショック・ドクトリン——惨事便乗型資本主義の正体を暴く』上・下、岩波書店、

本書は、二〇一七年二月一七日、五月二四日、一一月二四日の三回にわたって東京のゲンロンカフェにおいて行われた連続講義「一般文字学は可能か——記号論と脳科学の新しい展開をめぐって」の記録に加筆し、再構成のうえ、書き下ろしの補論を加えたものです。

ゲンロン叢書｜002

新記号論《しんきごうろん》 脳《のう》とメディアが出会《であ》うとき

発行日 二〇一九年三月一日 第一刷発行
二〇一九年五月一日 第三刷発行

著者 石田英敬《いしだひでたか》 東浩紀《あずまひろき》

発行者 上田洋子
発行所 株式会社ゲンロン
一四一－〇〇三一 東京都品川区西五反田一－一六－六 イルモンドビル二階
電話：〇三－六四一七－九二三〇 FAX：〇三－六四一七－九二三一
info@genron.co.jp http://genron.co.jp/

構成 斎藤哲也
装幀 水戸部功
本文デザイン 加藤賢策（LABORATORIES）
組版 株式会社キャップス
印刷・製本 株式会社シナノパブリッシングプレス

ISBN 978-4-907188-30-6 C0010